천황제국가 비판

일본국가주의와 유사종교의 함정

아마 도시마로 지음
정 형 옮김

Publishing Corporation

『천황제국가 비판』 한국어판 서문

연못 안의 물고기는 물이 없으면 살아갈 수 없지만 그렇다고 물을 위해 살고 있는 것은 아닐 것이다. 물고기는 자신의 생명을 살고 있는 것이다. 마찬가지로 현대에 살고 있는 우리들은 국가가 없으면 원활한 사회생활을 영위하기 어렵지만 그렇다고 해서 우리들이 국가를 위해 살고 있는 것은 아니다. 우리 모두는 제각기 무엇과도 바꿀 수 없는 소중한 인생을 살고 있는 것이다. 그럼에도 국가는 부당하게도 자주 개인의 삶에 간섭할 뿐만 아니라 국가를 위해 살아가는 것만이 마치 인간의 도리인 것처럼 강요한다.

근대일본은 실로 그와 같은 국가의 횡포와 도량(跳梁)에 유린되어 왔고 일본 국민 대다수도 이러한 국가에 적극 협력하기도 했다. 1945년의 패전은 일본이 감당해야 할 당연한 부채였으며 이는 철저하게 청산되었어야만 했다. 그렇지만 어느 틈엔가 현대 일본은 전전 못지않은 국가주의의 시대로 향해가고 있다.

예를 들면 전후 일본 수상들은 대개 야스쿠니신사(靖國神社)를 참배해 왔는데, 최근에는 위헌이라는 판결에도 불구하고 "왜 헌법위반이 되는지 모르겠다"거나 "이해할 수 없다"는 식의 발언을 되풀이하는 사람들이 수상 자리를 지켜왔다. 여기에서는 근대일본의 역사를 반성하려는 자세를 전혀 찾아볼 수 없다.

흔히들 지금 시대를 일컬어 글로벌화의 시대라고 하지만 실제로는 국가 간의 새로운 각축이 시작되었음을 의미한다. 국가라는 정치적·경제적 공동체를 어떤 식으로 조절해 가면 좋을 것인가? 이 막막하기만 한 과제에 답을 내릴 수 없다면 우리들의 소중한 인생의 영위는 무위로 끝나고 말 것이다.

이처럼 일본의 정치상황에 깊은 위구심을 지니고 있던 필자에게, 한국의 대표적인 일본문화연구자이며 절친한 벗인 정 형 단국대 교수(동대학 일본연구소장)께서 본서를 한국어로 번역출간하고 싶다는 제의를 해 주셨다. 필자로서는 참으로 시의적절한 제의였기에 감격했다.

정 형 교수님은 이미 졸저『일본인은 왜 종교가 없다고 말하는가』(예문서원)를 학술 번역해 주신 적이 있다. 그 책의 근간이 되었던 본서를 다시 정 교수님에 의해 번역 출간하게 된 것은 새로운 기쁨이다. 진심으로 감사말씀 드린다.

본서가 한국의 근대사 연구자들과 많은 독자분들의 관심을 모으게 되어, 일본사회에 대한 기탄없는 직언을 듣는 기회가 늘어나고 또한 함께 국가주의를 극복해 가는 길을 모색하기 위해 머리를 맞댈 수 있는 기회가 늘어날 수 있다면 그 이상의 기쁨은 없을 것이다.

2007년 1월 6일
저자 아마 도시마로

목차

제1장 고식(古式)과 터부

제4장 국가를 넘어서

머리말

일본열도에 사는 사람들이 누구나 쌀을 먹게 된 것은 1942년에 공포된 '식량관리법' 제정 무렵이라고 할 수 있다. 이 법률에 의해 아무리 먼 산간벽지라도 쌀이 배급되어, 그때까지 피, 좁쌀 등 잡곡을 먹어왔던 사람들도 쌀을 먹을 수 있게 된 것이다.

그렇지만 이때부터 일본열도에 사는 모든 사람들이 매일 쌀을 먹을 수 있게 된 것은 아니다. 제2차 세계대전 이전의 식생활 조사에 따르면, 니이가타(新潟)현의 곡창지대에서도 농민들이 흰쌀을 먹을 기회는 일년에 두세 번 정도이고 보통 때는 쌀에 무나 채소를 섞은 밥을 먹었다고 한다. 이것은 당시의 쌀 생산량이 아직 충분하지 못했을 뿐만 아니라 지주와 같은 착취 기구가 건재했기 때문이다.

그 뿐만이 아니다. 일본열도 전체를 둘러보면, 쌀 이외의 곡물을 주식으로 하는 사람들이 적지 않게 생활하고 있었다. 일본인들은 정월에 떡을 먹는 것이 일반적이라고 하지만 떡을 일부러 기피하는 일본인도 적지 않다는 사실이 보고되어 있다. 벼농사 문화만이 일본열도에 존재하고 있었던 것은 아니다. 밭농사 문화도 광범위하게 분포하고 있는 것이다.

그럼에도 불구하고 일본인은 옛날부터 쌀을 주식으로 해 온 민족이

고, 일본은 '벼이삭이 잘 익어가는 나라(瑞穗の國[1])'라고 전해져 왔다. 그리고 좁쌀이나 피, 국수를 궁핍한 음식이라고 보는 편견까지 퍼졌다. 왜 이 같은 소위 쌀 중심의 환상이 지배적이 된 것일까.

근년의 고고학 연구에서 일본문화에는 적어도 '북(北)의 문화'(아이누의 문화)와 '중(中)의 문화'(혼슈를 중심으로 한 야마토 문화), '남(南)의 문화'(류큐의 문화)라는 세 구분이 필요하다는 주장이 제기되었다(藤本强, 『또 다른 두 개의 일본문화(もう二つの日本文化)』). 왜냐하면, 지금까지의 일본 문화론이나 일본역사 연구는 너무나도 '중의 문화'에 치우쳐 있었기 때문이었다. 그럼 왜 이러한 '중의 문화' 중심주의가 계속되어 온 것인가.

최근의 일본문화 연구는 일본문화가 결코 단일한 것이 아니라 다양하게 구성되어 있음을 논증하고 있다. 벼농사 문화에 대해 밭농사 문화가 존재하고 있었음을 논증한 것도 그 성과이다. 이 외에도 해민(海民)과 산민(山民)의 문화가 중시되기도 하고, 정주 생활자에 대해 유랑자들이 존재했다는 것, 정주와 유랑의 대립이 일본 문화의 에너지가 되었다는 것 등도 연구되고 있다. 전처럼 일본 문화를 간단히 한 덩어리로 해서 설명하는 것이 이제는 불가능해진 것이다.

필자는 이러한 성과가 소중히 다루어져야 한다고 생각한다. 정치나 경제의 영위와 문화의 영위는 그렇게 간단히 중복될 수 없는 것이다. 정치나 경제의 시점에서 단일의 공동체가 형성되어도 그 안에 포함된 사람들의 다양한 생활양식이 간단히 동일화될 수는 없다. 근대국가라는

---

1) 일본의 미칭(美称)

공동체를 강요당했어도 그 생활양식은 선조 대대로의 오랜 전통을 짊어지고 있기에 균질한 '국민'으로 쉽게 바뀌어 질 수는 없는 것이었다. 그렇지만 일본 근대는 그것을 감행했다.

일본은 근대의 출발에 임해 천황을 다시금 현인신(現人神)으로 삼고, 그 천황을 모든 권위, 권력의 유일한 원천으로 삼는 국가체제를 선택하여 열강의 대열에 들어가고자 했다. 그 과정에서 인민이 종래의 다양한 생활양식을 즐기는 것을 허용할 여유가 없었다. 그와는 반대로, 천황지배를 절대시하는 정책과 천황에 대한 충성심이 강요되었다. 이렇게 하여 근대 천황제 국가 아래서 살아가는 인민은 모두 같은 야마토(大和)민족이며 건국 이후 쌀을 주식으로 하는 '벼이삭이 잘 익어가는 나라'의 백성이라고 교육받아 왔던 것이다.

거듭 말하지만, 필자는 일본 문화의 다원성을 밝혀낸 최신의 연구 성과를 높이 평가한다. 그러나 한편으로, 근대 천황제 국가가 어떠한 문화적 틀의 구축에 의해 인민의 '신민화(臣民化)'를 시도해 왔으며, 그리고 그것에 의해 일본인들의 사고방식에 어떠한 굴절이 나타내게 되었는가를 검증하는 일도 중요하다고 생각하고 있다 (물론 그 문화적 틀 자체가 어떠한 정신사적 기반 위에서 만들어진 섯인가의 검토도 불가결하다).

근대 천황제 국가는 1945년에 붕괴하였다. 그리고 그 후 반세기가 넘는 긴 시간이 경과한 지금, 일본은 '평화국가'로서 '경제번영'을 구가하고 있다. 그런데 근대 천황제 국가는 붕괴했으나 그 내부에 존재했던 심각한 문제가 자동적으로 해결된 것은 아니다. 상당 부분은 풍화되어 그 모습이 달라졌을 뿐이다.

그 중에서도 국가가 절대적인 힘으로 우리의 생활을 압박하려고 할

때, 그 힘을 견제하여 시민 본위의 자리에 되돌려 놓을 수 있는 독자적
정신을 우리들이 얼마만큼이나 일상생활 안에 확립하고 있는가의 문제
를 생각해보면 크게 우려하지 않을 수 없다. 근대는 결코 지난 과거가
아닌 것이다.

나는 일본인의 종교의식 구조나 그 역사에 관심을 갖고 있다. 1965년
미에(三重)현 쓰시(津市)에서 있었던 '신교의 자유'를 둘러 싼 소송, 즉
지방자치제가 신도식의 지진제(地鎭祭)[2]를 공적 비용으로 지낸 것은
헌법이 정한 정교분리에 위반한다고 소송을 제기했었는데 그 후의 경과
를 보면 근대 천황제 국가의 상흔이 얼마나 깊고 잔혹한 것인지를 통감
하지 않을 수 없는 것이다.

오랜 재판의 결과, 신도식의 지진제는 종교가 아니고 습속(習俗)이
라고 해석되어 헌법에서 말하는 정교분리의 원칙에 위반하지 않는다는
판결이 내려졌다. 필자는 종교라는 것은 교의에 대한 자각적인 신앙만
이 아니라 습속화한 부분도 중요한 요소라고 생각하고 있기 때문에 이
결론에는 도저히 찬성할 수 없었다. 예를 들어, 장례불교[3]를 불교가 아

---

2) 천황이 가을에 제일 먼저 수확한 곡물을 천신지기(天神地祇)에게 공양하며 아
  울러 자신도 그것을 먹음으로서 수확에 대한 감사와 내년의 풍작을 기원하는
  古來부터 이어져 내려온 祭儀. 宮中이나 神宮·이즈모타이샤(出雲大社)에서
  거행한다. 873년 이후 11월 23일을 祭日로 정해 행해 왔으나 1948년부터는 「근
  로감사의 날」이 되어 경축일이 되었다.
3) 1991년 일본문화청의 조사에 따르면 각 종교가 발표한 신자 수는 신도(神道)
  1억 9천만 명, 불교 9600만 명, 기독교 146만 명으로 되어 있다. 이 숫자를 합치
  면 일본 인구의 2배에 달하는 아이러니한 모습을 보인다. 그러나 대다수의 일본
  인들은 무종교를 표방한다. 그러면서도 일본인들은 생활 습속의 여러 면에 있어
  종교와 밀접한 관계에 있다 할 수 있다. 출생이나 결혼의식은 신도의 예법을
  따르고 정월 초하루에는 신사에 가 참배를 한다. 또한 신자가 아니더라도 절에

니라고 누가 말할 수 있을 것인가. 불교의 철학적인 교리만이 불교라고 하는 것은 순수하다고 볼 수 있을 지도 모르지만 역사를 무시한 편견이라고 밖에 볼 수 없다. 일본불교는 장례불교라는 습속을 통해 비로소 일본에 토착화 할 수 있었던 것이다.

이처럼 대개 종교라고 하는 것은 교리적인 부분이나 포교적 요소, 일상적인 관례가 된 의식 등이 분리되기 어려울 정도로 하나가 된 문화 현상인 것이다. 그것을 굳이 습속과 그렇지 않은 부분으로 나누어, 습속을 종교가 아니라고 규정하는 사고는 어디서 어떻게 생겨난 것일까. 이야기는 결국 근대 천황제 국가 하에서의 '신도는 종교가 아니다' 라는 궤변으로 이어지지 않을 수 없다.

자세한 것은 본문에서 다루겠지만 문제는 단순히 종교에 그치지 않고 하나의 문화 현상을 국가의 의지에 따라 의도적으로 나누고, 변형시키면서도 태연해 하는 정신 바로 그것이다. 교육에 대한 국가의 과도한 간섭을 예로 들게 되면, 독자도 바로 납득할 것이다. 다음 세대를 짊어질 청소년들에게 어떠한 가치를 계승시킬 것인가 하는 문제는 본래 국가의 일이 아니다. 시민의 광범위한 컨센서스에 의해 이루어져야 할 문제인 것이다. 그러나 일본은 근대 이후, 도덕적 가치에 이르기까지 국가가 관여해 왔다. 그리고 그러한 국가의 관여를 당연시 하는 풍조가 일본에 존재했고, 지금도 그러하다. 도대체 왜 이렇게 된 것일까.

물론 문제는 일본에 한정되지 않는다. 국민의 통합을 전제로 하는 근대 국가는 사람들의 생활이나 문화의 구석구석까지 관여함으로써 국

참배하고 장례는 불교식으로 치르며 죽은 후에는 불교식 이름인 법명을 붙인다. 이에 장례불교라는 인식과 말이 자리를 잡게 되었다.

가의 의지를 관철하려고 한다. 그것은 근대 국가의 숙명인지도 모른다.
그렇지만 그러한 국가의 방식이 무엇을 초래했었는지에 대해서는 식민
지 지배나 전쟁 등의 역사를 통해 충분히 배웠다.

앞으로의 인류사회는 사상, 신조, 신앙의 차이, 혹은 문화의 차이를
전제로 한 다원적인 사회로 가는 방법 이외에 다른 길은 없다. 그것은
많은 사람들이 역사를 통해 터득한 귀중한 합의이다. 이와 동시에 국가
본연의 존재방식에도 본질적인 전환이 이루어져야 할 것이다. 무릇 시민
의 생활에서 유리된 국가의지와 같은 것을 방치해서는 안 될 것이며,
국가는 다원적인 사회를 보장하기 위한 최저한의 기구로 축소되어야 할
것이다. 자본가 측도 국가를 내세워 부당한 이익을 취해서는 안 될 것이
고 그러한 방식으로 국가를 이용하는 것은 더 이상 시민이 허락하지도
않을 것이다. 이제 국가 중심주의는 종언을 맞이해야만 하는 것이다.

미래를 너무 앞질러 갔는지도 모른다. 현실은 국가의 시대가 앞으로
도 더욱 강화될 것을 요구할 지도 모른다. 그렇지만 만일 그렇게 되면
될 수록 국가를 상대화하여 국가악(國家惡)에 대항하는 정신이 필요한
것이 아닐까. 만일 그렇지 않다면 역사는 무엇 때문에 존재했던 것일까.
선인들은 무엇을 위해 피와 땀을 흘린 것일까.

이 책은 근대 일본의 문화적 틀을 재검토하고, 국가 중심주의를 극복하
는 길이 어디에, 어떻게 준비되어 있었는지를 살펴보고자 하는 시도이다.

제1장에서는 근대 천황제 국가에 의해 만들어진 이른바 유사전통(類似
傳統)의 일단을 소개하고, 제2장에서는 그러한 유사전통의 모체가 된 근대
국가의 내셔널 아이덴티티가 어떻게 만들어졌는가를 되돌아보기로 한다.

제3장에서는 근대 천황제 국가가 탄생하는 배경에 일본역사 고유의

현세주의가 있었음을 논하고자 한다. 현세주의란 이 세상 이외의 어떠한 타계(저 세상)도 인정하지 않는 것으로, 현세 안에 인생을 내맡길만한 질서 내지는 원리가 갖추어져 있다고 보는 사고방식이다. 이것은 일견, 근대 천황제와 아무런 관계도 없는 사조처럼 보이지만 필자는 근세에서 부터 분명한 모습을 보이는 현세주의의 귀결이야말로 바로 근대 천황제라고 생각한다. 즉 근대 천황제는 현세주의의 필연적 형태라고 보는 것이 필자의 견해이다. 따라서 근대 천황제가 붕괴해도 그 배경에 있었던 현세주의의 과제는 여전히 남아 있는 것이다. 그 과제에 어떤 식으로 대처할 것인가도 큰 문제이지만 그것은 별도의 기회로 미루고자 한다.

제4장에서는 인간의 권리 중에서도 가장 근원적인 '신교의 자유'를 화두로 삼아 근대 천황제 하에서 그러한 자유가 어떻게 등장하게 되었는가, 그리고 '고토쿠 대역사건(幸德大逆事件)4)'에 의해 그 자유가 어떻게 짓밟혀 버렸는지 이른바 '신교의 자유'의 탄생에서 죽음까지를 하나의 사례연구로서 추적한다. 또, 그 과정에서 어떠한 과제가 파생했는지를 밝히고, 가능하다면 국가주의를 극복하는 길, 현세주의를 극복하는 길을 시사해 보고자 한다.

아울러 이 책을 쉽게 읽기 위해 문헌 인용은 원문을 그대로 옮기지 않고 의역을 하거나 그 취지를 요약했음을 밝혀두고자 한다.

---

4) 1910 -11년 고토쿠 슈스이(幸德秋水) 등이 검거·처형된 사건을 말한다. 1910년 5월 이후 메이지천황 암살계획의 용의에 의해 각지에서 다수의 사회주의자·아나키스트가 체포되어 26명을 대역죄로 기소. 증거가 불충분했음에도 불구하고 이듬해 1월 18일 대심원특별법정은 비밀재판에 의해 24명을 사형, 2명을 무기징역에 처했다. 이 사건에 의해 사회주의운동은 철저한 탄압을 받게 되어 그 세력이 주춤하게 되었다.

제1장 고식(古式)과 터부

벚꽃의 이미지

　벚나무하면 꽃놀이의 이미지를 먼저 떠올리거나 벚꽃 잎이 지는 모습에서 사람의 죽음을 연상하기도 한다. 실제로 벚꽃이 피는 계절이 되면 신문의 투고란에는 벚꽃 지는 순간의 분위기에 너무 도취되어 "내 마지막도 벚꽃처럼 깨끗하게 끝나면 좋을 텐데"라는 내용의 글이 꼭 등장한다. 이처럼 죽음과 관련된 비유가 아니더라도 벚꽃이 지는 풍경을 사랑하는 사람은 많다. 벚꽃이 지는 모습은 일본인의 마음을 사로잡는 풍경 중 하나라고 해도 무방할 것이다.

　그러나 벚꽃이 지는 분위기를 너무도 아낀 나머지 일시에 화사하게 꽃잎이 져버리는 모습에서 사람의 죽음을 연상하는 것은 사실 그리 오래된 일이 아니다. 이전 군가에 벚꽃이 자주 등장하는 데서 알 수 있듯이, 이것은 근대 일본의 군국주의 교육과 깊게 관련되어 있는 일종의 벚꽃관이었다고 말할 수 있다. 지금도 연배의 남자들이 술좌석에서 즐겨 부르는 노래 중에 '동기의 벚꽃'이 있는데, 이 노래의 가사는 다음과 같다. "자네와 나는 동기의 벚꽃, 같은 병학교(兵學校)의 정원에 피네/ 핀 꽃이 지는 것은 이미 각오한 바/ 멋지게 지기로 하세/ 나라를 위하여."

이 군가가 만들어진 것은 패전 전해인 1944년이었고, 이 보다 앞서 1936년에 발표된 '아아, 나의 전우'라는 제목의 군가에서는 벚꽃을 '야마토고코로(大和心)1)' 즉 일본혼과 연결해 표현하고 있다. 예컨대 군가 안에는 "당신의 열혈은 만주의 붉은 석양에 물들고 야마토(大和)2)의 마음의 꽃 벚꽃은 한순간에 져버렸다고 써 볼까"라고 하는 내용을 담고 있는데, 여기서 '벚꽃'이나 '야마토고코로', '한순간에 진다'라는 일련의 이미지는 단순히 군가 안에 머무르지 않고 실제 전쟁 상황에서는 거역할 수 없는 강제력을 발휘하게 된다. 만주 몽고 개척단을 다룬 텔레비전 다큐멘터리 가운데 패전에 즈음해서 만주에 내팽겨진 일본 여성들이 지휘자에게 총을 건네받고는 "벚꽃이 한꺼번에 지듯이 깨끗하게 죽는 것이 일본인이다"라며 자결을 강요당했다는 증언은 그 좋은 예이다. (山口放送制作 「다큐멘터리 동토에서 살며」)

또, 진주만 공격에 참가했던 한 특공대원은 "당신을 위한 것이라면 무엇이 아까울까 젊은 벚꽃 져서 보람 있는 인생이기에"라는 마지막 시구를 남기고 있는데 그는 적극적으로 자신을 벚꽃과 동화시킴으로써 자신의 죽음을 스스로 납득시키고자 했다.

---

1) 일본인으로서의 심정. 일본혼.
2) 일본의 옛 지명. 현재는 일본의 별칭으로 , 일본 특유의 사물을 나타내는 말 앞에 붙어서 접두어 같이 쓰임. 야마토고코로(大和心)가 그 좋은 예이다.

벚꽃이 지는 모습을 사람의 바람직한 죽음, 특히 군인의 이상적인 죽음으로 삼았던 것은 메이지유신 이후의 노골적인 군국주의이지만, 시대를 더 거슬러 올라가면 근세 막부(幕府) 말기 천황에게 충의를 바친 이른바 근황(勤皇)[3]의 지사들에게서 현저히 나타나는 무사도적 사생관으로 이어진다. 그렇다고 해서 무사도가 처음부터 벚꽃과 연결되었던 것은 아니다. 에도(江戶)시대 중반 이후, "꽃은 벚꽃, 사람은 무사"라는 말이 일반인에게 퍼져나갔던 것은 사실이지만 본래는 대중들 사이에서 각 분야 최고를 늘어놓는 타령조에나 등장하는 말로, 꽃 중에서는 벚꽃이 최고이고, 사람 중에서는 무사가 최고로 높다고 하는 표현에 지나지 않았다. 그것이 근세 막부 말기가 되면서 근황의 지사가 활약하게 되자 미련 없이 져버리는 벚꽃 모습이야말로 무사도에 어울리는 모습이라고 생각하게 되었다. 이지마 료사이(飯島良哉)[4]의 생애가 그 전형적인 예일 것이다.

히타치(常陸)[5]출신으로 1811년에 태어난 향사(鄕士)[6] 이지마 료사이는 오로지 천황에게 충의를 바쳐 살아가기로 결심하고, 이를 실천하기 위해 가시마신사(鹿島神社)의 본전 앞에 열 그루의 벚나무를 심어, 성은 벚꽃의 발음을 딴 사쿠라(佐久良)라고 하고, 이름은 도코쿠(東國)의 남아라는 의미에서 아즈마오(東雄)로, 호는 유키게(雪消)[7]의 의

---

3) 천황에게 충성을 다하는 것. 특히 근세 말기에 천황 親政을 위해 德川幕府를 타도하려고 했던 정치운동을 지칭한다.
4) 1811~1860. 근세 막부 말기 존양(尊攘)파의 지사. 歌人. 진언종의 승려였지만, 환속. 국학자 平田篤胤의 문하생. 사쿠라다몬가이의 변(櫻田門外の変)에 연좌되어 옥사함. 가집으로 『薑園集』이 있다.
5) 현재의 茨城縣 대부분을 지칭했던 옛 지명.
6) 농촌에 살면서 농업에 종사했던 무사. 또는 무사의 대접을 받은 백성.

미와 통하는 유게이(靫負)[8]라고 개명(改名)했다고 한다.

　유사시에는 벚꽃과 같이 눈처럼 사라지겠다는 각오를 나타낸 것이라고 한다. 그는 후일 사쿠라다몬가이의 변(櫻田門外の變)[9]에 연좌되어 구속된 후 옥중에서 죽는다. 그의 이름은 근황의 지사 중의 지사로서 후세에 전해지게 되는데 그는 벚꽃이 지는 모습을 이렇게 노래하고 있다. "때가 되면 모름지기 대군을 위해 벚꽃처럼 깨끗이 죽어야하리"(山田孝雄『櫻史』). 여기에 이르러서는 벚꽃이 지는 모습이 무사의 죽음과 동일시되고 있음을 알 수 있다.

　이러한 경향에 박차를 가한 것이 사쿠라 아즈마오도의 학풍을 사모해 마지않았던 국학자 모토오리 노리나가(本居宣長)의 벚꽃에 대한 편애였다. 노리나가는 "누군가 일본혼에 관해 묻는다면 나는 아침 해에 아름답게 빛을 내는 산벚꽃이라 답하리"라는 유명한 노래를 남기고 있다. 이 시가로 벚꽃은 일본혼의 상징으로 자리 잡게 되었고, 이와 동시에 벚꽃에 대한 노리나가의 과도할 정도의 애정은 노리나가를 존경해 마지않는 사람들에게 벚꽃 숭배의 마음을 심어 주게 된 것이다.

　노리나가의 벚꽃에 대한 편애는 노리나가 고유의 인생관에 뿌리를 두고 있다. 노리나가는 『고지키(古事記)』의 연구를 통해서 고대 일본인에게는 사후 세계에 대한 관념이 없었다고 주장하고 있으며 노리나가 자신

---

7) 눈이 녹는 것을 시적으로 표현한 것.
8) 궁중과 천황의 수호를 맡은 6개 관청(六衛府)에 소속된 무사를 지칭하는 총칭. 일본의 화살통인 유키(靫)를 메고 궁중의 경호를 담당한 것에서 유래했다.
9) 1860년 3월 3일, 水戸藩 등의 무사들이 櫻田門外에서 일으킨 이이 나오스케(井伊直弼)암살 사건. 개국조인(調印), 1858년에 이이 나오스케가 미일수호통상조약 체결 및 장군의 후사문제로 그의 정책에 반대한 이들을 벌하고 吉田松陰 등의 지사를 투옥한 안세노타이고쿠(安政の大獄)등이 그 원인이었다.

도 사후 세계나 그곳에서의 구원을 전혀 믿지 않았다. 사람은 죽으면 썩어갈 뿐이며 그것은 슬픈 일이지만 어쩔 수 없다는 것이다. 그러므로 될 수 있으면 오래오래 살아서 인생을 구가하는 방법 외에는 없겠지만 유일하게 위안 받을 수 있는 방법이 있다면, 그것은 사람의 영혼은 죽게 되면 그 사람이 애착을 갖고 있던 물건에 자주 머무른다는 전설을 통해서 일 것이다. 노리나가의 벚꽃에 대한 편애는 여기에 근거를 두고 있다.

노리나가는 죽기 일 년 전 시기가 가을임에도 불구하고 벚꽃만을 노래한 봄철 단가(短歌)[10] 삼백수를 단시일 내에 지어냈다. 그 가집에는 벚꽃이 피기를 기다리는) 이른 봄부터 시작하여 본격적인 개화기, 그리고 산길을 두려워하지 않고 산 벚꽃을 찾아 계속해서 여기저기를 여행하는 모습이 노래로 나타나고 있다. 또, 벚꽃이 진 후에도 가을의 억새, 싸리와 함께 벚꽃이 함께 피면 얼마나 풍정이 있을까라는 공상이 끊임없이 이어져 가고 있다. 다음 노래는 이러한 벚꽃에 대한 노리나가의 열정을 잘 나타내고 있다.

어디라고 할 것 없이 끊이지 않고 피어라 벚꽃이여 니도 영원히 죽지 않고 볼 터이니.

とことはに絶せずさけよ櫻花我も万代しなで見るべし(『枕の山』[11])

---

10) 일본 시가의 한 형식. 5・7・5・7・7의 다섯 구, 31자로 이루어진 정형시. 7세기경부터 성립, 정착되었다.

11) 1800년 71세의 노리나가가 긴 가을밤 잠에서 깨었을 때에 벚꽃을 소재로 읊은 가집(歌集). 베게맡에서 벚꽃산을 생각했기 때문에 「枕の山」이라고 함. 이 책은 『櫻花三百首』라고도 한다. 제재(題材)는 벚꽃. 꽃이 피기 전부터 만개까지 꽃의 생애를 읊고, 벚꽃에 관한 생각을 노래한 노래와 벚꽃찬가 등 다양한 노래

이와 같은 벚꽃에 대한 집착이 구체적으로 나타나고 있는 것은 노리나가가 무덤에 대해 남긴 유언이라고 할 수 있다. 노리나가는 유골이 담긴 무덤 위에 잘 피어나는 산벚나무 한 그루를 심어주기 원했다. 성묘는 일 년에 한번으로 충분하나 산벚나무가 시들어 죽어버리면 반드시 다시 심어 줄 것을 명하고 있다. 무덤의 벚꽃이 피어있는 한 자신의 영혼도 계속해서 살아 있을 것이라고 믿었던 것이다. 그렇기는 하지만 노리나가의 광적인 벚꽃 사랑은 사람의 죽음과 벚꽃의 산화를 연결시키고 있지는 않다. 그보다는 벚꽃을 일본혼의 상징으로 삼은 점이 중요하다. 그러나 노리나가의 학풍을 흠모하는 근황의 지사들은 자신들이 곧 일본혼이라고 규정했으며, 이러한 고양된 심리상태에서 벚꽃이 지는 순간을 무사도의 궁극적인 모습으로 형상화해 간 것이다.

이 경향은 메이지유신 이후에도 쇠퇴하지 않고 오히려 근대 천황제국가의 확립과 함께 벚꽃은 나라의 꽃이 되고 제국 육군의 기장(記章)에까지 등장하기에 이르렀다. 그리고 천황의 '적자(赤子)'인 군인은 '황국'을 위해 마치 벚꽃이 지는 것처럼 깨끗이 그 목숨을 바치도록 요구받았던 것이다.

그런데 벚꽃나무 그 자체는 메이지유신에 즈음해서 위기에 직면했다. 명승지 요시노야마(吉野山)의 벚꽃이 수천 그루나 벌채되기도 하고, 교토의 마루야마(円山) 공원의 명물인 시다레자쿠라(しだれ櫻)[12]도 하마터면 잘릴 뻔 하는 등 각지의 벚꽃 명소는 뽕나무밭으로 바뀌어 갔다. 막부 시대에 애지중지했던 것은 모두 파괴하고, 부정하는 풍조 속에서

가 실려 있다.
12) 굵은 가지는 옆을 향하지만, 가는 가지는 버드나무처럼 아래로 처지는 벚나무.

발생한 일이었는데 그 정도로 벚꽃은 무사와는 뗄 수 없는 관계에 있다고 간주되었던 것이다. 그러나 이러한 벚꽃에 대한 편견도 점차 약화되어 1881년에는 천황 주체의 벚꽃 감상회가 시작되었고 그 다음 해에는 각지에서 벚꽃 보호를 주장하는 움직임이 나타났다.

때마침 막부 말기에 등장한 신종 벚꽃이 전국으로 퍼져나가기 시작했다. 소메이요시노(染井吉野)라는 품종이다. 소메이요시노는 기존의 산벚나무 등과는 달리, 꽃이 먼저 피고 그 뒤에 잎이 나온다. 그 때문에 큰 가지가 안 보일 정도로 가득 꽃이 달린다. 춘난만(春爛漫)이라는 표현에 딱 들어맞는 꽃이다. 게다가 키우기 쉽고 개화도 빠르다. 이 때문에 소메이요시노는 급속하게 일본 전체로 퍼져가게 된다. 전국의 학교나 공원, 하천의 제방에 심어진 것이 모두 소메이요시노였다. 또 소메이요시노는 쉽게 바람에 날려 눈보라처럼 지기 때문에 문자 그대로 꽃보라의 이미지가 일본 전국에 정착되게 되었다. 야나기타 구니오(柳田國男)[13])에 따르면 소메이요시노의 보급은 일본의 풍경을 완전히 바꾸는 사건이었으며, 당시까지 일본인에게 사랑받아 왔던 산벚꽃이 팔랑팔랑 지는 풍경을 그 이후 벚꽃에서 회상하는 일은 거의 없어지게 되었다고 한다(『콩의 잎과 태양(豆の葉と太陽)』).

어찌되었건 춘난만과 꽃보라를 단기간에 연출해 내는 소메이요시노는 천황에게 충성을 바치는 것을 일본혼으로 보는 메이지 국가의 선전

---

13) 1875-1962. 민속학자. 민간전승에 관심을 갖고 전국을 돌아다니며 1909년 일본민속학의 출발점이라 할 수 있는 『後狩詞記』를 출판, 이후 『石神問答』『遠野物語』『山鳥民譚集』을 비롯해 다수의 저작을 남겼다. 일반 서민의 생활사를 테마로 柳田學이라 불리는 일본민속학의 창시자로서 민속학연구소를 창설하는 등 일본민속학의 발전에 큰 기여를 했다.

에 딱 들어맞는 발명이기도 했던 것이었다. 오키나와의 야에자쿠라(八重櫻)의 꽃은 보통 바람에는 꿈쩍도 안한다. 그렇기에 아마도 '한꺼번에 진다'라는 표현은 오키나와에서는 생겨나기 어려웠을 것이고 산벚꽃의 경우도 마찬가지였을 것이다. 따라서 소메이요시노는 벚꽃을 일본혼으로 삼고자 하는 당시의 시류에 편승해 등장했다고 볼 수 있다. 또 아이러니하게도 1945년 패전 후에는 점령군에 의해 군국주의의 상징이었다는 이유로 벌채되는 운명을 맞게 되기도 한다.

그런데 일본인에게 벚꽃은 어느 시대에나 깨끗한 죽음의 상징으로 여겨졌던 것은 아니며, 지는 벚꽃만을 소중히 해왔던 것도 아니다. 대다수의 일본인에게 벚꽃은 어디까지나 '꽃구경'을 위한 벚꽃으로 존재했다. 시대를 거슬러 올라가면 헤이안(平安) 시대 귀족들의 벚꽃놀이, 도요토미 히데요시(豊臣秀吉)의 호화로운 꽃놀이, 근대의 도쿄 우에노(上野)의 꽃놀이가 그것이다.

사쿠라(櫻)의 어원은 여러 가지가 있지만 일설에 의하면, '사'는 사쓰키(五月)[14]나 사미다레(五月雨)[15], 사오토메(早乙女)[16]등의 '사'와 마찬가지로 논의 신, 또는 벼의 혼을 가리킨다고 한다. '쿠라'는 자리나 장소를 의미한다. 산중의 거석으로 신이 머무른다고 하는 것이 이와쿠라(磐座)[17]인데 이 '쿠라'와 같은 의미이다. 즉 '사쿠라'는 논의 신이 머무른 자리로, 벼의 혼이 들어가 있는 꽃이라는 의미인 것이다. 따라서

---

14) 음력 5월의 다른 표현.
15) 음력 5월경에 오는 장마.
16) 모내기 하는 여성, 일반적으로 소녀·처녀를 지칭함.
17) 신도에서 신이 머무르는 암석. 고대 제사장(祭祀場)에서 신령이 내려와 진좌한다고 믿었다.

지역에 따라서는 벚꽃이 없어도 못자리에 볍씨를 뿌리는 곳에 피는 꽃은 '사쿠라'로 불렸다고 한다. 시도미[18]나 우노키[19]는 타네마키(볍씨심기)사쿠라, 하타우치[20]사쿠라라고 불리고 있다.

어쨌든 벼농사와 관계있는 사람들에게 '사쿠라'는 씨뿌리기를 시작할 때 논의 신을 불러 그 가호를 빌기 위해, 또 그 해의 벼농사의 풍작을 점치기 위해 꼭 필요한 식물이었던 것이다.

그렇기에 꽃놀이는 진지하게 행해져 왔다. 오늘날의 꽃놀이는 오로지 유흥으로 변해 버렸지만 본래는 가지에 얼마나 많은 꽃이 피어있는가를 문자 그대로 확인하는 행사가 꽃놀이였던 것이다. 꽃은 물론 많이 피어나야 하고 긴 가지 끝까지 꽃이 많이 피어날 때 벼의 풍작이 약속되는 것이었다. 그 때문에 꽃은 가능한 긴 가지에 구석구석 피어나는 것이 바람직하고 한 번에 확 져버리는 것은 오히려 터부였다고 말하는 것이 정확하다.

노(能)의 '태산부군(泰山府君)'은 이러한 꽃놀이의 심정을 바탕으로 성립한 작품이라고 할 수 있다. 제아미(世阿弥)[21]의 작품으로 알려진 이 작품은 사쿠라쵸츄나곤(櫻町中納言)이라고 불렸던 후지와라노시게노리(藤原成範)[22]가 벚꽃을 너무나 사랑한 나머지 만물의 생명을 관장

---

18) 장미과의 낙엽목. 높이는 약 30센티 정도이다. 가지에 가시가 많고 봄에 붉은 꽃을 피운다.
19) 箱根空木 또는 谷空木. 둘 다 인동(忍冬)과 낙엽목으로 해안근처에서 자생하며 초여름에 꽃을 피운다.
20) 파종 준비 등을 위해 괭이 따위로 밭을 갈아엎는 것.
21) 室町 초기의 노(能)배우, 노(能)작가. 觀世流 2세. 이름은 元清. 법명은 世阿弥. 足利義滿의 비호아래, 노를 완성시킴. 幽玄美(우아한 아름다움)를 중시. 夢幻能 형식을 완성시킴. 十六部集으로 일컬어지는「風姿花傳」「花鏡」등 다수의 能樂論書와「老松」「高砂」등 다수의 작품이 있다.
22) 1135-1187. 平安말기의 歌人. 少納言正五位下, 通憲(信西)의 셋째 아들. 어머

하는 중국의 신 태산부군(泰山府君)에게 벚꽃의 수명을 늘려 달라고 부탁하여 결국은 21일 동안이나 꽃이 계속해서 피었다고 하는 이야기를 소재로 하고 있다. 여기에는 단순히 벚꽃을 사랑하는 것 이상으로 벚꽃으로 벼농사의 풍작과 흉작을 점치려고 한 당시 사람들의 풍습이 있었다.

요컨대 벚나무는 많은 일본인에게 있어서 어디까지나 벼농사의 풍흉을 미리 점치는 행사에 불가결한 식물이었던 것이며, 이것이 잊혀지고 나서도 꽃놀이라는 형식은 계속해서 남아 오늘날로 이어지고 있는 것이다.

이와 같이 벚꽃에 대해 일본인은 '한가로운 벚꽃놀이', '지는 벚꽃'의 두 가지의 이미지를 지녀 온 셈인데, 문제는 메이지 이후 천황제 국가의 교육을 통하여 '지는 벚꽃'이야말로 마치 일본의 오랜 전통인 것처럼 강조되어 왔다는 사실이다. 이것을 일본 전통적 가치로 이해한다면 극히 왜곡된 것이라고 말 할 수 있다. 다시 말하자면 '지는 벚꽃'의 이미지는 메이지 이후에 만들어진 '유사전통'(山田宗睦, 『꽃의 문화사(花の文化史)』)에 불과한 것이다. 그렇다고는 해도 이러한 '유사전통'이 전통인 것처럼 만인에게 받아들여진 이유는 무엇일까. 또 무엇이 '유사전통'을 필요로 했던 것일까. 거듭 근대 일본의 선택을 묻지 않으면 안 된다. 이 작업에 들어가기 전에 문제를 분명히 하기 위해 하나 더 다루어야 할 것이 있다.

니는 從二位, 朝子. 正二位인 中納言民部卿에게까지 오름. 『唐物語』의 작자라고 하는 설이 있다. 『千載集』를 비롯한 勅撰集에 그의 노래가 13수 실려 있다.

여인금제 女人禁制

　조금 지난 이야기이지만 1990년의 1월 스모(相撲) 대회가 끝난 뒤의 표창식에서 여성 관방장관(官房長官)[23]이 씨름판 위에 올라가 내각총리대신배를 수여하려고 하자 스모협회는 씨름판에 여성은 올라갈 수 없다는 불문율이 있다고 하면서 여성 장관이 씨름판에 올라가는 것을 거부했던 사건이 있었다. 왜 여성은 씨름판에 올라갈 수가 없는가. 스모협회가 말하기를 그것은 다름 아닌 여성의 몸이 부정(不淨)하기 때문이라는 것이다. 매스컴은 즉시 "아직도 살아 있는 여인금제"라고 보도했다. 그 후에 여성들만이 선정하는 '스모 여성 팬 대상'을 만들어 여성이 씨름판에 오르는 것을 인정하지 않을 수 없게 하는 시민운동이 일어

---

23) 기밀사항, 인사, 관인보관, 문서, 예산, 회계, 통계 등 조직의 유지·관리를 담당하는 관청 부국(部局)인 관방의 장관.

나기도 했다. 또 호소카와(細川)내각의 당시 여성 문부대신(文部大臣)은 요코즈나(橫綱)[24] 심의회에 여성이 없다는 것은 문제라고 발언하는 등, 씨름판을 둘러싼 '여인금제'는 자주 화제가 되기는 했지만 전혀 결말의 기미가 보이지 않는 것 같다.

그건 그렇다고 치고 여성이 부정하다는 것은 무슨 뜻일까. 젊은 독자는 이해하기 어렵겠지만 최근까지 월경이나 출산은 부정한 일이라고 여겨져 왔다. 그 때문에 그리 오래되지 않은 시기까지 월경중인 여성은 '다야(他屋)'[25]나 '쓰키고야(月小屋)'라고 불리는 별도 건물의 누추한 작은 방이나 같은 건물이라도 특별히 격리된 방에서 가족의 식사를 만드는 불과는 다른 불로 조리를 하면서 월경이 끝날 때까지 지냈다. 또 출산의 경우에도 '우부야(産屋)'[26]라는 특별히 마련된 장소에 옮겨가 가족과는 별거의 형태로 생활했던 것이다.

1872년 3월, 메이지 정부는 위생을 중시하는 입장에서 출산의 부정을 염려할 필요가 없음을 포고했지만 일본열도에서 '우부야'가 완전히 사라진 것은 1930년대부터 1945년 무렵에 들어서였다. 오늘날 '쓰키고야'는 찾아볼 수 없지만 월경혈을 부정이라고 간주했던 의식은 아직도 일본 사회 특유의 여성멸시와 결합한 형태로 존재하고 있다.

최근 여대생들에게 집 목욕탕에 가장 먼저 들어가 목욕을 해도 별문제가 없는 지, 혹은 여성이 집안의 가미다나(神棚)[27]를 보살필 수 있는 지 등의 질문을 했더니, 다수의 학생들이 그렇게 할 경우 가족들

24) 씨름꾼의 최고위. 제1인자.
25) 여성이 월경 중에 머무르는 집.
26) 출산을 하는 방. 또는 출산을 위해 따로 지은 작은 건물.
27) 집안에 신위를 모셔 두고 제사지내는 선반.

특히 어머니가 거세게 제지한다고 답하고 있다. 명확한 '여인금제'는 아니지만 아직도 무의식의 세계에서는 여성을 부정한 존재로 여기고 있는 사람이 많음을 알 수 있다. 또한 지금도 터널공사나 술 제조 현장 등 확실하게 '여인금제'가 살아있는 직장도 적지 않다. 또 여성 미술연구가는 사찰이나 신사 등에서 소장 보물에 대해 여인금제를 요구하고 있기 때문에 연구대상에 접할 수가 없어 연구가 진행되지 못 하게 되는 예도 있다. 이처럼 여성을 부정한 존재로 보는 것은 결코 과거의 이야기가 아닌 것이다.

예컨대 여성의 부정을 민족학에서는 '아카후죠(赤不淨)', '시로후죠(白不淨)'라고 불러왔다. '아카후죠'는 월경을 '시로후죠'는 출산을 의미한다. 이 외에 '구로후죠(黑不淨)'라는 죽음의 부정이 있다. 왜 출산이 '시로(白)'인가에 대해서는 이해하기 어려운 부분이지만 '시로'는 취음자(取音字)로 본래는 '시라'였고, 오키나와에서 출산의 의미로 쓰였다. 이 '시라'를 '시로(白)'라는 한자의 훈으로 사용했기 때문에 '아카(赤)', '구로(黑)'가 연상되어 사용되었을 지도 모른다. 이것들은 학술용어이지 생활 속에 살아있는 말은 아니다. 단지 이 세 가지의 부정이 긴 세월동안 일본인의 생활을 지속적으로 속박해 왔었음을 잊어서는 안 된다.

다시 말해 부정에 관련되는 당사자는 물론이고, 그 사람과 접촉한 사람도 마치 전염병처럼 부정을 타게 된다고 믿었던 것이다. 이러한 접촉을 '촉예(觸穢)[28]'라고 하는데, 구체적으로는 같은 불로 조리한 음식을 함께 먹는다든가, 자리를 같이 하는 것만으로도 부정이 옮는 것으로 믿

---

28) 병, 죽음 따위의 부정한 것에 접촉하는 것.

었다. 그리고 부정이 퍼지면 결국에는 기근이나 천재지변, 사회적 불안이 일어난다고 생각했던 것이다. 그 때문에 부정이 탄 물건, 부정이 옮은 물건은 일정 기간 동안 일상생활에서 격리시킬 필요가 생겼다. 이것을 바로 이미고모리(忌み籠り)라고 하는데 앞에서 소개한 '쓰키고야'가 전형적인 예이다. 오늘날 관청이나 기업에서 상을 당한 사람에게 휴가를 주는 것은 죽음의 부정이 일반에게 퍼지는 것을 막기 위한 이미고모리의 잔재인 것이다. 이러한 이미고모리는 신전 행사나 마쓰리(祭り)가 있을 때에 특히 강조되었고 지금도 마찬가지이다.

그렇지만 일본열도에 퍼져 있는 민속을 자세하게 살펴보면 이러한 '세 가지 부정'에 관한 금기의 분포가 일정하지 않고, 금기 자체도 지방에 따라 혹은 동일지역의 같은 행사 안에서 무시되기도 하는 등 그 금기의 정도가 다양함을 알 수 있다.

여성의 부정에 국한해 거론한다면 마쓰리 안에는 여성의 부정을 적극적으로 무시하는 관습도 적지 않다. 예를 들어 지바(千葉)현 가쓰우라(勝浦)의 우지가미사이(氏神祭)에서는 미코시(神輿)29)가 해변에서 언덕 위 신사로 돌아올 때, 신사 입구의 도리이(鳥居)30)까지는 젊은 남자들이 미코시를 짊어지지만 그 다음부터는 각 집에서 나온 젊은 여성들이 로프를 사용해서 미코시를 짊어진다. 여성들에게 미코시를 짊어지지 못하게 하는 마쓰리가 일반적이므로 이것은 매우 드문 현상이다. 그리고 미코시를 짊어지는 젊은 남자들은 여인금제임에도 불구하고 일부러 여성용 옷감으로 만든 텟코(手甲)31)와 도마키(胴卷き)32)를 몸에 두른다.

---

29) 제례 때 신위를 모시는 가마.
30) 신의 영역임을 알리는 표시로 신사 입구에 세운 붉은 기둥문.

혹은 시가(滋賀)현의 어떤 신사의 마쓰리에서는 미혼의 여성이 수일 전부터 목욕제계를 하고 후리소데(振袖)[33] 모습으로 신에게 음식을 올린다고 한다(宮田登, 『여성의 영력과 집의 신(女の靈力と家の神)』).

이즈모(出雲)의 미호(美保) 신사[34]에서는 정월 신전에 바치는 떡을 만들 때, 떡을 치는 것 그 자체는 여인금제이기에 새롭게 불을 지펴서 떡을 치지만, 떡이 잘 되었나를 음미하는 것은 일부러 월경중의 여성을 골라서 시킨다고 한다. 아마미 오시마(奄美大島)[35]나 오키나와(沖繩)의 남쪽에 있는 섬에서는 애초부터 월경 그 자체를 부정이라고 보는 의식은 거의 없다. 어떤 연구자는 풍부한 실례를 근거로 남쪽 섬에서는 월경이 오히려 신의 은혜가 나타난 것으로 받아들여지고 있다고 보고하고 있다(瀨川淸子, 『여성의 민속지(女の民俗誌)』). 이와 비슷하게 각지의 민속을 검토하여 월경을 신의 소명(召命)의 표시인 '성흔(聖痕)'으로 보고 있는 연구자도 있다.

또 어떤 연구자는 오키나와의 신성한 섬, 구다카지마(久高島)의 이자이호(イザイホー) 행사와 관련하여 다음과 같이 말하고 있다. 이자이호는 12년에 한번, 섬의 여성들이 총동원되어 행하는 큰 마쓰리인데, 고모리야(籠屋)[36]에 들어간 여성 중에 월경이 시작된 사람이 있었다.

---

31) 천이나 가죽으로 손등과 팔목을 싸게 만든 토시.
32) 돈이나 귀중품을 넣어 허리에 돌려 매는 가늘고 긴 주머니. 복대.
33) 겨드랑이 밑을 꿰매지 않은 긴 소매의 일본옷. 주로 미혼 여성의 예복.
34) 島根縣에 있는 舊國幣中社. 事代主命과 三穗津姬命을 모심. 어업, 상업, 농업의 신으로 존경받아 왔다.
35) 鹿兒島縣 奄美諸島 중 가장 큰 섬. 산이 많고 주위에는 산호초가 발달되어 있음. 사탕수수와 파인애플 등을 주로 재배하고 있다.
36) 마쓰리 중에 이 안에 머물면서 신을 맞게 된다.

그렇지만 전혀 개의치 않고 마쓰리는 진행되었다. 혹 의상이 더러워지면 강에서 세탁을 한 후 아무 일도 없었던 것처럼 다시 행사에 참가한다. 이 예에서 보듯이 남쪽 섬에서는 월경이 부정한 것이 아니었다고할 수 있다(櫻井德太郎 『민속학의 변모(民俗學の変貌)』). 야에야마(八重山)[37]의 민요에는 월경을 '매화꽃'이라고 부르고 있고 젊은 여성은 월경혈로 물들인 직물을 애인에게 보낸다고 한다. 이 정도라면 일본본토의 '아카후죠(赤不淨)' 자체가 의심스러워지게 된다.

그런데 여성이 부정하다는 이유로 한쪽에서는 신전 행사에서 제외시키면서 다른 곳에서는 신전 행사의 중추에 여자가 등장하기도 하고, 여성의 부정을 문제 삼지 않는 상황이 존재하는 것은 어떤 이유에서 일까. 다음의 마쓰리는 이러한 의문을 푸는 열쇠라고 말할 수 있다. 그것은 매년 음력 십일월에 후쿠시마(福島)[38]에서 행해지는 하네야마고모리(羽山ごもり)이다. 이 마쓰리에서는 부락의 성인 남자회원이 완전한 여인금제 하에서 고모리아에 들어가게 되는데, 가시키(カシキ)라는 이 조직의 동량 역(棟梁役)은 오갓카(オガッカア), 그 후견인은 밧파(バッパア), 오갓카의 보좌역은 요메(ヨメ)라고 부르는 등 모두 여성의 호칭을 쓰고 있다(宮田登, 앞의 책). 가시키는 무로마치(室町)시대[39] 이전의 일본어에서는 취사를 뜻했다. 여인금제이면서도 호칭이 여성을 지칭했다는 것은 어느 시기 이전에는 이러한 역할을 여성이 담

---

37) 沖繩縣 남서부에 위치한 諸島.

38) 東北지방 남부에 위치한 縣. 현청소재지는 福島市. 농업이 발달하였으며, 과수, 야채, 담배를 주로 재배한다.

39) 足利尊氏가 京都 室町에 막부를 개설한 1336년부터 織田信長이 15대 장군 義昭를 추방하여 막부를 멸망시킨 1573년까지를 말한다.

당하고 있었음을 시사한다고 볼 수 있다.

유명 영산(靈山)의 '여인금제'에 관해서도 마찬가지이다. 그것은 본래 마을 처녀들이 날을 정해 신이 있는 산 정상에 올라가 나무 가지나 화초에 신령이 내려앉게 한 다음 마을로 가져오는 행사에서 유래하고 있다. 그러던 것이 영산의 관리를 불교의 승려들이 독점하게 된 뒤부터 오히려 여자가 산에 오르는 것을 제한하게 된다. 이것이 '여인금제'의 시작인 것이다. 오키나와의 미야코지마(宮古島)에 전해지는 신가(神歌) 중에는 여성에 의한 부락지배가 일정 시기부터 남성지배로 바뀐 내용이 전해지고 있는데 그래도 신 마쓰리만은 여성이 중심이다. 미야코지마만이 아니고 류큐(琉球)[40]의 섬들에서는 신전 행사가 압도적으로 여성의 손에 의해 전승되어 오고 있다.

결론적으로 말한다면, 일본열도에서는 본래 여성이 신 마쓰리의 중심에 있었음이 거의 틀림없다. 그것이 점차 남성지배로 바뀌어 가면서 결국 부정(不淨)이라는 명분으로 여성이 배제되기에 이르렀던 것이다. 성스러운 것은 한번 성성(聖性)을 상실하면 반대로 강한 기피의 대상이 된다. 예를 들면 논이나 산에는 사람들이 금기시하는 자리가 있는데 이것은 본래 신 마쓰리를 하거나 신에게 올리는 쌀을 만드는 신성한 논 등이었고 경외의 대상이었다. 이러한 유서가 일단 잊혀 지게 되면 경외심은 어느 사이에 두려움으로 바뀌어 이 안에 들어가면 재앙이나 불행한 일이 생긴다고 믿게 되어 이를 기피하게 되었던 것이다. 여성을 부정한 존재로 간주해 온 심층에는 이러한 성성의 역전이 작용하고 있다고 말할 수 있는 것이다. 뒤에서 다시 언급하겠지만 물론 원인이 그것만은 아니다.

---

40) 沖繩의 옛 이름.

여기서 출산의 부정에 대해서도 한마디 언급해 두고자 한다. 출산을 부정으로 간주하는 관습은 남쪽 섬을 포함해 넓게 분포하고 있다. 이 중에는 여러 가지 금지사항이 포함되어 있는데, 그 사항 중 남편이 있으면 출산이 힘들어져 출산이 시작되면 남편은 어딘가에 외출해야만 한다는 것이다. 또 출산의 부정 때문에 남편이라고 해도 출산 후 칠일 밤 동안은 산실에 들어 갈 수 없다고 한다. 그러나 한편으로는 남편이 부인과 같이 입덧을 하거나, 출산 직전에는 남편의 훈도시[41]를 부인의 머리 위에 놓는다든가, 남편이 괭이를 들고 집 둘레를 세 번 도는 습관이 있기도 했다.

출산용 장소를 따로 만들어 임부가 가족과 별거했다는 것도 본래는 새로운 생명의 탄생에 신의 가호를 받기 위해 신을 맞이하여 정진한다는 것에 중점이 있었던 것이며 처음부터 임부가 부정되었던 것은 아니다. 실제로 출산 장소에 시메나와[42]를 치는 관습도 있었던 것이다. 신을 맞는 이와 같은 의식이 약화되면서 앞에서 말한 성스러움의 역전현상이 생겨 출산을 부정이라고 보는 풍습이 생겨나게 된 것이다.

죽음의 부정에 대해서도 같은 현상이 보인다. 오년 전 와카야마(和歌山)현의 시오노미사키(潮岬)[43]에서 정월을 맞이했는데, 그 때 여관 여주인에게서 다음과 같은 이야기를 들은 적이 있다. 장례식이 있게 되면

---

41) 남성의 속옷.
42) 신의 영역과 속세를 구분하기 위해 쓰여진 종이를 드리운 새끼줄. 신사의 주변을 이 새끼줄로 두르고, 그 안쪽을 신의 영역으로 하였다. 정월에 집의 대문, 현관, 출입문 등에 장식하는 새끼줄도 시메나와의 한 형태이다. 우리나라에서 볼 수 있는 금줄과 비슷한 풍습이다.
43) 和歌山縣 串本에 위치한 혼슈(本州) 최남단의 곶. 1873년에 건설된 등대가 있다.

수백일 지날 때까지 집의 가미다나(神棚)는 접어두고 친척이나 동네의 혼인식에는 참석하지 않는다. 이세신궁(伊勢神宮)44)에는 삼 년, 나치 타이샤(那智大社)45)에는 일 년, 마을의 우지가미(氏神)한테는 백 일 간 참배하지 않는다는 것이다. 지금도 이러한 죽음에 대한 금기를 엄격하게 지키고 있는 곳이 적지 않다. 도시에서도 죽음의 부정은 사람들의 생활을 강하게 규제하고 있다. 장례식을 치르는 집에서는 '기중(忌中)'이라는 글자를 써 붙이고 장례식에 참가하는 사람들에게 '부정을 정화시키는 소금'을 나누어준다. 연말이 되면 "상중으로 인해 신년 인사는 드리지 못 합니다."라는 엽서가 날아든다.

죽음이 부정하게 인식되는 것은 비교적 납득하기 쉬운 일이다. 살아있는 것들에게 죽음은 가장 두려운 일이고, 사체가 썩어 들어가는 것은 강한 혐오감을 갖게 한다. 그것은 시대와 민족을 넘어선, 인류의 보편적인 감각이라고 볼 수 있다. 그러나 이러한 보편적인 감각도 문화와 시대에 따라 그 표현양식이 달라진다.

헤이안(平安) 시대46)의 귀족은 선조의 기일에 공양을 드리는 데는

---

44) 伊勢神宮은 三重縣 伊勢市에 있는 皇大神宮(內宮)・豐受大神宮(外宮) 및 別宮과 攝・末社 등을 모두 포함한 명칭. 황실의 종묘. 내궁은 일본의 皇祖神인 天照大神을 제신으로 하고 있고 외궁은 도우케(豐受)의 신을 모신다. 율령시대에는 최고의 국가제사의 대상으로서 천황 이외의 사람들의 사적 기원을 금지했다. 근세 이후에는 농경신으로 신앙되어 민중의 참배가 유행하기도 했다. 메이지시대 이후에는 천황제와 결합한 국가신도의 중심이 되어 국가의 관리하에 놓여졌다.

45) 和歌山縣 那智山 중턱에 위치한 신사. 생명의 근원인 물이 넘쳐흐르는 나치폭포를 신으로 우러러보고, 熊野夫須美大神을 주신(主神)으로 모신다. 예부터 폭포수행의 장소이기도 하였다. 2004년 7월 유네스코세계유산에 <紀伊山地의 靈場과 參詣道>의 일부로 등록되었다.

열심이었어도 가까운 육친의 장례 시 화장터에 입회하는 일은 없었다. 그 때문에 부모나 조부모의 무덤이 있는 장소를 몰라 성묘를 못하는 것이 보통이었다고 한다. 그들은 죽음의 부정을 극도로 두려워하고 있었던 것이다.

그렇다고는 하지만 유명한 고전문학작품인『겐지모노가타리(源氏物語)』47)에 히카루 겐지(光源氏)가 유가오(夕顔)의 유체를 부둥켜안고 슬피 우는 장면이 나오고 있는 것을 보면 죽음을 철저하게 기피하는 관습이 이때는 아직 시작되고 있지 않았다. 민간에서는 근년에 이르기까지 육친이 죽으면 고인과 혈연관계가 아주 깊은 사람이 고인의 유체와 하루 밤을 지내는 것이 관습인 지방도 적지 않았다. 혹은 죽은 사람을 고인의 집 터 안에 묻는 습속도 각지에 남아 있었다. 최근의 발굴에 의하면 죠몬(縄文)시대48)의 집락(集落) 한 가운데에는 묘석군이 있었다고 한다(岩手縣御所野遺跡). 이처럼 죽은 자가 항상 금기의 대상이었던 것만은 아니었다.

---

46) 桓武天皇이 平安으로 수도를 옮긴 8세기 말부터 鎌倉 막부가 성립한 12세기 말까지 약 400년간 정권의 중심이 平安京 즉, 京都에 있었던 시대.

47) 平安중기의 모노가타리(物語). 여류문학자 紫式部가 지음. 주인공 光源氏의 애정과 영달, 화려한 생활의 파탄, 겐지와 그를 둘러싼 사람들이 現世苦界를 떠도는 모습, 겐지 사후의 이야기, 남녀의 비극과 정토지향이 주된 내용임. 일본 고전문학의 최고봉으로 일컬어지고 있다.

48) 縄文土器를 지표로 하는 시대. 토기의 변화에 따라서 초창기, 조기, 전기, 중기, 후기, 만기로 나눈다. 방사성 탄소연대에 의거하여 기원전 10000년 전후에 시작되어 기원전 4세기경까지 지속되었다고 본다. 주로 수혈주거로 이루어진 군락을 형성하였으며 채집, 어로, 수렵을 하며 생활했다고 한다. 유적, 유물은 千島부터 沖縄까지 분포하고 있다.

게가레けがれ와 게가레穢れ

앞에서 오키나와의 섬들에서는 월경을 부정으로 여기는 경우는 거의 없다고 했는데 오키나와에 일본의 고대문화의 원형이 남아있다는 것이 정설이므로 본토에 있어서도 월경에 대한 부정적(不淨的) 시각이 본래의 모습이었는지는 아주 의심스럽다. 오히려 야마도시내[49]의 월경에 대한 부정적 시각은 후대에 와서 덧붙여진 현상이라고 보는 것이 타당할 것이다. 또 출산이나 죽음의 부정에 대해서도 그것들을 극도로 기피하는 지방이 있는가 하면 반대로 그러한 부정에 대해 관용적인 지방이 있다는 사실은 '세 가지의 부정' 그 자체가 처음부터 '일본인' 전체의

---

49) 일본사 시대구분 중 하나. 大和 또는 大和를 중심으로 하는 畿內지방에 조정이 있었던 시대. 율령시대 이전으로 고고학상의 고분시대(3세기말~7세기)와 거의 일치한다.

공통된 금기가 아니었고 그것이 하나의 '전통'을 형성해 온 것도 아니었음을 말해주는 것이다.

사실, 문헌자료를 봤을 때도 부정의 강조 또는 부정을 둘러 싼 번거로운 금기 사항은 후대에 성립, 구체적으로는 헤이안(平安)시대 중기부터 말기에 걸쳐서 일반화하기 시작한 것으로 판단된다. 즉, 927년에 완성된 율령의 세칙을 정한 『엔기시키(延喜式)』(3권)에서는 임시제(臨時祭)의 규정으로서 월경 중에 있는 자는 천황이 사는 청량전(淸涼殿)의 출입이 금지되어 있었는데 금기 기간은 명확하게 제시되어 있지 않다(『新訂增補 國史大系』). 그러나 1318년에 완성된 『분포키(文保記)』에는 월경 중인 자는 7일간 격리시켜야 하며 7일이 지나도 경혈이 남아있는 자를 격리시키는 더 자세한 규정이 기록되어 있다.(『群書類從』523卷)

출산의 부정에 대해서도 『엔기시키』에서는 7일간의 금기기간만 정해져 있으나 헤이안시대 말기가 되면 7일 후에도 30일 간은 신사에 참배할 수가 없다고 되어 있다. 또, 『분포키』에는 유산한 경우나 90일이 지난 임산부와 동숙하는 것은 상관없으나 같은 불로 조리한 음식을 함께 먹는 것은 100일 이후이어야 한다는 규정이 상세하게 적혀 있다.

죽음의 부정에 관해서 『엔기시키』에서는 금기의 기간은 장례 날로부터 30일간으로 되어 있는데, 동시에 '촉예(觸穢)'의 규정도 정하고 있다. 즉, 죽은 사람이 있었던 집이 부정이 가장 농후한 것은 말할 것도 없지만, 그곳을 방문해 자리를 같이 한 자에게도 부정이 옮는다. 더욱이 제2차 전염자와 접촉한 자도 부정이 옮겨지므로 부정이 없어질 때까지 집에 있어야만 한다는 등 여러 사항들이 기록되어 있다.

이미 이 단계에서도 죽음을 부정이라고 보는 의식은 상당히 강하다

고 할 수 있으나 시대가 더 내려가면 그 규정은 더욱 상세해진다. 예를 들면 사체가 발견되었을 때도 등뼈가 붙어있는 경우에는 30일, 한쪽 손이나 발이 없는 경우는 7일 등, 사체의 손상 상태에 따라 부정의 기간이 달라진다. 격리생활의 기간도 강한 금기의 단계와 약한 금기의 단계를 구별하는 등 더욱 복잡한 조치가 행해지게 된다. (岡田重精, 『고대의 재기・일본인의 기층신앙(古代の齋忌・日本人の基層信仰)』).

그렇다면 부정(不淨)이란 도대체 어떤 상황을 가리키는 것일까. 지금까지는 부정이라는 말을 특별히 음미하지 않고 써 왔지만 이제 거듭 부정이 무엇인지에 대해 살펴보기로 하자. 근년, 민속학에서는 부정 즉 게가레(ケガレ)란 '게(ケ)'가 '가레루(枯れる;시들다)' 또는 '하나레루(離れる;헤어지다)'를 의미한다는 설이 유력해지고 있다. 대표적인 사람이 사쿠라이 도쿠타로(櫻井德太郎)인데, 사쿠라이에 따르면 '게'는 게쓰케(ケ付け)나 게우에(ケ植え), 게가리(ケ刈り), 게바레(ケ拂い)와 같은 어휘에서 유추되는 바와 같이 심거나 수확하는 것, 다시 말해 기본적으로 쌀이나 보리, 콩 등을 의미했다. 이외 더불어 이러한 농업생산을 가능하게 하는 에너지원을 가리키는 '기(氣)'와도 싶은 관계가 있어서, 벼를 성장시키고 익게 하는 '근원적인 영력'이 다름 아닌 '게'라고 하는 것이다. 이 '게'가 감퇴, 쇠약해지는 것이 '게가레(ケ枯れ)'인 것이고 '게'를 회복하기 위한 의례나 행사가 '하레(はれ)'라고 한다(「하레와 게가레의 상관(はれとケガレの相關)」)

즉, '게가레'는 일상생활 안에서 생기는 일종의 위기적 상황을 가리키는 것인데, 문제는 그것이 왜 '더러움'이고 '부정'으로 간주되는 것일까 하는 것이다. 사쿠라이는 이 논문에서 '하레(はれ)'에는 플러스의 하레와

마이너스의 하레가 있다고 보고 있다. 플러스의 하레는 예를 들어 마을사람 전원이 참가하는 행사이고, 마이너스의 하레는 '게가레'와 상관이 있는 가까운 혈연만의 행사를 가리킨다. 가까운 혈연만으로 치루어지는 행사는 '게가레'가 마을 전체에 퍼지지 않도록 하는 배려가 중심이 되기 때문에 필연적으로 여러 가지 규제나 터부를 수반하게 된다. 이 규제나 터부가 '부정' 의식으로 이어진다고 사쿠라이는 보고 있는 것이다.

여기서 다시 '이미(イミ)'라는 일본어의 의미에 대해서 생각해 보자. 지금까지 '이미(イミ)'는 오로지 '꺼림(イミ)' '금기' '금제'의 뜻으로 써왔다. 이것들은 더럽고 불결한 대상을 피해서 그 화로부터 도피하려는 행위이다. 그렇지만 일본어의 '이미(忌み)'에는 또 하나의 뜻이 있다. '齋み'의 예와 같이 재(齋)라는 한자를 사용하는 경우이다. '齋み'는 '정진결재(精進潔齋)'라는 단어가 나타내고 있는 바와 같이 적극적으로 몸을 근신함으로써 스스로 신성한 세계에 들어가고자 하는 행위를 가리킨다. 다시 말해, '忌み'가 '금제'를 주로 하는 부정적인 행동원리를 가리키고 있다고 한다면 '齋み'는 계신(戒愼)을 중심으로 하는 긍정적인 행동원리라고 할 수 있다. 이렇게 '이미(イミ)'에는 서로 상반되는 두 가지의 의미가 포함되어 있음을 알 수 있다.

다시 말하자면, 일본어의 '이미(イミ)'는 본래 비일상적이며 심상치 않은 세계에 대처하는 인간 쪽 태도의 실상을 나타내는 말이었다고 생각된다. 심상치 않은 세계에는 인간에게 바람직한 경우와 바람직하지 않은 경우가 있다. 바람직한 경우에는 적극적으로 다가가서 그것에 동화하려고 노력하는데 그것이 '齋み'인 것이다. 반대로 바람직하지 않은 경우에는 될 수 있는 대로 가까이하지 않으려고 노력하는데 그것이 다름 아닌 '忌み'이다. 이러한 의미의 분화는 나라(奈良) 시대 말기 무렵부터 시작되었다고 하는데, 중요한 것은 시대가 내려오면서 '忌み'가 '齋み'를 누르고 압도적으로 우세해지게 되었다는 사실이다. 'イミ'에서의 '이미(忌み)'의 비대화 현상이 일어났던 것이다.

그렇다면 어떻게 해서 '이미(忌み)'가 강한 세력을 지니게 되었을까. 그것은 한마디로 말한다면 조정의 길흉 관념이 강력해졌기 때문이며, 천황이 신으로서 절대적인 권력을 행사하려고 했던 것과 깊은 관계가 있다. 이러한 과정을 자세하게 분석한 다카토리 마사오(高取正男)는 대략 다음과 같이 설명한다.

나라시대의 천황이나 상황, 황후들의 장례식에는 상세한 금기가 아직 성립되어 있지 않았으나 770년에 즉위한 고닌(光仁)천황[50]이후, 천황이 부모의 상을 치루는 기간이나 상이 끝나는 시기와 관련해 여러 가지 규정이 늘어나기 시작한다. 그 이유의 하나로 중국의 유교, 도교, 음양도의 수용이 이루어져 길흉의 구별이 복잡하게 변한 사실을 들 수 있다. 즉 장송(葬送)이나 싱을 치루는 것은 흉례(凶禮), 조정에서의 제사는 경사스러운 의례, 즉 길례로 간주되었고 국가의 제사에는 길흉의 혼재가 있어서는 안 된다고 판단하게 되었다. 천황의 경우, 부모가 돌아갔을 때는 유교의 가르침에 따라 장기간 상중에 있게 되는데, 이것은 동시에 국가의 행사에 해당되므로 이 기간에는 길례인 국가의 제사를 지낼 수 가 없게 된다. 그렇지만 국가로서 언제까지나 제사를 지내지 않을 수는 없다.

이에 따라 흉례와 길례 사이의 타협안을 찾기 위해 여러 가지 수단,

---

50) 709-781. 제 49대 천황. 和氣淸麻呂와 함께 조정을 개혁했다.

터부가 고안되었고 결과적으로 많은 금제가 생기게 되었다. 특히 율령
제에 입각한 중앙 집권국가가 완성되어 감에 따라 천황의 신성성이 극
도로 강조됨으로써 이러한 경향은 한층 강화된다. 781년에 즉위한 간무
(桓武) 천황은 역대 천황 중에서도 특히 중국의 황제를 본보기로 삼았
던 인물이었기 때문에 조정의 의식을 중국풍으로 정비하고, 그 중에서
도 조정의 제사에 종사하는 자에 대해서는 흉사의 기피를 철저하게 요
구했다.(高取正男, 『신도의 성립(神道の成立)』).

즉, 8세기부터 9세기 초에 걸쳐서 성립한 천황과 천황을 둘러싼 율령
귀족들의 신성의식(神聖意識)이 그때까지 '이미'가 갖고 있던 두 가지
의 의미를 분리해서 오로지 '이미(忌み)'의 부분을 강조하게 되었다고
보여진다. 그들에게는 조정의 사제자로서 항상 신성성이 요구되었고,
그 결과 신성성을 더럽힐 우려가 있는 것을 기피하는 것이 주요 관심사
가 되었다. 그리고 새롭게 신성한 세계에 들어가는 정진결재는 불필요
하게 되었다. 이렇게 하여 '이미(忌み)'에 관한 상세한 규정이 헤이안
귀족들에게 주된 관심의 대상이 된 것이다. 다카토리 마사오는 이러한
사태에 대해 '신도'의 성립이라고 불렀다.

필자는 헤이안 시대를 통해서 성립된 이러한 '이미(忌み)'의 비대화
의 과정에서 '게가레'가 '더러움'이나 '부정'으로 여겨지게 된 것으로 추
측한다.

본래 「정(淨), 예(穢)」라는 개념은 일본 고유의 것이 아니고 고대
인도에서 만물을 「정, 예」로 분류하는 힌두교의 세계관에서 유래한다.
질서를 파괴하거나 질서에 반하는 것을 '게가레'로 간주하는 것이다. 또
불교 안에서도 깨달음을 나타내는 지혜를 청정이라고 하고 깨달음을

방해하는 번뇌를 부정으로 보기도 한다. 이러한 인도 기원의 「정(淨), 부정(不淨)」관이 중국을 거쳐서 일본에 전해지게 되었던 것이며 이것이 '신도'의 성립과정에서 중요한 역할을 하게 되었던 것이다.

앞에서도 말한 것처럼 '게가레'는 본래 민중들의 일상생활 안에서 발생하는 위기적 상황의 일종이었다. 민중은 그러한 위기, 게가레에 직면했을 때 '이미(齋み)'를 적극적으로 실천함으로써 신의 가호를 얻어 위기를 극복하려고 했다. 여러 규제나 터부는 그 다음 문제였다. 어디까지나 정진결재를 통해 신에게 다가가 신의 가호를 구하는 것이 민중의 게가레에 대한 태도였던 것이다. 이와는 달리 천황을 비롯한 귀족들은 그 신성성을 유지하는 데만 관심을 집중시켜 위기적 상황인 게가레는 배제의 대상으로 밀려나는 결과가 되었다.

요컨대 게가레를 '더러운(穢れ)' 것으로 간주하고 그것을 적극 배제하려는 현상은 천황을 극도로 신성시할 필요가 있었던 고대의 율령체제의 완성과 깊은 관계를 맺는 가운데 생겨난 것이라고 할 수 있다. 다음 사건은 이러한 사정을 잘 보여주는 것이라 할 수 있다.

헤이안 천도 2년 전 나가오키(長岡)[51]에 수도가 있었을 때, 수도의 정 동쪽에 위치한 후카쿠사(深草)라고 하는 지역에서 사람의 시체를 매장해서는 안 된다는 포고가 내려졌다. 또 헤이안 천도 직후 수도가 위치하는 두 개의 군에서는 집에 죽은 자를 매장해서는 안 된다는 하달이 내려졌다. 이 지방에서는 그때까지 집에 죽은 자를 매장하는 것이 보통이었다(高取正男, 橋本峰雄 『宗敎以前』). 그 이유는 말할 것도

---

51) 니이가타(新潟)현 중부에 위치한 市.

없이 천황의 신성을 범하는 일이기 때문이었다. 특히 간무(桓武)조정[52]은 이러한 게가레를 엄격하게 기피했던 것이다. 죽음의 게가레는 문자 그대로 '사예(死穢)'가 되었다. 이 연장선상에서 앞에서 소개한, 죽음의 게가레를 두려워 한 나머지 조부의 무덤조차도 모르는 귀족이 생기게 되는 것이다.

더구나 이러한 게가레를 더러운 것으로 보는 풍조는 율령귀족에 그치지 않고 중세가 되면 기나이(畿內)[53] 선진지역에 사는 민중 사이에도 퍼져가게 된다. 그도 그럴 것이 수전경작(水田耕作)이 어느 정도 자리 잡기 시작한 단계에서 마을사람들은 마을의 자급성, 안전성을 확보하기 위해서라면 어떠한 방법이라도 받아들이려고 했고 율령귀족의 신성유지 이론은 그들의 요구에 부합되는 것이었기 때문이다. 마을에서는 외부로부터 재난이 들어오지 않도록 그 경계에 신불의 수호를 상징하는 새끼줄을 치고 마을의 내부에서는 안정을 파괴할 우려가 있는 게가레를 '더러운(穢れ)' 것으로 간주하고 이를 배제하는 데 온 힘을 기울이게 되었다. 오늘날 여러 마을에 전해지고 있는 민간신앙의 대부분은 이러한 금기체계의 단편이라고 볼 수 있다.

그런데 이러한 천황의 신성성의 강조는 간무천황 시대에 국한되는 것이 아니다. 잘 알려져 있는 것처럼 메이지시대에 시작되는 근대 천황제도 역시 천황의 신성성을 극도로 강력하게 주장했다. 뒤에서 다시 논

---

52) 제50대 천황인 간무(桓武) 천황이 781년부터 806년까지 집권했던 시기의 조정.
53) 수도 주변의 지역. 大和, 山城, 河內, 和泉, 涉津의 5개 지역이 이에 해당함. 和泉이 河內로부터 분리되는 奈良시대까지는 4개의 지역으로 구성되었다. 이 지역에서는 大宝律令으로 조(調)는 다른지역의 절반, 용(庸)은 면제의 특권이 있었다.

하겠지만 근대 천황제 하에서 게가레 즉 '더러움'에 대한 배제가 극단적으로 강화되는 이면에 앞에서 언급한 사상적 배경이 있었음은 주목할 만한 것이다.

예를 들어 1884년 11월 18일에 내무성으로부터 '묘지 및 매장 단속 규제세칙'이 시달되었는데 여기에 다음과 같은 규정이 있었다. 묘지는 국도, 현도(懸道), 철도, 큰 하천 옆에는 신설할 수 없고, 인가에서는 60간(間)54)이상 떨어져야만 한다. 큰 하천은 위생상의 배려라고 해도 왜 국도나 현도, 철도 옆에 묘지를 만들어서는 안 되는 것일까. 그것은 천황과 그 군대, 관료가 통행하는 곳에 죽음의 게가레가 있어서는 안 되기 때문이었다(高取正男,『앞의 책』).

이러한 규제는 신정부 탄생과 함께 비슷한 규제가 여러 가지 형태로 시달되었는데 중요한 것은 묘지의 신설에 대해서는 그 이전까지 이루어져 왔던 묘 자리 신설의 자유를 인정하고 있지 않다는 것이다. 이에 앞서 1873년 10월 23일의 태정관(太政官)55) 포고에서도 묘지의 신설은 마음대로 할 수가 없고 반드시 지면을 첨부해서 당국에 제출하도록 지시하고 있다(「太政官日誌」第142号). 이러한 묘지규제의 배경에는

---

54) 간(間)은 길이의 단위. 1간은 6척, 약 1.8미터. 따라서 60간은 약 180미터에 해당한다.

55) 고대 일본에서 율령제를 도입할 때, 제사를 주도하는 제사관과 행정을 담당하는 太政官을 명확히 구분했다. 그 때문에 순수하게 국정을 통괄하는 직무가 되었다. 헤이안시대가 되면 攝政과 關白이 천황의 대리인으로서 정치를 집행했기 때문에 상대적으로 지위가 저하되었지만, 정치결정기관으로서의 기능은 유지하였다. 중세이후 가마쿠라(鎌倉) 시대에는 정무기관으로 기능했지만, 무로마치(室町) 시대가 되면 점차로 기능을 상실하여 단순히 격식을 나타내는 관직이 되었다. 메이지유신으로 율령제가 폐지될 때까지 존재했지만, 메이지시대에도 내각제도가 완성될 때까지 太政官이 남아있었다.

메이지 유신의 이론적 역할을 제공했던 입안자들의 사상도 중요한 역할을 했다. 그 요점은 죽음의 게가레의 확산을 막아 천황의 신성성을 확보하는 데 있었던 것이다(그 예로 矢野玄道[56]의 『獻芹詹語』). 어쨌든 죽음의 게가레에 대한 강조가 메이지 정부성립과 함께 더욱 강화된다.

거듭 말하자면 앞에서 말한 "상중으로 인해 연하장은 보내 드리지 못합니다"라 고 하는 인사장도 본래는 천황 측근의 관료들이 처음 시작한 관례로 생각된다. 그도 그럴 것이 민중들 사이에서는 상은 49일이 지나 탈상하면 끝이라고 생각하는 것이 보통이었고, '고인(故人)의 정월'이라는 12월의 행사를 통해 그 해에 죽은 사람이 있는 집에서는 성묘를 행해 그 해 안으로 상의 절차를 모두 끝내게 되어 있기 때문에 그 해의 죽음에 대한 게가레가 신년으로 이어지는 일은 없었던 것이다. 그럼에도 불구하고 가족, 친족 중에서 죽는 사람이 나오게 되면, 실제로 일 년 내내 상복을 입는 상중의 생활을 하는 것이 아닌데도 일제히 '상중으로 인해'라는 인사장을 돌리는 것은 지나친 금기의식이라고 말하지 않을 수 없다.

근대 천황제 아래에서 이러한 금기의식이 비정상적으로 확대된 예를 조금 더 들어보도록 한다. 왜냐하면 뒤에서 자세하게 논하는 것처럼 근대 일본의 이른바 '국가신도'라고 하는, 천황을 중심으로 하는 국정(國定)의 종교가(국가는 이것을 "종교"라고 부르지 않았지만) 국민지배의 중요한 수단이 되어, 이것이 비정상적인 금기의식을 증대시켰기 때문이다. 특히, 신사참배는 국민의 의무로 정해져 아무도 그것을 거역할 수

---

56) 1823-1887. 막부말기부터 메이지시대에 걸쳐서 활약한 국학자, 신도학자.

없었는데 이 참배를 둘러싸고 여러 가지의 엄격한 규제가 만들어졌다.

예를 들면 1929년에 나온 『신사제식행사작법요의(神社祭式行事作法要義)』는 내무성령(內務省令)에 의거해 제사에 종사하는 자는 '청정'과 '불경한 것을 가까이 하지 말 것'을 엄격히 요구하고 있다. 이러한 금기는 의무교육을 통해서 국민 사이에 침투하여 '태평양 전쟁(제2차 세계대전)' 개시 이후에는 더욱 히스테리적인 양상을 띠게 된다. 1941년 문부성에서 공표한 '예법요강(禮法要綱)'에는 다음과 같은 내용이 들어 있다.

> 일(一). 신사 참배 시는 심신을 깨끗이 하고 용모와 복장을 바르게 하여, 조상에게 성의를 다해야 한다. 이(二). 신사 내에서는 정숙해야 한다. 배례에 앞서 모자, 외투, 목도리를 벗고 손을 깨끗이 씻는다. (중략) 사(四). 모자를 지닌 채로 참배하는 경우는 오른손에 모자 차양을 쥐고 안쪽을 오른쪽 겨드랑이에 붙여 신전으로 나아가 예를 표한다. (중략) 칠(七). 신사 앞을 지날 때에는 경례한다.

또, "상중인 자는 참배를 삼간다"라고 되어 있다(山田信良·今野敏彦, 『다이쇼·쇼와교육의 천황제 이데올로기(大正·昭和敎育の天皇制イデオロギー)』(1)).

전사한 군인을 제사지내는 '야스쿠니신사(靖國神社)'는 '국가신도' 중에서도 특히 중시되었는데, 그런 만큼 '게가레'의 배제도 극단적으로 엄격했다. 1940년 4월 21일의 도쿄아사히신문(東京朝日新聞)은 당시 상중이었던 천황이 야스쿠니 신사의 대제에 참배하기 위해 상중의 몸을 일시적으로 제외시키는 '제상(除喪)'의 의례를 행했다고 전하고 있다. 또, 그 당시의 궁사(宮司)[57]가 딸을 잃어서 상중이었기 때문에 사제를 사퇴한 사실도 크게 보도하고 있다.

신사나 궁성의 청소는 고대에도 권력을 통해 엄중하게 관리하였는데 '국가신도' 체제하에서도 일상 시에는 물론이고 국가적 행사가 있을 경우에는 거의 광적일 정도로 관리가 이루어졌다. 다이쇼(大正) 천황의 '대례(大禮)[58]' 때는 교토(京都) 어소(御所)[59]의 청소가 사진과 함께 대대적으로 보도되었다(1915年 11月 30日 東京朝日新聞). 또 쇼와(昭和) 천황의 즉위식 때에는 어소의 화장실 청소가 특별히 마련된 흰 하카마(袴)[60]를 입은 사람들에 의해 행해졌는데, 이에 관해서는 당시 전 궁내청(宮內廳)[61] 사무관의 회상담으로 소개되었다(1990年 11月 11日 朝日新聞).

이런 청소는 단순히 위생상의 문제가 아니고 '게가레' 제거를 위한 주술적인 목적을 지닌 행위임이 명백하다. 앞에서 인용한 "신사제식행사작법요의"에서도 신전에 올리는 음식의 조리, 취급에 대해서는 음식 재료를 씻기 위한 그릇 외에, 손을 씻는 그릇을 따로 준비해야만 하며, 손이 더러워졌을 때는 손을 깨끗이 하고 나서 다시 음식재료를 씻어야 한다고 정해져 있는데 이 세정(洗淨)은 '게가레'의 제거인 셈이다. 흔히

---

57) 신사의 제사를 맡은 신관(神官)으로 최고위에 해당함.
58) 황실의 중대한 의식, 특히 황위 즉위 입후(立后)등에 관한 의식.
59) 교토에 위치한 옛 황궁. 1869년에 그 기능을 도쿄로 옮길 때까지 역대 천황의 주거지이며 집무소였다. 현재 교토어소는 국유재산으로 궁내청에서 관할하는 황실용 재산으로 분류되어 있다.
60) 일본옷의 겉에 입는 주름 잡힌 하의.
61) 황실에 관한 사무를 맡아보는 관청.

일본인은 청결한 것을 좋아하고 결벽증이 있다고들 하는 데 그 밑바닥에는 위생을 내세운 주술적 심성이 작동하고 있는 것이다.

'게가레'에 대해 비정상적으로 민감한 면은 천황을 둘러싼 경비에도 나타난다. 다이쇼 천황의 '대례' 때에 경비당국은 "불길한 사고가 일어나지 않게 세심한 주의"를 하도록 관계자에게 강력하게 촉구하고 있는데(1915年 11月 3日 東京朝日新聞), 예측할 수 없는 사고가 아니고 특별히 '불길한 사고'에 대비하라는 것은 명백히 통상의 경비관념을 넘는 것이라고 말하지 않을 수 없다. 천황에 관련되는 '사고'는 모두가 신성을 범하는 '게가레'로 간주하고 있음을 잘 보여주고 있다.

여성의 '게가레'에 대해서도 근대 천황제 국가 하에서 오히려 강화된 증거를 적지 않게 찾아 볼 수 있다. 예를 들면, 신사 참배 시 여성의 월경이 터부시되었던 것이 정신대 관련 기록을 보면 확연히 드러나고 있고, 쓰시마(對馬)의 미코(巫女)[62]들이 남긴 자료에 따르면 전쟁 중에는 월경중인 여성이 신을 섬기는 것은 좋지 않다는 이유로 일부러 아직 월경이 시작되지 않은 초등학교 여학생을 골라서 미코 춤 강습을 받게 했다고 한다(瀨川清子, 앞의 책). 또, 1908년의 도쿄여자의학교(東京女子醫學校)[63]의 졸업 축하파티에 참석한 손님 중 한 명이 여자는 월경의 '게가레'가 있어서 그것이 수술실의 신성을 범한다는 내용의

---

62) 넓게는 신을 모시는 여성. 신사에 소속되어 보조적인 신직(神職)으로 神樂, 祈禱 등을 하는 사람과 신령, 죽인이의 영, 생령(生靈)의 말을 전하는 사람이 있다.

63) 1900년 吉岡荒太, 弥生 부부가 일본 최초의 여의사 양성기관으로 설립한 학교. 1912년에 4년제 도쿄여자의학전문학교로, 1947년에 현재의 도쿄여자의과대학으로 개명하였다.

인사말을 했다고 한다(1990年 3月 21日 朝日新聞 投稿欄).

　처음으로 돌아가서 말하자면, 여성 관방장관이 씨름판에 올라가는 것에 대한 거부론도 이러한 근대 천황제 국가 안에서 증폭된 국가에 의한 금기의식이었음을 확인할 필요가 있을 것이다. 그것은 민중의 본래의 의도와는 동떨어진 국가에 의한 터부라고 말할 수 있다. 다시 뒤에서 언급하겠지만 이것은 결코 고대 이래의 전통이 아니었던 것이다. 그렇기에 근대의 역사를 더욱 신중히 검증할 필요가 있다.

'고식古式 우아하게'

1989년에서 1990년에 걸쳐서 천황의 대가 바뀌었고, 또 1993년에는 황족의 결혼 등 여러 가지 황실행사가 대대적으로 치뤄졌다. 그 당시 매스컴이 공통적으로 강조했던 것은 이들 행사가 '고식(古式)' 즉 고대의 전통의식에 따라 행해지고 있다는 점이었다.

쇼와(昭和) 천황의 장례 행렬을 에로 들어 보면, "신쥬쿠어원(新宿御苑)[64]의 장례 행렬 225명 중 150여명은 고식(古式)에 따른 예복을 착용했다", "제관(祭官)들이 입는 고식(古式)의 고상한 의상의 옷치장은 까다롭다" "(이 의상의 착용은 다른 두 유파가 있어서) 예로부터

64) 東京 新宿區와 澁谷區에 위치한 정원. 江戸시대에는 高遠城主 內藤氏의 가택이었음. 1879년 이후, 궁내청 소관의 정원이 되었다. 1949년부터 일반인들에게 개방되었다.

천황, 황태자, 친왕(親王)[65]은 야마시나(山科)[66]류의 예복을 착용"
(1989年 2月 23日 朝日新聞)이라고 보도했고, 아키시노노미야(秋篠
宮)황자 부처의 혼례에 관해서도 "황실전통의 축하의식은 29일 오후
황실에서 아카사카어소(赤坂御所) 안에 있는 두 분의 새 처소로 옮겨
져 고식으로 우아하게 진행되었다"라고 '고식(古式)'이라는 단어를 2단
에 걸친 표제어 기사로 다루어 보도하고 있다(1990年 6月 30日 朝日
新聞).

또한 이러한 황실행사의 소개에는 지금까지 듣지도 보지도 못한 어
려운 한자어가 계속 등장하여 의식의 위엄은 물론, 그 '고식'이 더욱
강조되는 효과를 자아냈다. 예를 들면 쇼와 천황의 장례식에서는 루이
(誄)[67], 신덴(襯殿)[68], 렌소오(斂葬)[69], 지샤(轜車)[70], 쓰루바미이로
(橡色)[71], 소카렌(葱華輦)[72], 다이코(大行)[73]천황 등과 같은 단어가
자주 사용되었던 것은 기억에도 새롭다. 이러한 한자어를 포함하여 '고
식'이라는 표현이 빈번하게 사용됨으로써 그 행사는 개개의 세부를 포
함하여 옛날부터 전혀 변화가 없이 계속해서 행해져 온 것 같은 인상을

---

65) 적출(嫡出)인 황자, 황손의 칭호
66) 京都의 동부지역.
67) 죽은 이의 생전의 공(功)을 칭송하고 그 죽음을 애도하는 말.
68) 천황, 태황태후, 황태후, 황후가 사거한 후, 유체를 빈궁(殯宮)에 옮길 때까지
    안치하는 건물.
69) 염장. 시체를 매장함.
70) 귀인의 장례식 때에 관을 올려 옮기기 위한 차.
71) 도토리로 염색한 색. 진한 쥐색.
72) 천황의 가마 중 한 종류. 지붕중앙에 파의 둥근 꽃 모양의 금색 구슬을 장식한
    것으로 어깨 위에 지고 행진한다. 鳳輦에 비해서 조금 약식(略式)으로 神事,
    佛事를 위해 신사나 절에 행차 시, 또는 보통의 행차 시에 쓰였다.
73) 천황의 죽은 직후의 칭호.

주게 된다.

이러한 보도는 최근만이 아니라 다이쇼(大正) 천황 때에도 신문은 '마치 태고(太古)의 모습'이라고 화려하게 보도하고 있다(1915年 11月 6日 東京朝日新聞). 그렇지만 작금의 황실행사는 그 내용, 형식 거의 대부분이 메이지시대에 들어와서 크게 바뀌었거나 신설된 것이다.

그 가장 현저한 예가 즉위식과 다이죠사이(大嘗祭)[74]를 일괄하여 '대례(大禮)'라고 칭한 것이다. 그 이전에는 이 두 의례가 일정 기간을 거쳐 실시되는 것이 관례로 메이지 천황 때에도 즉위식과 다이죠사이는 3년의 간격이 있었다. 그것을 연속해서 한번에 거행하기로 결정한 것은 1909년에 제정된 '등극령(登極令)'이었다. 이 법례는 제국헌법선포 20년을 기념하여 공포되었는데 실제는 메이지 천황 사망 후를 대비하여 미리 천황계승에 대해서 상세한 상황을 정해두기 위한 의도가 있었다고 전해지고 있다(村上重根, 『천황의 제사(天皇の祭祀)』).

다이쇼 천황과 쇼와 천황의 즉위식은 이 '대례' 형식으로 치러졌다. 다이죠사이(大嘗祭)는 즉위한 새 천황이 자신의 대에 한번 올리는 중요한 의례로, 음력 11월 햅쌀을 수확한 후에 특별히 임시 제전을 만들어서, 햅쌀을 신에게 공양하고 신과 식사를 함께 하여 신 즉 천황가의 선조신인 아마테라스[75]의 영력을 받아 명실 공히 천황에 부합되는 존

---

74) 천황 즉위식 후 처음으로 거행하는 新嘗祭(추수감사제). 천황이 그 해의 햇곡식을 천지의 신에게 바치는 일대에 단 한 번뿐인 궁중제사.

75) 일본 건국신화에 나오는 신. 伊弉諾尊의 딸로, 건국신의 중심세계인 高天原의 主神이며 일본 황실의 선조이기도 하다. 태양의 신으로 상징되어 伊勢의 皇大神宮에서 모셔지고 있으며, 근대에 이르러 일본 황실 및 국민에게 있어서 숭배의 중심이 되었다.

재가 된다는 의식(儀式)이다. 그러나 다이쇼 천황의 경우 '대례'는 양력 11월에 행해졌기 때문에 종래의 다이죠사이의 정신과 모순되는 면이 생겼다. 이것을 통렬하게 비판한 것이 '대례'에도 참가한 야나기타 구니오(柳田國男)였다.

야나기타에 따르면, '대례'에서는 임시 제전에 필요한 햅쌀을 수확한 후에 나오는 볏짚을 구할 수가 없어서 짚을 얻기 위해 별도로 벼를 심어놓은 후 쌀은 버리고 짚만 사용했다고 한다. 햅쌀을 신에게 공양하는 것에 중요한 의의가 있음에도 불구하고 짚을 위해 쌀을 버리는 것은 명백히 다이죠사이의 정신을 무시한 극히 '불온당'한 행위였다. 또는 엄격한 모노이미(もの忌み), 정진결재가 요구되는 다이죠사이의 전날임에도 불구하고 즉위식과 연속해서 행해졌기 때문에 거리술집들이 흥청거리고 육식을 한 채로 아무렇지도 않게 다이죠사이에 참례하는 사람들이 적지 않았다고 기록되어 있다(「다이죠사이에 관한 소감(大嘗祭二關スル所感)」). '대례'가 된 단계에서 다이죠사이의 정신은 이미 변질되어 버린 것이다.

'등극령'은 패전 후에 폐지되었다. 현재의 '황실전범'에서는 '황위의 계승이 있을 때는 즉위의 예를 행한다'라고 되어 있을 뿐이다. 이것은 결코 '고래(古來)'의 모습이 아니고 근대의 소산이었음을 기억해 둘 필요가 있을 것이다.

황태자의 결혼식에서 황태자비가 12겹옷을 입고 황실 내에 있는 신전을 참배하는 모습이 텔레비전 등을 통해 보도되었는데 황거(皇居)에 궁중삼전(宮中三殿)이라고 불리는 현소(賢所), 황령전(皇靈殿), 신전(神殿) 등 삼전이 마련된 것도 메이지 때부터이다. 현소(賢所)에는 삼종(三種)의 신기(神器)[76] 중의 하나인 거울이 모셔져 있고 황령전(皇靈殿)은 진무천황(神武天皇)부터 선대의 천황까지 역대 천황을 비롯하여 사망한 황족들을 제사지내고 있으며 신전(神殿)에는 하늘 신과 땅 신, 야오요로즈노가미(八百万の神)라고 부르는 수많은 신들이 각각 모셔지고 있다.

이 삼전에는 매일 공양이 행해지는데 공양물은 청주, 도리노코(鳥の子)라고 불리는 주먹밥 형태의 팥찰밥, 해초, 말린 생선, 날생선 등이라고 한다(村上重根, 앞의 책). 신에게 올리는 음식인 신찬(神饌)은 메이지 이전에는 인간도 먹을 수 있는 것이어야 했기에 쌀과 물 이외에는 모두 익혀서 올렸다. 왜냐하면 신과 인간이 함께 같은 음식을 먹는 것이 일본 마쓰리의 원형이었기 때문이다. 그러나 메이지 이후에는 무우나 당근, 야채, 생선, 닭고기에 이르기까지 날 것으로 공양하는 일이 많아졌다. 이유는 오로지 신관의 수고를 덜기 위해서였다고 한다(『明治文化史』 13 「風俗」). 앞에서 신찬을 올릴 때 병적일 정도로 청결함이 요구되었음을 소개했었는데 정작 그 대상이 되는 공물 자체가 근대의 변천을 거쳤다는 사실에 아이러니를 느끼지 않을 수 없다.

또, 천황이 직접 주재하는 열세 가지의 제전 중, 열한 가지는 역시 메이지 이후에 신설된 것이다. 신설된 마쓰리는 『고지키(古事記)』, 『니혼쇼키(日本書紀)』의 내용에 의거해 행해진다고 한다. 그 중에는 제1대 천황 진무(神武)가 즉위하는 날을 기념하여 제정된 '기원절(紀元節)'이 있다. 진무는 말할 것도 없이 전설상의 인물이지만 메이지 정부

---

76) 일본 왕위 계승의 표지로서 대대로 계승된 세 가지 보물. 거울, 검, 곡옥이 그에 해당한다.

는 마치 실재 천황인 것처럼 꾸며냈다. 나중에 자세하게 언급하는 바와 같이 이것은 일본 근대의 궁색한 선택이었다. 패전 후, 이러한 천황관이 포기되었음에도 불구하고 '기원절'이었던 2월 11일을 '건국기념일'로 한 법안이 격렬한 반대에도 불구하고 채택되었다.

천황의 장례식, 즉위식이나 다이죠사이, 혹은 황족들의 결혼식에 사용되는 의상에 관해서도 헤이안 시대 이후의 전통적인 의상이라고 자주 소개되는데 막부 말기까지의 의상은 일본 궁중의 제도가 중국 당(唐)의 제도를 따랐기 때문에 중국풍이었던 것이며, 메이지유신 이후 이것들을 대폭 변환시켜 의관속대(衣冠束帶)로 정했기 때문에 '고식(古式)'으로 보여 그 사용은 메이지 이후라고 해야 한다(和田秀松,「어즉위례·다이죠사이의 연혁(御卽位禮·大嘗祭の沿革)」『明治天皇紀』 明治元年 8月 17日條).

황족들의 상복(喪服)이 양장(洋裝)인 것도 쉽게 이해하기 어려운 대목이다. 이는 말할 것도 없이 영국 왕실을 모방한 새로운 관습인데, 왕실에서 이른바 화복(和服)[77]이 예복이 아닌 이유는 궁중의 입장에서 보면 와후쿠는 에도시대의 서민의 복장이므로 황족들이 입을 만한 복장이 아니라는 것이다(1989년 2월 15일 아사히신문 석간에 황족의 서양식 상복에 관해 귀중한 사진과 함께 적절한 설명을 게재한 기사가 있다).

이 이외의 예를 하나 더 들어보기로 한다. 이세신궁에 천황이 참배하러 가기 시작한 것도 메이지 천황 때부터이다. 이세신궁과 천황가의 관계는 7세기 후반부터 밀접해지는데 역대 천황이 직접 신궁에 가는 일은

---

77) 일본 전통 의상.

없었다. 이세신궁 자체도 막부 말기에 돌연 나타난 집단참배 현상이라고 할 수 있는 '오카게마이리[78]'의 유행에서 보는 것처럼 천황가의 선조신을 모신다기보다는 영험이 뚜렷한 농업신을 모시는 신사라고 간주되었던 것이며, 내궁(內宮)[79]과 외궁(外宮)[80]의 관계도 외궁 쪽의 힘이 강했다. 농업에 종사하는 사람들로서 이세신궁에 참배하는 것은 각지에서 찾아드는 동업자간에 여러 가지 벼의 품종을 교환할 수 있는 귀중한 기회이기도 했다.

이러한 서민신앙의 대상이었던 신궁을 메이지 정부는 전면적으로 변환시켜 전국의 신사를 통치하는 정점으로 삼았다. 또 무엇보다도 근대 천황제 국가의 가장 신성한 제사장소로 재편하게 되었다. 오늘날에도 초등학교 졸업여행의 방문지로 이세신궁 참배코스를 선택하는 학교가 있는데 그 배경에는 메이지 정부에 의해 강제로 행해졌던 신궁 숭배와 에도시대 이후의 서민신앙이 무의식적으로 혼합된 채 존재하고 있는 것이다.

이세신궁은 그 풍취나 건축이 일본 고래의 전통미의 극치로 선전, 소개되는 것이 보통이지만 반드시 그 전부가 일본 고유의 것이거나, 고대 이래의 형식을 전하고 있는 것은 아니다. 예를 들면, 신궁의 건축미를 이루고 있는 요소로서 편백나무의 무지(無地)모양이 있다. 건축사 전문가에 따르면 편백나무의 무지모양의 강조, 특히 사방정목(四方柾木)이

---

78) 이세신궁에서 신전을 신축하기 위해 神座를 옮긴 이듬해에 이세신궁에 참배하러 가는 일. 특히 에도시대 약 60년을 주기로 일어난 이세신궁 집단 참배를 말한다. 1650년, 1705년, 1771년, 1830년이 참배객 규모가 컸던 것으로 유명하다. 1771년에는 약 210만명, 1830년에는 약 430만명이 참배했다고 추정되고 있다. 봉건제 지배 하에서 살아가는 민중의 불만을 발산해 주는 역할을 했다.
79) 일본 황실의 선조로 여겨지는 天照大神을 모시는 皇大神宮의 별칭.
80) 오곡을 관장하는 豊受大神을 모시는 豊受大神宮의 별칭.

라고 해서 네 면 모두 나뭇결을 살려서 목재를 용도에 맞게 마름질하는 것은 메이지에 들어와서 만들어진 것이라고 한다(太田博太郎, 『사사건축의 연구(社寺建築の研究)』). 정목은 문자 그대로 나뭇결이 세로로 곧게 나 있는 상태인데 기둥이건 판자이건 이러한 나뭇결을 살리면 건물은 더욱 엄숙한 분위기를 자아내게 된다.

신궁의 의식에 관해서도 중국문명 연구가들에 따르면 일본 고유의 것도 있지만 중국의 의식을 명확하게 계승한 것도 적지 않다고 한다. 예를 들면, 신궁의 신을 섬기는 의식의 절정에서 손뼉을 치는 박수의 의례가 있는데, 그 중에서 그 수가 32회에 이르는 박수가 가장 정중한 예로 되어 있으며, 이것은 일찍이 중국에서 행해졌던 관습이었으나 정작 중국에서는 이른 시기에 없어져버렸고 일본 신궁의 의식에 지금도 여전히 남아 있는 것이라고 한다.

또, 20년마다 있는 천궁(遷宮)[81] 때도 나무를 잘라내는 단계에서 야마구치사이(山口祭)라는 행사가 벌어지는데, 이때 닭 두 마리와 계란 열 개가 마련된다. 의식이 끝나면 다시 이것들을 치워버리는데 본래는 닭의 목을 잘라 그 피로 흙을 정화했다고 한다. 이것은 중국의 풍습이었는데 어느 사이에 이러한 방식은 없어졌고 현재는 형식적으로 닭과 계란을 준비만 한다. 또, 천궁 때의 행렬은 중국 당나라 귀인 여성의 행렬을 모델로 했다고도 한다(福永光司・上田正昭・上山春平, 『도쿄와 고대천황제(道教と古代の天皇制)』). 또한 이세신궁은 물론이고 일본의 신사, 신궁의 거의 대부분이 거울을 신의 신체라고 보는 것 자체가

---

81) 신사에서 신전을 신축, 수리할 때 神座를 옮기는 일. 또는 그 양식.

중국의 도교가 거울을 신기(神器)로 간주하는 철학에서 영향을 받은 것이라고 알려져 있다(福永光司, 『도교와 고대일본(道敎と古代日本)』, 『道敎思想史硏究』1).

물론 이세신궁의 경우에도 필자는 그곳에 전승되어 있는 사항 중에 중국에는 없는 일본 고유의 영위가 있음을 부정하지 않는다. 단지 이세신궁이라는 것만으로 그 건축과 행사의 전부가 '고식(古式)'이고 '고유'하다는 주장에 의문을 제기하는 것이다. 결론에 가까운 내용이 되겠는데 '오래되었다'는 것만으로 머리를 숙이고 황송해하는 정신이 문제인 것이며, 또 이러한 정신을 이용해서 막무가내로 '고식'을 들먹이며 상식적인 역사의식조차도 흐리게 해버리는 방식에 불안을 느끼는 것이다. 더구나 이러한 사고방식이 일상생활에 살아있는 풍속, 관습에까지 파고들어 일본인의 생활이 마치 시대의 변화를 겪지 않은 채 옛날에 완성된 그림인 것처럼 여기는 것은 바람직한 일이라고 할 수 없다.

이렇게 보면 우리들 생활에는 메이지에 생겨난 '전통'이 마치 그 이전부터 존재하고 있었던 것처럼 살아남아 있다. 조금 더 예를 들어 보자. 이른바 신전 결혼식도 1900년에 행해진 황태자의 결혼식에서 시작된 것인데, 이것은 분명히 기독교의 영향으로 생겨난 새로운 풍속이었다. 시치고산(七五三)[82]도 메이지 이후에 유행한 것이었고 3월이나 5월의 셋쿠(節句)[83]가 민간에 퍼진 것도 백화점 때문이었다. 참고로 미쓰코

---

82) 아이의 성장을 감사하며 신의 가호를 비는 의미로 남자아이는 3살·5살, 여자아이는 3살·7살이 되는 11월 15일에 氏神에게 참배하는 행사.
83) 계절이 바뀌는 시점인 인일(人日, 1월7일), 상사(上巳, 3월3일), 단오(端午, 5월5일), 칠석(七夕, 7월7일), 중양(重陽, 9월9일)의 다섯 명절. 현재는 특히 상사와 단오를 일컬음.

시(三越)백화점[84])이 처음 문을 연 것은 1904년이었다. 장례식에서 고별식(告別式)[85]) 이라는 형식이 등장한 것도 메이지 말년의 도쿄에서였으며 그 전까지는 일반 문상객의 분향은 없었다.

근대 일본의 역사를 돌아보면, 1930년대 후반 무렵부터 일본인의 생활방식에 관해 더욱 빈번하게 '고식' '고래' '본래' '본연'이 강조되어 왔다. 이 경향에 관해서는 거듭 논할 생각이지만 구체적으로 말하면 문부성 등 정부기관에서 출판되어 국민에게 널리 읽혔던『국체의 본의(本義)』[86])나 『신민의 길』[87])의 영향도 있을 것이다.

『신민의 길』(1941년)의 출판 의도는 자신만 좋으면 된다는 이기적인 생각을 배격하고 국가봉사를 제일로 하는 '황국신민의 길'을 명확히 제시해 그 실천을 국민에게 요구하기 위한 것이었는데, 역사의 실정을 무시하는 기술(記述)이 적지 않았다. 예를 들면, 집에서 조상에게 제사를 올리는 것은 궁중제사와 같은 '우리나라 고래의 국가의 모습'이라고 써 있는데 민중의 역사에서 조상에 대한 제사는 마을공동체 전체가 행하는 것이 더욱 오래된 것이며 개별 가정에서 선조에게 제사를 올리는 것은

---

84) 일본 최고(最古)의 백화점. 三井재벌의 모체 기업. 1673년 견직물을 주로 취급하는 越後屋를 창업. 1904년에 미쓰코시 백화점을 설립하였다. 日本橋에 있는 본점은 1935년에 지어진 것으로 역사적인 건축물로 인정받고 있다.
85) 친족, 지인 등이 모여 죽은 이에게 이별을 고하고 명복을 비는 의식.
86) 中日戰爭·廬溝橋事件이 시작되기 한 달 전인 1937년 5월, 일본 文部省에서 간행하여 전국의 교육기관 등에 배포한 출판물. 전시체제하(戰時體制下)에서의 교육방침을 적은 것으로 국민에게 <신민의 길>을 강요하였다. 일부 우익단체의 사상이었던 국체사상이『국체의 본의』의 출판을 계기로 일본의 공정(公定) 이데올로기로 되었다.
87) 태평양전쟁을 개시하기 4개월 전인 1941년 8월, 일본 문부성에서 교육목적으로 간행하였다. 그 내용과 간행목적 측면에서 볼 때,『국체의 본의』의 자매편이라고 할 수 있다.

마을 제사에 비하면 부차적인 것에 지나지 않으며, 오래되었다고 해도 에도시대 후반정도까지밖에 거슬러 올라갈 수 없다. 이것은 본(盆)[88] 때 치르는 다마마쓰리(魂祭り)[89]를 보면 확연해진다. 본 때 찾아오는 선조의 혼은 마을에 돌아오는 것이었으며, 각 가정의 불단에 찾아온다는 것은 새로운 관념이었다. 그렇기 때문에 마을 전체가 참가하는 본오도리(盆踊り)[90]가 있었던 것이다. 본오도리는 마을 선조들의 혼을 마을사람 모두가 같이 위로하는 행위인 것이다.

가풍이나 가훈의 중시 또한 '우리 고래의 순수한 순풍(醇風)'이라고 하고 있으나 그것은 에도시대의 호상(豪商)이나 무사계급의 이야기일 것이다. 보통 민중들은 선조라고 해도 삼대 정도의 이름을 겨우 알 정도로 가문 의식이 희박했고 가풍이나 가훈이 전승되는 집은 극히 적었다고 말하지 않을 수 없다. 또, 일본에는 "고래부터 검소함을 중시여기는 경향이 강하다"라고 하는데 천황과 귀족, 영주, 호상들의 생활이 검소했다고는 결코 말할 수 없을 것이다. 또 이웃집과 고락을 나누는 것이 '고래의 고귀한 전통'이라고 하지만 에도시대 말기까지도 기근이 빈발하게 되면 노인이나 병자, 아이들 등 약자부터 버려졌었고, 촌락 공동체는 결코 복지의 공동체가 아니었다. 이러한 상황은 1920년대에 자주

---

88) 음력 7월 보름을 중심으로 조상에게 제사를 지내는 일련의 행사. 일반적으로 불교행사로 인식되었지만, 불교의 교의로는 도저히 설명할 수 없는 부분도 많아, 일본 재래의 민속행사에 불교행사인 우란분재가 절충되어 현재의 형태로 되었다고 보인다. 보통 우란분재, 백중맞이라고 인식되고 있다. 현재는 양력 8월 보름을 오본이라고 한다.
89) 조상의 영혼을 집에 맞이하여 지내는 제사. 옛날에는 섣달 그믐날에 지냈으나 지금은 백중날에 지내에 백중제라고도 부른다.
90) 백중맞이 때에 추는 춤. 죽은 이의 영혼을 환송하는 춤.

일어났던 동북지방의 냉해로 인한 기근에서 반복되어졌던 것이다.

『국체(國體)의 본의』(1937년)에서는 ('국체'란 일본의 국가적 특성이라는 의미이며 스포츠의 '국체'가 아님) 일본인의 신 관념에 대해서 언급하고 있는데 "우리나라에서는 신은 무서운 존재가 아니며 항상 눈으로는 볼 수 없는 도움의 손을 뻗쳐 주고 있기에 경애감사의 대상"이라고 설명하고 있다. 그러나 고대의 신들은 모토오리 노리나가(本居宣長)가 『고지키덴(古事記傳)』에 자세하게 언급하고 있는 바와 같이 신은 무서운 외구(畏懼)의 존재이며 세간의 악이나 재해도 이러한 신들의 소행이라고 여겨지고 있다(本居宣長全集 第九卷). 그 신들이 자비로운 신으로 변신하는 것은 중세 이후이고 여기에는 일본불교의 영향이 있었던 것이다.

이 이상은 내용이 더욱 복잡해지므로 언급하지 않겠지만 앞의 두 책이 전시하 일본에서 강제로 널리 읽혀지게 됨으로써 새로운 관습을 '고래'의 '전통'이라고 잘못 생각하는 계기가 되었음은 분명하다.

그렇다고는 해도 일본인 사이에서 '고래'라는 말만 듣고서 안심해 버리는 심리가 어떤 이유로 이처럼 널리 퍼져나가게 된 것일까. 이는 좀 더 깊이 생각해 볼 문제이다.

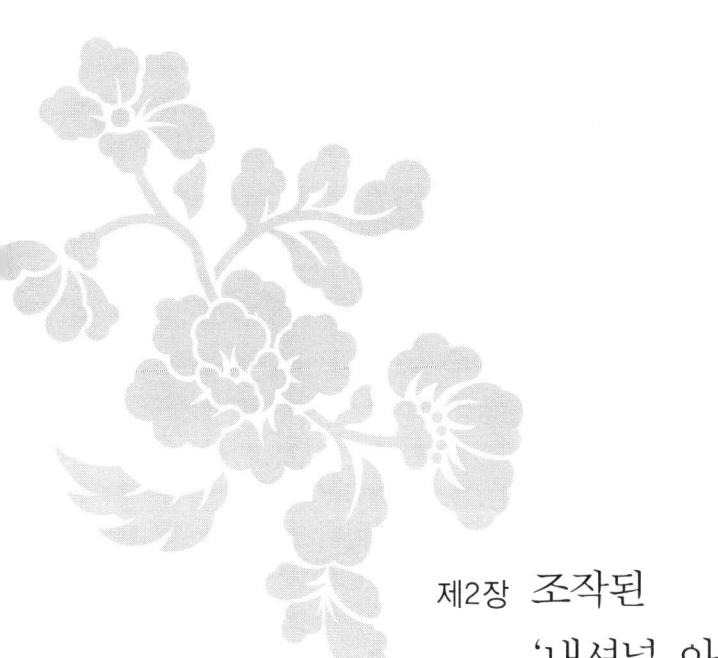

제2장 조작된
'내셔널 아이덴티티'

'신칙神勅'이라는 픽션

도쿠가와(德川) 막부를 물리치고 정권을 장악한 사쓰마(薩摩)[1], 죠슈(長州)[2]의 세력이 정권의 정당성을 천황을 통해 확보하려 했음은 잘 알려져 있다. 일본 역사에서는 정권을 탈취한 세력이 정도의 차이는 있어도 천황을 온존시키고 천황을 능에 업음으로써 자신들의 지배권을 정당화했던 것이 일반적이었고 메이지 정부도 그러한 방식을 답습했다. 다만 메이지 정부의 경우 그 이용의 정도가 지금까지의 역사에서는 찾아보기 어려울 정도로 극히 철저했다는 것이 특색이라고 할 수 있다.

대개 어느 문명권에서도 정권을 탈취한 세력은 그 탈취의 정당화를 위한 명분을 내세우기 위해 골몰했다. 그대로 나라를 강압적으로 지배

---

1) 옛 지명. 현재의 鹿兒島縣 서부에 해당함.
2) 長門지방의 별칭. 현재의 山口縣 서부와 북부에 해당함.

하여 개운할 리가 없었을 것이다. 자신이 새롭게 왕이나 제왕이 되는 대의명분이 반드시 필요했던 것이다.

중국에서는 그러한 근거로서 '혁명'을 내세웠다. 다시 말해 천자는 하늘의 명령을 받아 그 지위에 오르게 된다는 것이다. '혁(革)'이란 새로워진다는 뜻이고 그 천명이 새로워져 새로운 주권자가 천자가 되는 것, 그것이 '혁명'인 것이다. 그때까지의 왕조를 무너뜨리고 새롭게 왕조를 연 자는 스스로의 왕권탈취가 '천명'에 의한 것이라고 정당화했던 것이다. 이 논리라면 천명을 잃은 왕이나 천자는 그 시점에서 지위를 빼앗기는 것 또한 당연시되었다. 중국인에게 왕조의 교체는 자연의 사계절이 바뀌는 것과 같은 현상이라고 생각되었다. 또 유럽 등에서는 신이 왕권을 보증한다는 생각이 자리 잡고 있었음은 잘 알려져 있다. 신의 지지를 잃은 왕이 그 지위를 잃게 되는 것은 중국의 경우와 같다.

일본의 경우, 중국문명권에 속하면서 혁명설이 현실의 정권탈취에 사용된 일은 한번도 없었다. 반대로 혁명을 논하고 있는 『맹자』라는 책은 오랫동안 수입이 금지되었을 정도였다. 그 대신에 이용되었던 것이 천황이다. 새롭게 권력을 수중에 넣은 자는 천황으로부터 태정대신(太政大臣)[3]이나 정이대장군(征夷大將軍)[4] 등의 지위를 받음으로써 그 지배를 정당화해 왔다.

---

3) 정치결정기관이었던 태정관(太政官)의 최고직.
4) 병권(兵權)과 정권(政權)을 장악한 사람의 직명. 본래는 蝦夷(홋카이도의 옛 명칭)정벌을 위한 임시 장군직으로 나라시대부터 종종 임명되었다. 일시 중단 되었다가 源平의 爭亂 때에 그 칭호가 부활되었다. 1184년 源義仲이 임명되고 1192년 源賴朝가 임명되어 가마쿠라막부를 창시하였다. 이후, 무사로서 천하의 권력을 얻은 자의 지위를 나타내는 말로 사용되었으며 足利, 德川에게 계승되었다.

그렇다면 현실적으로 충분한 무력을 지니지 않는 천황이 왜 이러한 권력 정당화의 원천이 될 수 있었던 것인가. 유감스럽게도 이점을 충분히 해명한 연구는 아직 나와 있지 않다. 이 과제의 반 정도를 푸는 열쇠는 천황이라는 존재를 인정하는 사회구조에 있는 것으로 생각된다. 뒤에서 조금 논해보기로 한다.

죠슈(長州) 등의 세력이 이용한 신정권 정당화의 논리란 어떠한 것이었을까. 말할 것도 없이 메이지유신은 '왕정복고(王政復古)'를 기치로 내걸었다. 오랜 세월 계속된 무가전제(武家專制)를 부정하고 천황이 직접 정치를 행한다는 것이다. 그렇지만 왜 천황의 직접정치가 정당화되는 것일까. 여기에 신화가 등장한다.

『니혼쇼키(日本書紀)』에 의하면 천상의 신 아마테라스오미카미[5]는 아시하라노나카쓰쿠니[6] 즉 일본의 지배를 위해 그 손자인 아마쓰히코히코호노니니기노미코토를 지상으로 내려 보내면서 다음과 같이 말한다. "풍요의 영원한 나라 일본은 우리 자손이 왕이 될 나라이다. 니니기노미코토(瓊瓊杵尊)는 가서 다스리거라. 자 가거라. 천황의 자리가 빈영하는 것, 천지와 같이 영원할 것이다"(「神代下」1書 第1). 일본국을 지배하는 정통은 천상의 신인 아마테라스의 자손뿐이라고 신화는 말하고 있다. 『고지키(古事記)』에서도 거의 같은 내용이 적혀 있다. 이 신화

---

5) 일본 건국신화에 나오는 신. 伊弉諾尊의 딸로, 건국신의 중심세계인 高天原의 主神이며 일본 황실의 선조이기도 하다. 태양의 신으로 상징되어 伊勢의 皇大神宮에서 모셔지고 있으며, 근대에 이르러 일본 황실 및 국민에게 있어서 숭배의 중심이 되었다.
6) 일본국의 총칭. 천상과 지하의 중간인 지상세계를 의미한다. 사기나 신화 등에서 볼 수 있는 표현이다.

상의 에피소드가 천황지배를 정당화하는 근거로서 사용되었던 것이다.

물론, 국가는 창건에 임해 모든 역사, 신화, 철학을 동원해서 그 정당성을 주장한다. 그리고 그 주장에는 왜곡이나 자기들에게 유리한 해석이 자주 등장한다. 일본 근대국가가 그 정당성의 근거로서 신화를 끌어들이고 여러 가지 사상적 짜깁기가 시도되었던 것도 이러한 의미에서 이상할 것이 없다. 다만 이 때문에 현대에 이르는 일본문화의 틀이 강력한 제약을 받기에 이르렀다는 사실 또한 간과할 수 없을 것이다.

앞 신화의 일부분은 나중에 '신칙(神勅)'이라고 불리게 된다. 이것은 『니혼쇼키(日本書紀)』에 등장하는 유사 표현 중에서도 가장 장중한 것인데 천황의 지위가 천지와 함께 영원히 끝나지 않는다는 부분은 후대의 각색임이 밝혀졌다(日本古典文學大系67의 주석). 또, 『니혼쇼키』 전체에서 이 부분만을 부각시켜 강조하는 것은 중세의 이세신도(伊勢神道)[7]에서부터 시작되었다. 이렇듯이 서지학적으로나 역사적으로 고대까지 거슬러 올라갈 수 없는 내용임에도 불구하고 에도시대 후반 무렵부터 신대 당시의 사실로 아무런 의심도 없이 천황 지배의 근거로서 넓게 사용되게 된다.

모토오리 노리나가(本居宣長)는 바로 그 대표 격이라 할 수 있다. 노리나가는 일본이 다른 어떤 나라보다도 높고 뛰어난 것은 일본에서만 '참된 도리(まことの道)'를 실천해왔기 때문이라고 한다. 이 '참된 도리'

---

7) 伊勢外宮의 신주인 度會가 창시한 신도설(神道說). 외궁신도라고도 불린다. 외궁을 내궁과 대등하다고 생각하고 神道五部書를 중심으로 불교와 유교를 섭취하여 가마쿠라 말기에 성립하였다. 일본은 신의 나라이며 伊勢神宮은 신사의 근본이라고 강조하였다.

중의 하나가 다름 아닌 '신칙'이라는 것이다. 본래라면 '신칙'을 포함한 '참된 도리'는 어느 나라에서나 행해져야만 하는 도리였지만 다른 나라에서는 모두 그 전승이 끊겨 '참된 도리'를 실천하고 있는 것은 일본뿐이다. 외국은 이 때문에 '참된 도리'와는 다른 도리를 설명하게 되었는데 이것들은 '참된 도리'에서 보면 지엽적인 것에 불과하다. 아마테라스의 '신칙'을 충실하게 지키고 그 자손이 대대로 천황으로 군림해 온 일본이야말로 만국이 따라야 할 나라라고 노리나가는 말한다 (『옥상자(玉くしげ)』8). 같은 취지의 내용이 『玉勝間』9) 등에도 자주 보인다).

이러한 '참된 도리'를 명확하게 밝혀내겠다는 노리나가의 시도가 유교의 '도' 비판 가운데서 전개되어 왔음은 중요하다. 잘 알려져 있는 것처럼 노리나가의 학문은 유교나 불교 등 외래사상을 배척하고 순수하게 일본을 찾아내고자 했다는 점에 특색이 있다. 여기서 노리나가가 유교의 '도(道)'를 비판한 이유는 '혁명'의 설명에서 언급한 바와 같이 유교가 권력의 탈취를 정당화하는 근거를 제공하고 있다고 생각했기 때문이었다. 그에 비하면 일본의 '참된 도리'에서는 천황이라는 권력의 원천이 아마테라스의 자손이라는 혈통에 있기 때문에 힘이 있는 자라고 하더라도 중국에서처럼 혁명을 통해 천자의 자리에 앉는 일은 일어날수 없다는 것이다. 그 때문에 '참된 도리'는 만국 중에서 가장 '뛰어난 길'이라고 스스로 단정하는 것이다.

이렇게 노리나가는 천황통치의 정당성뿐만 아니라 그 절대성도 강력하게 주장한다. 노리나가 자신은 평생 의도적으로 현실정치와는 관계를

---

8) 大野晋, 大久保正編集校訂『本居宣長全集』第8卷 (筑摩書房, 1990.4)
9) 大野晋, 大久保正編集校訂『本居宣長全集』第1卷 (筑摩書房, 1989.9)

갖지 않았지만 사후, 그의 주장은 결국 존황양이(尊皇攘夷)라는 내셔널리즘의 고양과 더불어 정치적 슬로건으로 변용되어 간다.

1863년에 성립한 다케오 마사타네(竹尾正胤)[10]의 『대제국론(大帝國論)』에서는 세계 각국과 일본을 비교하여 일본이야말로 '마코토(誠)의 제국'이라고 역설되고 있는데, 그 근거는 역시 바로 '신칙'에 있다. 다케오는 천황이 '백 이십 여' 대에 걸쳐 이어져 온 것을 찬양한 다음 이러한 왕통을 가진 나라는 세계에서 일본밖에 없으며 이런 이유로 천황만이 '지구상의 최고 천황'이라고까지 단언하고 있다. 천황은 세계 지배자 중의 지배자라는 것이다.

다른 국학자도 '신칙' 대로 천황의 지배가 이어져 온 일본에 관해 이 세계에 수 없이 많은 나라가 있으나 일본은 그 유례가 없는 나라라고 찬미를 아끼지 않는다(伴林光平, 『園能池水』).

이러한 '신칙'론은 물론 천황이라는 지배자와 인민이라는 피지배자 사이에 확연한 구별이 있음을 인정하는 것이기도 하다. 모토오리 노리나가의 경우 그 학문은 어디까지나 피지배자의 입장에서 이루어진 것인데, 막부 말기의 국학자들은 군신의 구별을 적극적으로 주장하여 천황 지배의 정당성을 정치적 실천을 통해서 더욱 강조하게 되었다. 예를 들면 노리나가의 마지막 제자 이즈미 마쿠니(和泉眞國)[11]는 '신칙'에 의해 명확해진 군신의 구별을 실천하는 것이야말로 '사람의 길'이라고 강

---

10) 1833-1874. 국학자. 歌人. 집안의 가업인 舞上八幡宮의 社事를 지냈다. 국학과 和歌에 능숙하여 대강연을 의뢰받아 맡아하기도 하였다. 가집으로 『三河歌集』 『明治開化和歌集』 등이 있다.

11) 1765(?)-1805. 에도 후기의 국학자. 서점 渡辺屋을 경영하였으며, 1802년 모토오리 노리나가에게 입문하였다. 저서에 『明道書』 『眞學孝』 등이 있다.

조하고 있다(『明道書』)

미토학(水戶學)의 아이자와 세이시사이(會澤正志齋)¹²⁾는 1825년의 '이국선격퇴령(異國船打拂令)¹³⁾' 직후 외국배가 무방비 상태의 일본을 찾아오는 위기적 상황 속에서 『신론(新論)』을 집필했다. 이 저술에서 아이자와는 뜻밖에도 방위론보다는 오히려 국가적 통일의 자각을 강력히 주장했다. 이 주장 속에서 '국체(國體)'라는 말이 나온다. 아이자와는 사람이 사람이라고 할 수 있는 것은 두뇌를 비롯해 사지가 갖추어져 있기 때문이며, 마찬가지로 나라도 그러한 몸이 필요하다고 말한다. 그 의미가 그렇게 명확하다고는 할 수 없으나 뒤에 가면 '국체'는 '신칙'에 근거한 국가체제를 가리키게 된다. 정치체제를 인체에 비유하는 유기체적인 견해는 유럽에서도 그리스 시대부터 17세기에 걸쳐서 널리 퍼져 있었고, 그것이 근본적으로 변하게 되는 것은 '사회계약'이라는 사고방식이 나타난 뒤부터인데, 일본의 경우 이러한 '사회계약'론을 누르고 새롭게 유기체적 국가관을 창설하고 근대에 돌입한 것이 이후 큰 과제를 남기게 되었음은 말할 것도 없다.

그런데 이와 같이 '신칙'에 의해 정당화된 천황이기는 했으나 메이지

---

12) 1781-1863. 에도말기의 水戶學을 대표하는 학자. 藤田幽谷에게 사사받고, 그 아들인 藤田東湖와 德川齊昭의 藩主옹립을 계획, 성공시켰다. 藩校弘道館 설립에 힘을 쏟았으며 초대 總敎를 역임하기도 하였다. 주요한 저서에 『新論』 『下學邇言』이 있다.

13) 에도막부가 1825년에 내린 외국선추방령. 18세기말부터 일본근해를 내항하는 미국과 유럽의 선박이 증가하는 데에 따른 방어책이었다. 1808년의 훼튼호사건에 이어, 1824년에는 영국 고래잡이선박의 어부가 상륙하여 분쟁을 일으킨 것을 계기로 다음해 바쿠후가 외국선의 포격·추방, 상륙외국인의 체포·사살을 명령하였다. 외국선추방령은 1842년에 폐지되었다.

유신 당시의 천황은 아직 엷은 화장을 해 놓은 16세의 소년에 불과했다. 아무리 천황 스스로가 정치를 관장한다고 해도 그것은 환상일 수밖에 없었다. 이 점에서 현명한 천황이나 재상이 나오건 나오지 않건 국가를 유지할 수 있는 제도, 기구의 정비를 국가경영의 안목으로 삼고자 하는 움직임이 생겨나게 된다. 그러나 이러한 움직임을 추진한 사람들에게도 창설해야할 국가의 중심이 천황이었음은 변함이 없다. 식민지화의 위험이 내재된 열강의 압력 하에서 개국한 일본으로서는 국가의 독립이야말로 급선무였던 것이고 그렇게 하기 위해서는 인민을 새롭게 국가로 통합할 중심이 필요했던 것이다. 그리고 이 시기에 천황 외에 그것을 대체할 만한 것을 찾지 못했던 것이 메이지의 원훈이라고 칭송받았던 사람들의 선택이었던 것이다.

천황 '기축機軸'론

　메이지 유신 이후, 신정권은 여러 우여곡절을 거쳐 결국 확고한 체제를 만들어내는 데 성공하는데, 그 중심에 있었던 인물이 이토 히로부미(伊藤博文)였다. 이토는 소위 메이지 14년의 정변[14]에서 오쿠마 시게노부(大隈重信)[15]를 몰락시킨 뒤 스스로 헌법제정에 나섰다.

　오쿠마는 자유민권운동의 고양을 배경으로 영국형 의원내각제를 도

---

14) 參議 오쿠마 시게노부와 그 일파가 정부로부터 추방당한 사건. 1880년 민권파의 국회개설청원운동은 정점에 달하여, 정부는 헌법제정과 국회개설을 결의했지만, 개설시기를 둘러싸고 즉시개설파인 오쿠마 일파와 점진파인 이토 히로부미와 이노우에 고와시가 대립하였다. 開拓使官有物拂下事件을 계기로 오쿠마 일파는 1881년 10월 추방당하게 된다.
15) 1838-1922. 정치가. 佐賀藩士. 제8대, 제 17대 내각총리대신을 역임하였다. 주로 재정을 담당하였지만, 메이지 14년의 정변으로 하야하여, 改進党을 결성하기도 하였다. 東京專門學校(현재의 早稻田大學)의 창립자이기도 하다.

입하려고 했다. 의원내각제는 말할 것도 없이 인민의 선거를 통해 국회의 다수를 차지하는 정당이 내각을 조직하고 의회의 신임을 얻어 정치를 하는 시스템이다. 1881년의 정변이 일어나기 1년 전인 1880년에는 국회개설의 건의서와 청원이 전국에서 88통에 이르렀고 그 전후의 해를 포함하면 137통에 달했다. 이것들이 모두 명확한 헌법구상을 지니고 있었다고는 할 수 없지만 영국형의 이원제(二院制) 국회를 의식한 것들이 많았다고 한다(江村榮一 校注 『憲法構想』).

그러나 이와 같이 천황주권을 위태롭게 할 우려가 있는 정체(政體)에 대해 일찍부터 이와쿠라 도모미(岩倉具視)[16] 등은 그것을 강력하게 부정했다. 이와쿠라는 1870년 8월 신정권이 어떠한 정체를 채택해야 할 것인가에 대해 대략 다음과 같이 말하고 있다. 아마테라스의 자손인 천황을 최상위로 모시는 것이야말로 일본 입국의 근본이 되어야 하며 일본의 '국체'는 외국의 공화제나 전제국가와는 일선을 그어야 한다(「國體昭明政體確立意見書」). 메이지 14년의 정변으로 불리는 사건은 이와쿠라 등의 의도가 체제의 주류가 되었음을 나타내는 것이라고 할 수 있다.

1882년 3월 이토 히로부미는 다시 헌법조사를 목적으로 유럽으로 향했다. 체류기간은 1년 5개월에 달했는데 주로 독일, 오스트리아에서 헌법을 공부했고 당시 신흥국으로 세계의 주목을 모았던 프러시아 헌법을

---

16) 1825-83. 公卿. 정치가. 에도막부 말기에 公武合體를 주장, 후에 왕정복고 실현에 힘을 쏟았다. 메이지유신 이후에는 우대신(右大臣)에 올라 特命全權大使로서 서양의 문화와 제도를 시찰. 이와쿠라사절단 귀국 후에는 내정 충실에 힘을 쏟으며 메이지헌법 제정에 깊이 관여했다.

모델로 선택했다는 것은 잘 알려진 사실이다. 귀국 후, 이토가 이노우에 고와시(井上毅)[17]등과 함께 헌법초안 작성에 착수했던 것이 1886년이 었고, 1888년 4월에 이를 완성했다. 당시 이토 등이 가장 부심했던 문제 는 천황이 일본국의 지배자이면서 유일한 주권자, 권력의 유일한 원천 이라고 하는 근거를 어떻게 확립할 것인가라는 점이었다. 헌법 공포 직 전, 이토는 대략 다음과 같이 말하고 있다.

> 황실을 논하는 데 있어 가장 중요한 것은 주권의 문제이다. 서양에서 도 주권론은 논의가 끊이지 않고 있는데, 이를 크게 나누면 군주에게 주권이 있다고 보는 입장과 인민에게 주권이 있다고 보는 입장의 두 파로 나뉜다. 지금 영국의 형법학자 스테펜의 설에 의하면 군주와 인민 과의 관계에는 '기존의 해석'과 '지금 식의 해석'이 있다. '기존의 해석' 이란 군주에게 주권이 있다는 것인데 군주는 태어나면서부터 성현의 군주라고 간주하는 것이다. 이 입장에서는 군주가 진정으로 성현인가 아닌가를 인민이 논하는 것은 용납되지 않는다. 인민은 오로지 군주를 존경, 숭배할 뿐이다. 만일 군주에게 과실이 있을 때는 충고하거ㅏ 긴함 필요는 있으나 절대로 군주의 위엄을 해치는 일이 있어서는 안 된다.
> 한편, '지금 식의 해석'이란 서양에서 지난 200년간 유행한 루소 등의 설로 주권재민을 말한다. 이에 따르면 군주는 국민의 대표자이며 하인 이다. 국민은 한 나라를 통치하는 권력을 임시로 군주를 내세워 위탁하 고 있는 것이며, 군주에게 과실, 실책이 있으면 인민은 이에 대한 규탄

---

17) 1843-95. 정치가. 伊藤博文 밑에서 대일본제국헌법・황실전범(皇室典範) 기 초(起草)에 중요한 역할을 수행했다. 교육칙어를 비롯해 다수의 칙령・법령의 기초에 참여한 탁월한 관료로서 알려져 있다. 법제국장관 등을 거쳐 1892년 제 2차 이토 내각에서는 문상(文相)을 역임하기도 했다.

은 물론이고 때로는 폐립시킬 수도 있다.

나(이토 히로부미)는 '기존의 해석'인 주권재군설(主權在君說)을 받아들인다. 이와 더불어 주권의 실체에 대해, 서양에서는 주권은 분할할 수 있다는 설과 분할할 수 없다는 설이 있으나 나는 주권은 분할할 수 없다는 쪽을 받아들인다.

왜 주권은 분할할 수 없는 것일까. 그것은 군주국의 주권은 군주 일신에 속하는 것이기 때문이다. 이러한 군주의 주권, 한 나라의 통치권을 나는 '대권(大權)'이라고 번역하고자 한다. '대권'은 군주의 신체에 밀착, 부속된 것으로 군주만이 이것을 갖는다. 그 때문에 한 나라의 군주는 오직 한 명이며 군주 이외는 모두 신민이다. 황족이라고 해도 국민의 일부인 것은 마찬가지이다. ……서양에서는 몬테스큐가 삼권분립을 주장하고 있으나 오늘날에는 정치철학의 비난의 대상이 되고 있다. 왜냐하면 사지오체가 있어도 뇌수가 없으면 사지오체의 활약을 기대할 수 없는 것과 같기 때문이다. ……

국가통치의 '대권'은 군주 한 사람이 장악하는 것으로 이 '대권'은 외부로부터 맡겨진 것이 아니다. '군주 고유의 권리'에 의거하여 보유하는 것이다. 공화국의 대통령은 왕과 같은 지위를 얻지만 그것은 국민의 선거에 의한 것으로 군주와 같은 실권을 갖고 있다고 해도 한 사람의 문관에 불과하다. 이 권리는 외부의 위탁에 의한 것이다. 대통령의 권리는 군주가 태어나면서부터 갖고 있는 '대권'과는 완전히 성질이 다르다.

그런데, 왕권이 군주에게 밀착해 있어서 분할할 수 없는 것이라고 한다면 군주는 원하는 대로 행동할 수 있기에 일부러 법률을 정할 필요가 없는 것이 아닐까 라는 의문이 생길 것이다. 그러나 근대에는 문화가 다양하게 발전해 한 나라의 통치에 법률은 불가결한 것이 되었다. 법률에 의해 정치가 행해지는 것은 전제나 입헌 모두 같지만, 전제에서는 군주 혼자서 법률을 제정, 개폐하는 것이 가능한 것에 비해, 입헌에서는 주권이 군주에게 있다고 해도 법률을 제정, 개폐하는 것은 국회의 승인이 필요하다. 그러나 어떠한 군주독재의 나라라고 해도 정치는 법률에 따라 하는 것이 철칙이다. 군주가 법률을 위반하거나 일단 법률을 정해 그것을 실행하지 않는다는 것은 도리에 맞지 않는 행위이며 이것은 전제와 입법 어느 쪽에서나 같은 일이다. ……

이상으로 나는 주권의 대의와 그 분할이 불가능함에 관해 개괄했다. 지금 일본국에서도 헌법을 공포하려고 하는데 국민은 주권의 의미를 잘 이해해야 할 것이다. 설사 학자의 설이 어떻든 간에 일본의 체제는 일본의 역사를 관통하는 것을 '기축'으로 삼지 않으면 안 된다. 우리 군주의 '대권'을 잘못 이해한다면 국가대란의 불행을 보게 될 것이다.

다행히 우리 동포 인민은 천성이 충직하다. 특히 왕가에 충성하는 화족(華族)[18]들도 있다. 이러한 불행은 발생하지 않을 것이다. 나는 스테펜이 말하는 '기존의 해석'이 타당하다고 믿는다. 한 나라의 통치권은 군주에게 귀속하고 타인이 이것을 침범할 수 없다. 삼가 '대권'을 숭배할 뿐이다(1888년 12월 6일, 화족회관에서의 강연개요, 淸水伸『帝國憲法制定會議』제2장 제8절, 이하『制定會議』로 줄임).

---

18) 1869년에 公卿과 諸侯의 신분을 폐지하고 이들을 華族이라 칭하였다. 황족과 士族 사이에 위치하는 신분으로, 본래 淸華의 별칭이었다. 하지만, 1884년에 내려진 화족령에 의해, 메이지유신의 공신들에게 한하여 실업가에게도 공작, 후작, 백작, 남작의 작위를 주었으며, 귀족원의원의 선거, 피선거권 등의 특권을 가지는 사회적 신분이 되었다. 1947년 신헌법시행에 따라 폐지되었다.

이 연설의 포인트는 두 가지이다. 천황이 일본을 지배할 수 있는 근거를 '군주 고유의 권리'에서 찾는다는 점이다. 그러면 군주 고유의 권리란 무엇인가. 이것이야말로 이토가 서구 시찰에서 얻은 지식이었다(淸水伸『독일・오스트리아에서의 이토히로부미의 헌법취조와 일본헌법(獨墺に於ける伊藤博文の憲法取調と日本憲法)』). 이토는 오스트리아 빈 대학의 로렌츠 폰 슈타인으로부터 국가학, 헌법학 등을 배웠는데 슈타인은 그의 원수론(元首論)에서 다음과 같이 말하고 있다.

서구 여러 나라의 원수는 본래 그 지위를 무력의 승리로 얻은 것이기 때문에 승리를 잃게 되면 권력도 없어지게 된다. 이것이 서양 여러 나라에서 세습적 원수가 잇달아 실패했던 이유이다. 이에 비해 일본 원수의 지위는 그 조상인 국신(國神)이 일본이라는 나라를 만든 공적에서 유래하고 있다. 대개의 사물은 이것을 창조한 힘이 계속되는 동안은 지속되는 것이 보통이다. 나라를 만들었다는 개벽의 공적은 이 나라가 있는 한 계속된다. 다시 말해 일본국이 계속되는 한 천황의 지배는 불변인 것이다. 이와 같이 일본 원수를 원수로서 존재하게 하는 이치는 영원불멸의 세력에 그 근원을 지니며, 유래하고 있는 것이기 때문에 일본에서 아무리 언론의 자유를 허용해도 황실의 존재를 위태롭게 할 우려는 전혀 없을 것이다(『須田因氏講義筆記』 第2部 第2回 第2節, 第3節, 趣意).

존왕양이론자들의 슬로건에서 시작되어 유신정부의 입국이념이었던 '신칙'은 이 점에서 유럽의 국가학에 의해 승인되었다고 볼 수 있다. 그렇기 때문에 유럽 체류 중의 이토가 이와쿠라에게 보낸 서간에서 독일에서 유명한 구나이스트, 슈타인의 두 사람에게 국가조직의 개략을 배웠고 이해할 수 가 있었으며, 여기에 황실의 기초를 확립시켜 천황의 권력을 세워나갈 자신을 얻었음을 보고할 수 있었던 것이다(春畝公追頌會編『伊藤博文傳』).

또, 일본국의 기축을 '역사'에서 찾고 있는 점도 유럽 시찰의 성과였다. 슈타인은 일본과 게르만 제국이 고대 이후, 국왕이 통치권을 갖는다는 공통된 역사를 걸어왔음을 이토 등에게 강조하였다고 한다(淸水伸, 앞의 책).

두 번째 포인트는 주권이 군주에게 있으면서 왜 헌법이 필요한가라는 점이다. 이 연설에서는 전제(專制)라고 해도 정치적 지배는 법률에 의한 것이 문명이라고 강조하고 있는데 '정치의 합리성'을 확보하는 것이 다름 아닌 헌법제정의 의도였다고 할 수 있다(『制定會議』). 군주는 이 정치의 합리성을 확보하기 위해 주권을 스스로 제한하며 여기에 입헌정치의 안목이 있다는 것이 이토의 입장이었다. 이토는 헌법초안의 구체적인 검토에서 "헌법정치라는 것은 군주의 제한을 의미한다"고 분명히 말하고, 구체적으로는 행정권이 재상의 존재에 의해 제한되어야 하며, 의회의 승인을 얻지 못하면 법률을 정할 수 없다는 것이다. "이 두 가지가 결여되면 입법정체는 성립되지 않는다"(『制定會議』).

이토 히로부미가 천황절대주권설을 강조한 또 다른 이유는 새로운 국가창설을 위해 국가기구를 신설, 정비를 하는 것도 중요하지만 인민을 새롭게 일본국민으로 재편성하는 것이 불가결했다는 것이다. 1888년 6월 18일, 추밀원(樞密院)[19]의 제1회 헌법제정회의가 열렸는데, 시작연

---

19) 중요한 국무 및 황실의 대사에 관하여, 천황의 질문에 대답하는 것이 임무였던 합의기관. 의장, 부의장, 고문관으로 조직되었으며, 국무대신 및 성년이 된 왕족

설에서 이토 히로부미는 헌법기초의 근본이념에 관해 언급했다. 이 연설에서 이토는 일본국의 기축이란 무엇인가에 대해 묻고, 일본 인민의 일본국민으로의 통합을 어떻게 이루어낼 것인가에 관해 말했다. 기축이란 말할 것도 없이 차륜이나 기관의 축을 말하는 것으로, 이것이 없이는 절대로 성립하지 않는 사물의 중심을 가리킨다. 일본국의 중심은 무엇인가. 이토는 스스로의 물음에 대한 답으로 다음과 같이 말하고 있다.

유럽에서는 헌법에 의한 정치가 오랜 전통을 지니고 있고, 인민도 그 제도에 친숙하다. 거기다 종교가 국가의 기축이 되어 사람들의 마음속에 깊숙이 침투하여 인심은 종교에 의해 하나가 되어 있다. 그러나 우리 일본을 되돌아보면, 일본에서는 종교의 힘이 빈약하여 국가의 기축이 될 수가 없다. 그렇지만 국가에 기축이 없는 채로 정치를 인민에게 맡기게 되면 국가는 무너지고 만다. 그래서 이러한 상황에서는 황실을 기축으로 하여 국가경영에 착수하지 않으면 안 된다. 그렇기에 여기에서 몬테스큐 류의 삼권분립도 아니고 군권 민권 동등의 정체(政體)도 아닌 황실을 기축으로 하는 정체를 특별히 제안하는 소이인 것이다 (『制定會議』).

이토는 유럽, 특히 프러시아에서 기독교도의 신에 대한 절대 귀의의 심정이 황제에 대한 충절을 키우고 있음에 주목하여 국가의 정치적 통합에 종교가 불가결함을 알았다. 그것이 기축의 자각으로 이어져 간 것이다. 일본국의 통합에 도움이 되는 기축은 무엇인가. 그러나 일본의 종교는 모두 미약했다. 불교는 오랜 동안 막부의 보호 아래서 타락했고 설사 힘을 갖고 있다고 해도 구 막부 시대의 것을 일소하려고 하는 유

_____

들도 참석할 수 있었다. 1888년 설치되었다.

신의 정신으로는 불교를 환영할 수 없었다. 또, 기독교에 대해서는 메이지 정부가 당초부터 도쿠가와 막부와 마찬가지로 금교의 자세를 굽히지 않았다. 기독교 금지의 방침을 철회하게 되는 것은 1873년 이후였다.

　이렇게 해서 이토에게는 천황, 황실이 절실한 존재가 되었고 특히 천황에 대해서는 근대 국가의 기축에 걸맞게 극히 일신교적 색채가 농후한, 정치적 통합을 위해 강력하게 작동하는 구심적 성격이 요구되게 되었다. 이러한 천황관은 결국에는 '국가신도'라는 천황을 중심으로 하는 극히 종교적인 이데올로기를 창설하게 되는데 이것은 뒤에서 다시 한번 논하기로 하고, 어쨌든 그때까지의 인민을 명확한 일본국민으로 만들어나가는 중심으로서 거듭 천황이 선택된 것이다. 천황에 대한 이러한 요청은 예전의 '신칙'론에서는 볼 수 없었던 점이라고 할 수 있다. 이것은 근대 국가의 탄생이라고 하는 특수한 상황 속에서 생긴 요청이었다고 할 수 있다. 이 점에 관해서 천황이라는 존재가 인심을 수렴시킨다. 즉 인민의 마음을 사로잡아 일체화하는데 각별한 효력을 갖는다고 판단한 것은 국가의 중추에 있었던 이토 히로부미만이 아니라 제야의 논객, 후쿠자와 유키치(福澤諭吉)도 같은 주장을 한 바 있다.

　1882년 4월부터 5월에 걸쳐 후쿠자와는 신문의 사설에 '제실론(帝室論)'을 연재했다. 때마침 1881년의 정변의 영향으로 10년 후에 국회가 개설되었고 정당이 결성되어 제각기 제실(帝室)을 이용하려는 움직임이 나오기 시작하자 후쿠자와는 제실의 성질을 먼저 분명히 할 필요가 있음을 통감하고 붓을 든 것이다.

　"본래 한 나라의 정치는 심히 살풍경한 것으로, 법률을 정하고 인민에게 알려 그에 따르도록 하며, 따르지 않는 자는 벌하게 된다. 궁극적으로는 '형체'의 질서를 정리하는 수단이 정치인 것인바, 그것은 '정신'을 컨트롤하는 것이 아니다. 그러나 인생은 '형체'와 '정신' 두 가지로 이루어지게 되며, 한쪽을 버리고서는 인생의 컨트롤이 제대로 되지 않는다. … 그렇기 때문에 정치는 단지 사회의 '형체'를 컨트롤할 뿐이지 사회 대중의 마음을 모아서 하나로 하기에는 부족한 것이다. 일찍이 전제정부는 군주의 사탕(은덕)과 채찍(무력)으로 인심의 수렴을 도모해왔다. 이번에 국회가 열리게 되었으나 국회의원에게는 사탕도 채찍도 없다. 이 점에서 제실(帝室)은 일본 인민의 정신을 수렴하는 중심인 것이다.'(福澤諭吉,『帝室論』)

후쿠자와가 제실을 인심수렴의 중심으로 생각한 것은 실용적인 관심에 의한 것으로 천왕 지배를 절대화할 의도를 갖고 있었던 것은 아니다. 다시 말해 제실은 정치와 독립했을 경우에만 정치에 의해 생기는 알력을 완화하고, 학문, 학술 등을 보호, 발전시킬 수 있는 것이며 이것이 제실의 존재이유인 것이라고 후쿠자와는 생각하고 있었다. 어느 쪽이 되었건 인심수렴의 차원에서 천황을 필요로 했다는 것은 그 의도와는 별도로 앞에서 말한 것처럼 새롭게 국민이라는 것을 창출할 필요에 의해 생겨난 것이었으며, 시대의 요청이었다고 말하지 않을 수 없을 것이다.

'시라스しらす'론의 본질

천황지배의 절대화를 어떻게 논리화할 것인가. '신칙'을 토대로 하면서 유럽 열강의 법 이론에도 맞는 이론을 어떻게 만들어 나갈 것인가. 지금의 언어로 표현한다면 내셔널 아이덴티티를 어떻게 확립할 것인가라는 과제에 어떻게 답할 것인가의 문제일 것이다. 이노우에 고와시(井上毅)도 이러한 답을 준비한 사람 중의 하나이다.

이노우에는 줄곧 이와쿠라 도모미(岩倉具視), 이토 히로부미 등 권력의 중추에 있었던 사람들의 브레인으로서 수완을 발휘했던 탁월한 관료이다. '대일본제국헌법' '황실전범' '교육칙어'를 비롯하여 각종 법률 등의 초안 작성에 관계하고 있었다. 그런데 이노우에가 행한 강연록에 주목함으로써 이노우에가 '시라스(しらす)'론이라고 하는 독자적인 천황론을 전개하고 있었음이 최근 일반에게 알려졌다(鈴木正幸, 『皇

室制度』). 필자 나름대로 그 강연을 분석하여 그 '시라스'론의 본질을 밝혀보고자 한다.

이노우에의 강연은 '고언(古言)'이라는 제목으로 헌법 공포 직후에 행해졌다. 실제로는 대독되었다고 하는데, 나중에 『오음존고(梧蔭存稿)』라는 제목으로 이노우에 사망 후에 발행되었다. 여기서 필요한 부분을 요약하면 다음과 같다.

토지와 사람으로 이루어지는 나라를 지배하는 행위를 각 나라에서 어떻게 부르고 있을까. 이 표현의 차이를 보면 각 나라의 지배에 대한 사상을 알 수가 있다. 중국에서는 '엄유(奄有, 토지를 모두 영유하여 그 주인이 되는 것)'라고 하고, 유럽에서는 '어큐파이드(occupied, 점령)'라고 한다. 둘 다 국토를 점유하여 자신의 영역으로 하는 것인데, 인민은 그럴싸하게 물건으로 다루어진다. 요컨대 천하를 사유한다는 것이다.

그러나 일본에서는 『고지키(古事記)』에 있는 것처럼 천황의 지배는 '시라스'라는 말로 표현되고 있다. '시라스(しらす)'는 '우시하구(うしはぐ)'라는 말에 대응한다. '우시하구'는 중국이나 유럽의 말과 같이 토호가 토지 인민을 자신의 자산으로 하는 것이다. '시라스'는 '시루(知る)'에서 온 말로 '시루(知る)'는 사물을 안다라는 의미인데 내부의 마음과 외부의 물건과의 관계를 나타내는 말이다. 마음과 외부의 물건을 마치 거울이 물건을 비추는 것처럼 분명히 밝히는 것이 '시루'인 것이다. 즉, 외국의 경우 정복이 국가성립의 계기가 되는 것에 비해 일본의 천황 지배는 천황의 거울과 같은 공명정대한 마음을 갖고 인민을 대하는 것이 근본이다. 아마테라스는 그의 자손에게 일본을 다스리도록 명했을 때 '시라스'라는 표현을 사용하였다. 그 이후 초대의 진무(神武)천황을 하츠쿠니시라스스메라미코토(始馭天下之天皇)라고 칭하고, 그 후

대대의 천황의 공문서에는 오야시마시로시메스스메라미코토(大八州知食天皇)라고 쓰게 되었다. 이렇게 역대 천황 모두가 거울과 같은 마음으로 천하의 인민을 '다스리는' 것이 우리나라의 국가원리인 것이다 (「言靈」).

이노우에 고와시가 논거로 삼고 있는 『고지키』의 내용은 천상의 신 아마테라스가 일본(아시하라나카쓰쿠니)을 지배하는 지상의 신 오쿠니누시노카미(大國主神)에게 일본을 양보하라고 다그치는 부분이다. 아마테라스의 사자로 파견된 다케미카즈치(建御雷)는 오쿠니누시에게 이렇게 말한다. "아마테라스오미카미, 다카기노카미의 명령을 받들어 당신을 심문하러 왔다. 당신이 『우시하케루』 아시하라나카쓰쿠니는 내 자식인 '시라스'의 나라라고 명했었다. 당신의 생각은 어떤가?" 이노우에는 모토오리 노리나가의 해석에 따라 '우시하케루'를 '영유하다'의 뜻으로 풀었다. 지금 다시 노리나가의 『고지키덴(古事記傳)』을 살펴보면, '우시하케루'는 '주인이 그 곳을 자기 물건으로서 점유한다'라고 해석되어, 천황의 지배를 가리키는 '시로시베스(しろしめす)'와 이 '우시하케루(うしはける)'와는 차이가 있다고 써 있다. 한편, '시라스'에 대해서 이노우에는 노리나가의 해석을 직접 참고하고 있지는 않다.

그렇다면 『고지키덴』에서 '시라스'는 어떻게 해석되고 있는지 다시 확인해 보자. 노리나가에 따르면 천황의 통치는 '시라스' 외에도 '오스 (食す)' '기코시메스(聞こしめす)' '미루(看る)'라고도 하는데, 이것은 천황통치가 마치 사물을 보고, 듣고, 알고, 먹는 것처럼 다른 것을 신체에 받아들여 유지하는 것을 뜻한다.

이노우에는 거울처럼 공명정대한 마음을 갖고 인민을 대하는 것이 천황통치의 근본원리이며, 이러한 이념은 다른 나라에서는 만들어 낼 수 없는 것이라고 한다. 그러나 노리나가의 해석을 인용해서 말하자면 천황 통치는 초목, 국토에서 인민까지 모든 것을 내 신체로서 지배함을 말하며, 군주의 입장에서 이루어지는 강렬한 일심동체론이 그 특색이라고 할 수 있을 것이다.

이노우에는 앞의 강연에서도 유럽에서 말하는 '점령'이나 중국에서 말하는 '엄유'에 비해 '시라스'는 고귀한 정신의 움직임이라고 말하고 있다. 그러나 인민을 포함한 일체의 외적존재를 그 내부에 섭취하는 행위가 '시라스'라면 국토나 인민도 천황입장에서 보면 단순한 외적 사물에 지나지 않는다. 천황에게 주권이 있다는 것은 본질적으로 인민을 독립된 정신적 존재로 간주하지 않는다는 함의가 있음을 말한다. 이노우에는 '시라스'가 갖는 이러한 가혹한 본질을 오직 거울과 같은 공명정대한 천황의 덕이라는 말로 은폐한 것으로 해석할 수 있다.

전통적인 '신칙'론에서는 신의 자손이라는 혈통이 천황지배를 정당화하는 근거였으나 이노우에는 이에 더해 거울처럼 공명정대한 인덕을 들어 유교적인 덕치주의를 도입했다고 할 수 있다. 실제로 이노우에는 유교의 효용을 높이 평가하고 있다. 이노우에는 유교뿐이 아니라 『고지키』나 『니혼쇼키』를 비롯한 일본의 고전이 국가통치를 하는 데 있어서 중요한 역할을 해야 한다고도 주장했다. 메이지유신이 복고주의라는 슬로건을 내세운 일종의 혁명이었던 이상, 이 혁명을 정당화하기 위해서 고대의 논리가 원용되는 것은 당연하다고 할 수 있지만 이토나 이노우에는 단순한 왕정복고가 아니라 유럽열강과 비교하여 일본 고대의 사고방식을 다시 강화하는 방식을 도입하고 있는 것이다. 그리고 이러한 방식이 결국 근대 일본의 문화적 틀을 구성하게 된다.

이토 등이 기초한 헌법에 근거하여 말한다면, 헌법초안의 심의와 그 공포방법에 대해서 그들 사이에 심각한 논의가 있었다. 그것은 천황주권을 전제로 하는 국가체제에 부합하는 형식의 모색이라고 말할 수 있다. 다시 말하면, 이토 등이 추구한 천황지배 정당화의 논리에 따라 어떻게 헌법 공포로까지 이어갈 것인가 라는 점이었다. 구체적으로는 헌법을 '흠정헌법(欽定憲法)'으로서 공포하는 것이다. 흠정의 흠이란 중국에서는 천자에 관한 경어인데, 그렇기에 흠정헌법이란 군주가 자신의 의지로 단독으로 제정한 헌법이 된다. 거기에는 인민의 의지, 인민의 속뜻은 조금도 들어가 있지 않다.

이토 밑에서 헌법초안 작성에 참가한 가네코 겐타로(金子賢太郎)는 이러한 사정에 관해 다음과 같이 회상하고 있다. "당시 정부 내에서도 헌법회의라는 것을 열어서 관민이 공동으로 참가해 헌법을 정해야 한다는 의견이 강하게 대두했다. 그러나 그렇게 되면 유럽의 인민주의에 근거한 헌법제정과 유사해져, 폐하가 정하신 헌법을 일본인민에게 부여한다는 뜻에 배치된다는 것이 문제가 되었다(『制定會議』)".

그래서 생각해 낸 것이 '추밀원(樞密院)'이라는 천황 직속의 새 기관을 만드는 것이었다. 이 기관은 황족, 대신 외에 특별히 공로가 있는 자를 조정과 민간에서 선발하여 구성되었고 여기서 헌법초안이 심의, 결정되게 되었다. 당시 이토 히로부미는 내각총리대신의 자리에 있었는데 그 자리를 물러나 추밀원장이 되었다. 메이지천황이 그 제정회의에 거의 매번 출석함으로써 이 회의의 권위를 더욱 높이게 되었음은 말할 것도 없다.

그리고 '추밀원'에서 심의가 종료된 뒤, 1889년 2월 11일, 천황은 궁중의 아마테라스를 받드는 곳에서 헌법이 정해졌음을 보고하고, 헌법을 내각총리대신 구로다 기요타카(黑田淸隆)에게 수여하였다. 문자 그대로 천황이 신민에게 부여한 헌법이었다.

'대일본제국헌법'은 제1조에서 일본은 만세일계의 천황이 통치한다는 것, 제3조에서 '천황은 신성하며 침범해서는 안 된다'는 천황의 신성성을 선언하고 있다. 이 제3조의 심의에서는 이노우에 고와시가 조문을 읽자 이견 없이 전원 기립, 전원일치로 조문이 가결되었다고 한다(『制定會議』).

현인신現人神 순행巡幸

어쨌든 천황지배의 정당화는 '대일본제국헌법'의 제정으로 일단락을 짓게 되었다. 거듭 말하고 있는 바와 같이 근대국가는 지금까지의 인민을 '국민'으로서 새롭게 재편성하지 않으면 안 된다. 그러기 위해서 강력한 구심력을 지니는 상징, 즉 천황이 요구되었음은 앞에서 이토 히로부미의 생각을 기술한 부분에서 소개하였다. 그러나 인민들은 막부의 존왕운동이나 유신에 접하기 전까지는 천황의 존재에 대해서 거의 무관심했다. 또, 천황자신도 아직 절대군주에 부합하는 내실을 갖추고 있지 못하였으며, 천황이라는 환상이 독자적으로 존재하는 상태가 유신직후의 실태였다고 말하지 않을 수 없다.

그 때문에 유신정부는 일찍부터 천황의 존재를 여러 수단을 통해 인민에게 강조하지 않을 수 없었다. 예를 들면, 유신 후 10년 동안 초기에는 신관을 중심으로 나중에는 승려도 가세해 천황제 국가에 대한 대대적인 선전을 하였다. 도쿄 시바(東京芝)의 조죠지(增上寺)는 이 운동의 거점이 되어(1873년 2월), 불교사원이면서 신도 일색의 장식과 의식이 집행되어 승려도 이에 편승해 가는 상황이 되었다.

이 선전의 중심에 '삼조교칙(三條敎則)'이라는 조항이 있었다. 제1조는 신을 존경하고 나라를 사랑할 것, 제2조는 '천리인도(天理人道)'를 밝힐 것, 제3조는 현재의 천황을 삼가 받들고 조정이 생각하는 바를 지킬 것 등이다. 이 세 조항은 전국의 사원이나 신사에 설치된 설교소에서 이미 정부 직원이 된 신관, 승려, 만담가를 불러 정기적으로 인민에게 설교를 통해 전해지게 되었다. 또, 이세신궁이 그려진 지폐가 국가의 이름으로 강제적으로 배포되어, 천황의 선조신인 아마테라스의 신앙을 강요하는 계기가 되었다.

이러한 신정부의 거국적인 교화운동은 내부에 잠재해 있던 복잡한 모순이 드러나게 되어 대부분은 폐지, 중단되게 되었지만 인민에의 천황제 침투, 교화에 대해서는 수단을 바꾸어 더욱 강력하게 추진하게 된다.

요컨대 근대국가로서의 일본은 그 성립 당초부터 천황지배를 법적, 제도적으로 정비하는 것만이 아니라 천황지배의 정당성을 도덕, 관습, 신앙 등을 총동원하여 국민에게 강요하는 '교화', 이데올로기 정책이 불가결한 정치체제를 선택하지 않을 수 없었던 것이다. 달리 표현하자면, "국가는 이제 기구가 아닌 전통과 풍의(風儀)의 공동태(共同態)가 되지 않을 수 없다"(藤田省三, 『천황제국가의 지배원리(天皇制國家の支配原理)』)라는 것이 근대 일본국가의 모습이었던 것이다. '대일본제국헌법'이 그 법적 달성이었다고 한다면, 나중에 언급하게 될 '국가신도' 체제는 '법' 외에 '교화'의 완성 형태라고 말 할 수 있다. 그리고 이러한 법적제도와는 별도로 강행되었던 '교화'의 방식이야말로 근대일본의 문화적 틀에 중요한 과제를 남기게 되었던 것이다.

여기에서는 이러한 이데올로기정책의 핵심이었던, 천황이 신이라고 하는 '현인신(現人神)' 신앙의 침투와 천황제가 불가분의 관계에 있었던 충효론의 전개에 대해서 논하기로 한다. 여러 번 언급한 바와 같이 메이지정부의 대규모적인 '교화'가 시작되기 전까지는 인민에게 천황은 거의 관심 밖에 있었다. 그 때문에 신정부는 여러 가지 수단을 강구해 천황의 존재, 특히 신성성과 은혜를 선언할 필요가 있었던 것이다. 1868년 10월에 교토부(京都府)에서 나온 '인민고유대의(人民告諭大意)'는 이러한 '교화'의 전형으로 알려져 있다.

'대의'는 신의 자손인 천황이 지배해 온 일본 땅에 태어난 것에 대한 고마움을 설교하는 것으로 시작해, 천황의 은혜에 보답할 것을 요구하고 있다. 즉 "이렇게 말하면 한 푼의 도움도 주신 적이 없고, 조그만 수고도 해 주신 적이 없으며, 우리늘이 일을 해서 세상을 살아가고 있으며 나라의 은혜를 입은 적이 없다고 생각하는 자도 있을지 모른다. 그렇지만 그것은 큰 착각이다. 속담에 말하는 대로 초롱불을 빌린 은혜는 알아도 해와 달이 비추어주는 은혜는 모른다는 것과 마찬가지이다. 나라의 은혜는 광대하고 끝이 없다. 잘 생각해 보라. 천손이 세우신 나라이기 때문에 이 나라에 있는 모든 사물은 모두 천자님의 것이 아닌 게 없다. 태어나게 되면 천자님의 물로 씻겨지고, 죽게 되면 천자님의 토지에 묻히게 되고, 먹는 쌀도 입는 옷도 삿갓도 지팡이도 모두 천자님의 토지에서 생긴 물건이며, 또한 세상살이가 쉽도록 통용금전을 만드시고 버는 돈이나 쓰는 돈도 모두 천자님의 제도로서 이루어지게 되는 것이다"라고 역설한다. 한편, 천황은 백성의 어려움을 생각해 "풍수기근이 없도록, 역병이나 콜레라가 퍼지지 않도록, 민안을 위해 조석으로 기도하신다"고 말하고 있다. 이러한 천황의 은혜는 일대에 그치지 않고 나라가 시작된 이래 선조 대대로 그 음덕을 입어 오고 있는 것이며 그 은혜에 보답하는 것이 '신주(神洲)의 백성' 즉 일본의 인민이 해야 할 일이라는 것이다. (遠山茂樹校注『천황과 화족(天皇と華族)』所收)

이와 같은 '인민고유(人民告諭)'는 전국의 부(府), 현(縣) 단위에서 여러 가지 방식으로 실시되었는데, 또 다른 예에서는 "천자님은 아마테라스님의 자손이 되는 분으로 이 세상이 시작되었을 때부터 일본의 주인이셨고(각지에서 신사의 형태로 숭배되고 있는 이나리 등 정일품의 신들도 천자님이 그 자리를 수여하신 것이며) 실로 신들보다 고귀하며 한 뼘의 땅, 한사람의 백성도 모두 천자님 것이며 일본국의 부모로서 섬기는 것은"(앞의 책) 이라고 설교하고 있다.

이러한 사전 작업이 있고나서 천황의 지방순행이 시작되었는데 그 전에 천황 스스로가 근대국가의 '기축'에 부합될 수 있도록 파격적인 이미지 변화를 시도했던 것에 대해 살펴보기로 한다. 유신 이전에 이미 천황상의 변혁을 주창했던 인물이 있었는데 그는 야노 하루미치(矢野玄道)였다. 야노는 중고(中古)시대 이래, 천황이 지상을 밟지 않는 존재로 정해진 것에 대해 심하게 반발하였다. 천황이란 안에 있을 때는 학문에 정진하고, 밖에 나와서는 스스로 궁마, 검창, 포술까지 시도하는, 문무양도(文武兩道)의 달인이어야만 한다고 주장했다(『獻芹詹語』).

야노가 심하게 비난한 지상도 밟지 않는 천황의 존재는 천황이 신이었음을 설명하는 증거이며, 지금도 민간 축제에서 신들린 인간이 지상에 발을 대는 것이 용납되지 않는 것과 똑같은 습속이었던 것이다.

사제자로서 또는 신 그 자체로서 천황상을 잘 표현하고 있는 문헌의 하나로 근세의 『담해(譚海)』[20]가 있다. 『담해』에 따르면, 재위 중의 천황은 침, 뜸은 물론이고 칼을 몸에 대는 일 조차도 허락되지 않았다. 그것은 '옥체'를 손상하는 것이라고 간주되었던 것이다. 그 때문에 수염이나 손톱이 길면 시중을 드는 여성이 이로 잘라냈다고 한다. 또, 천황에게 봉사하는 궁중의 여인들은 천황의 몸에 손을 대야 할 경우에는 반드시 그 전에 냉수로 깨끗이 씻는 것이 의무로 되어 있었다. 그 때문에 여인들의 손은 모두 부풀고 꺼칠했다고 한다. 마찬가지로 조정에서 일하는 공경들은 버선을 신는 것이 허락되지 않았다. 그 때문에 살이 트지 않은 신하들이 없었다고 한다. 신에게 봉사하는 자가 맨발로 있어야 하는 것은 일본만이 아니라 이슬람교나 힌두교에도 널리 나타나는 풍속인데 이것은 천황이 신으로 여겨지고 있었음을 단적으로 나타내는 에피소드라고 할 수 있다. 이러한 조정의 습관은 메이지유신 이후에도 6년간이나 이어졌다.

오쿠보 도시미치(大久保利通)도 이러한 '땅을 밟지 않으시는' 천황에게 강한 불만을 품었다. 오쿠보의 오사카 천도론은 천황을 둘러싼 구습을 일소하고 근대국가에 부합하는 천황상을 만들어내는 데 그 목적이

---

[20] 津村正恭(津村淙庵)이 쓴 수필로 15권으로 이루어져 있다. 正恭이 폭넓은 교유관계를 통해 보고 들은 세상이야기, 소문들을 모은 것으로 당시의 사회상이 잘 나타나있다.

있었다고 할 수 있다. 물론, 오사카 천도는 실현되지 않았으나 엷은 화
장을 하는 것이 항례였던 여성적 사제자로서의 천황상은 그 뒤 급격하
게 변화한다. 특히 군인으로서 훈련을 거듭하면서 '대원수(大元帥)'로
서의 천황상이 급속하게 정착해 간다.

그리고 오쿠보가 '오사카 천도 건백서' 안에서 강하게 요구한 천황의
전국 순찰은 1876년에 도호쿠(東北)지방에서부터 시작되었다. 메이지
천황의 국내순행은 90회 이상에 달했는데 천황이 현인신, 즉 살아있는
신임을 주지시키는데 충분한 효과를 발휘했다.

1876년의 도호쿠 순행에서는 천황이 앉은 자리의 흙이 신성시되어
흙 한줌이라도 갖고 싶어 하는 사람들로 소동이 벌어졌다(『天皇と華
族』). 또, 1881년의 도치기(栃木)현과 이와테(岩手)현의 순행에서는
천황이 통과하는 연도에 집집마다 신주(神酒)와 떡을 올려 마치 마을
축제와 같았다고 한다(『천황과 화족(天皇と華族)』).

이 도호쿠 순행을 수행했던 시종장(侍從長)[21]은 그의 일기에 다음과
같은 흥미로운 기록을 남기고 있다. 내용은 지금의 야마가타(山形)현
사카타(酒田)에서 천황에게 숙소를 제공한 한 호상의 보고이다. 천황이
떠난 후에 에치고(越後), 아키타(秋田) 외에도 모가미(最上)지방[22] 사
람들까지도 이 호상의 집에 찾아와 천황이 묵은 방을 보여 주길 원했다.
처음에는 거절했지만 오히려 반감을 살 것 같아서 열흘정도만 구경할
수 있게 했다고 한다. 그러자 남녀노소가 마구 몰려 들어와서 결국 문이

---

21) 천황의 측근에 관한 일, 內廷에 있는 황족에 관한 일 등을 담당하는 宮內廳
侍從職의 사무를 맡아보는 長.
22) 山形縣 내륙부의 가장 북쪽에 해당하는 지역.

밟혀서 부서지고 말았다. 결국 문 앞으로 다가설 수 없게 보호줄을 치고 번호표를 나누어준 후 차례로 볼 수 있게 했는데, 열흘 동안 십만 명이 들어 왔다고 한다. 시골사람들은 옥좌로 사용된 방석을 만진 후 자신의 몸을 만지게 되면 일생 병을 앓지 않는다고 순박하게 기뻐했다. 여자들은 벽장식을 만진 손으로 자신의 몸을 만지면 출산을 쉽게 할 수 있다고 하면서 기뻐했다고 한다(앞의 책). 이 예는 민중이 천황을 완전히 신으로서 받아들이게 된 전형적인 예라고 할 수 있을 것이다.

물론, 민속신앙에서 보통 사람들에게 불가능한 일을 해 낸 사람을 신으로 추앙하고 현세이익을 비는 일은 흔히 있다. 예를 들면, 막부 말기의 덴츄구미(天誅組)[23]로서 비명의 죽음을 맞은 요시무라 인타로(吉村寅太郎)는 전사한 뒤 바로 '요시무라 대신(吉村大神)'으로서 그곳 사람들은 물론이고 인근 지역 사람들에게도 높게 숭배 받게 되었다. 그런데 그 숭앙의 도가 너무나 심해지자 대관(代官)[24]이 요시무라의 무덤을 파헤쳐버리고 요시무라를 받들던 마을사람들을 투옥하였음에도 요시무라 숭배의 열기는 식지 않았다고 한다. 천황을 특별한 존재로 보는 정신이 체제의 당시 수뇌들이 기대했던 '교화' 노선에 의한 것이었는지 아니면 전래의 민속신앙 안에서 형성되었던 것인지는, 천황제를 지탱하는 정신이 무엇이었는지를 생각하는 데 있어서 중요한 점일 것이

---

23) 1863년 藤本鐵石, 吉村寅太郎, 松本圭堂 등이 藩을 도망쳐 나온 무사들을 중심으로 中山忠光을 옹호하고 막부 타도를 목적으로 결성한 존양파. 덴츄는 당시 교토에서 연이어 일어난 존양급진파에 의한 조직적 테러의 슬로건이었다. 1863년 8월17일에 大和五條大官所 습격 때에는 약 50명의 무사가, 그 후 大和十津川의 鄉士 약 1000명이 참가하였다.
24) 에도 막부의 관리로 막부 직할지를 지배하고 연공수납, 그 이외의 민정을 담당했던 사람.

다. 이에 관해서는 다시 뒷장에서 논하기로 한다.

어쨌든 메이지 천황의 행차는 그 나름의 성과를 올렸다. 일본주재 외국 통신사 기자는 천황 순행의 의의에 대해서 다음과 같이 본국에 보고하고 있다. 유럽의 군주는 특별한 존재이기는 하지만 인간이라 간주되고 있다. 그러나 일본의 천황은 '현인신'인 것이다('현인신'은 diety라고 번역되어 있다). 최근 유럽에서는 국왕제가 무너지고 공화제가 시대의 조류가 되고 있는데 일본의 천황제는 천황 순행 등을 통해 보면 세계에서 가장 최후의 국왕제라는 인상을 받게 된다고 쓰고 있다(앞의 책).

앞에서 소개한 사카타의 부호는 당시 민권운동이 활발했었던 것을 의식하고 천황순행에 인민들이 열광적으로 반응을 보인 것을 예로 들어 천황의 은혜가 이렇게 민중에게 깊이 침투해 있는 한 새로운 자유민권론 같은 것은 두려워 할 것이 없다고 시종장을 격려했다고 한다(앞의 책).

실제로 지금도 각지에는 메이지 천황이 행차한 곳이라는 글이 새겨진 비석이 남아있고, 주민의 식산흥업의 발전에 메이지 천황의 방문이 영향을 준 것으로 받아들여지고 있는 지역이 적지 않다. 필자가 나온 소학교도 메이지 천황과 연고가 있어서 교가에 메이지 천황이 찾아주신 영광을 소중히 하라는 소절이 등장한다. 천황이 직접 심은 소나무는 전쟁 후에도 잘 보존되고 있다. '현인신' '대제(大帝)'라는 이미지는 성공적으로 민중 사이에 퍼졌던 것이다.

그렇지만 이렇게 천황의 이미지가 강력하게 선전됨에 따라 천황비판도 또한 심해진다. 천황을 신화에 근거하는 신의 자손으로서 절대 신성시하는 것에 대해 강력한 비판이 신문에 등장하게 된다.

최근 제위(帝位)는 신성하며 황제는 '신종(神種)'이라는 밑도 끝도

없는 설이 퍼져있는데 이것은 옛날 유럽의 '야만인종'이 갖고 있던 생각
이며 결국 그 뒤에 황당무계한 설로 밝혀졌다. 황제가 신의 자손이라는
망설은, 개명천지의 지금 세상에서 없어지고 있는데 우리 사회는 다시
죽은 설을 부활시키려고 하고 있다. (중략) 신권신종설(神權神種說)이
행해지는 사회는 야만미개의 사회로 폭군암군(暴君暗君)이 제 멋대로
하는 사회이다(앞의 책).

　같은 시기에 자유민권가인 우에키 에모리(植木枝盛)25)는 일본의 국
학자들이 중국 고대의 혁명론을 부정하면서 탕(湯)이 걸(桀)을 물리치
고 무(武)가 주(紂)를 멸망시켜 왕위에 오른 것을 도적으로 간주하여
나쁘게 말하고 있지만 진무(神武)천황이 휴가(日向)26)에서 세력을 일
으켜 일본 전체를 빼앗은 것이야 말로 도적이라고 하면 도적이고, 폭력
이라고 하면 폭력이라고 쓰고 있다(앞의 책).

　천황을 도적으로 간주하는 생각들은 적지 않았는데 예를 들면 시즈
오카(靜岡)현의 민권가중의 한 사람은 연설에서 다음과 같이 말하고
있다. "원래 천자라고 하는 것은 자신의 뜻에 따르지 않는 자를 타도하
고 억압하고 제거함으로써 결국에는 이 나라를 자기 것으로 삼았다. 이
것을 한마디로 표현하자면 최고의 도적인 것이다'(앞의 책, 趣意). 이
연설로 인해 연설자는 '불경(不敬)' 죄로 경찰에 체포되었다.

　또, 1882년 5월, 구마모토(熊本)현의 민권가들의 연설에서 어떤 변

---

25) 1857~1892. 정치가. 사상가. 자유민권운동의 지도자. 板垣退助를 도와 국회
　　개설에 힘썼다. 급진적인 사의헌법(私擬憲法) 「東洋大日本國國憲按」을 기
　　초하기도 했으며, 저서에는 『民權自由論』 『天賦人權弁』 등이 있다.
26) 옛 지명. 지금의 宮崎縣.

사는 다음과 같이 연설을 하고나서 그 자리에서 체포당했다고 한다. '모밀은 세 개의 모서리를 지닌 곡물이다. 처음은 음식이 아니다. 이것을 맷돌로 갈게 되면 먼저 흰 가루가 되어 인간의 음식, 자양물이 된다. 세 개의 모서리를 부수지 않으면 인간의 음식은 될 수 없다. 세 개의 모서리는 다시 말해 제왕과 같은 것이다. 이것을 부수지 않으면 자유권리는 신장될 수 없는 것이다. (중략) 진무천황은 중국에서 건너와 일본국을 빼앗은 자이다"(安丸良夫, 『근대천황상의 형성(近代天皇像の形成)』에서 재인용).

뒤에서 다시 언급하겠지만 '고토쿠(幸德)사건' 즉 '대역(大逆)사건'으로 체포되어 사형당한 우치야마 구도(內山愚童)[27]도 '지금 천자의 선조는 규슈(九州) 구석에서 나와 살인, 강도를 저지르고 같은 도둑 일당인 나가스네히코(長髄彦)[28]를 물리친, 소위 구마자카 죠한(熊坂長範)[29]이나 오에야마(大江山)의 슈텐 도지(酒呑童子)[30]가 성공한

27) 1874-1911. 승려. 24살에 출가하여 1904년 神奈川縣 足柄溫郡 泉村 林泉寺의 주지가 되어, 이 무렵부터 사회주의연구를 비롯하여 선당(禪堂) 공동생활을 사회에 적응해 보고자 幸德秋水, 堺利彦, 石川三四郎 등과 교제하기 시작하였다. 이들과 함께 林泉寺에서 비밀출판도 하면서 마을 청년들의 교육에도 앞장섰다. 아니키즘에 대한 관심이 깊어져 1908년 赤旗事件을 계기로 아나키스트가 된다. 1910년 大逆事件에 연좌되어 사형에 처해졌다. 불교와 아니키즘을 결합시키나 사상과 행동은 일본근대불교사에 있어서 특이한 존재로 평가받고 있다. 저서에 「入獄紀念-無政府共産」이 있다.

28) 설화상의 인물. 神武天皇이 침입하기 이전 大和의 호족이라고 함. 神武天皇의 군대는 나가스데히코의 저항으로 生駒山을 넘어서 침입하는 것에 실패하여, 남쪽으로 우회해서 能野에서 야마토로 들어갔다고 한다. 神武천황의 형인 이츠세도 나가스네히코와 싸워서 부상을 당해, 이 둘의 최후 격전 중, 금소리개가 날아 내려와서 여동생・三炊屋媛의 남편 시기하야히가 나가스네히코를 죽이고 간무천황에게 항복했다고 전해진다.

29) ?-?. 平安후기의 도적. 실록에서는 보이지 않는 인물, 1174년 봄 교토의 豪商

같 제2장 조작된 '내셔널 아이덴티티' 99

것이다. 신이 아님은 조금만 생각해보면 금방 알 수 있다'(「우치야마 구도와 다카기 겐메이의 저술(内山愚童と 高木顯明の著述)」)고 기술하고 있다.

이렇게 천황을 절대 신성시하는 '교화'에 정면으로 반대하는 세력도 적지 않았지만 '대일본제국헌법' 공포 후 '교육칙어'나 국가신도 체제가 정비됨에 따라 '교화'의 실효가 나타나게 되었음은 그 후의 역사가 보여주고 있는 그대로이다.

橘次가 陸奧지방에서 내려가려 했을 때, 구마자카죠한온 그 財貨를 빼앗으려 무리를 이끌고 美濃에서 잠복하고 있었는데, 午若丸 때문에 실패하고 살해당하였다. 또 일설에는 물건을 훔치려 高野山에 올랐지만, 의외로 보리심(菩提心)을 일으켜 자신의 앞니를 부러뜨려서 납골당에 넣고 노래 한 수를 남겼다고 한다. 이 이야기가 각색되어 희곡「熊坂」, 歌舞伎「熊坂長範物見松」등이 만들어졌다.

30) 丹波지방 大江山에 산다고 전해지는 귀신. 御伽草子, 古淨瑠璃에 의해 널리 알려졌다. 越後에서 태어나서 比叡山을 거쳐 大江山에 들어갔다고 하며, 마을에 나와서는 금은보화를 빼앗고 미녀를 유괴하여 잡아먹는다고 하여 두려워했다. 슈텐도지를 퇴치하라는 칙명이 源賴光에게 내려지고 賴光은 平井保昌과 함께 四天王을 데리고 귀신동굴에 올라가서, 술을 좋아하는 슈텐도지에게 神便鬼毒酒를 먹여 목을 베었다고 한다.

되살아나는 '충효'

　메이지 정부가 천황의 신성불가침과 함께 인민 '교화'의 가장 중요한 틀로 삼은 것은 천황에 대한 충의의 요구였다. 정치가 특정 도덕을 국민에게 강요하는, 근대국가의 이념과는 동떨어진 사태가 일본의 근대국가에서 생겨난 것이다. 이것은 말할 것도 없이 천황지배의 실효를 거두기 위한 불가결의 이데올로기 소작이었다. 천황은 신의 자손이고, 그 일본통치는 당연하다는 선전만으로는 인민이 천황을 위해 일신을 바치게 할 수는 없는 일이다. 어떻게든 인민과 천황을 연결하는 도덕적 유대가 필연적이며 불가결하다는 것을 '교화'를 통해 못박아두지 않으면 안 되었다. 이 '교화'의 바이블이 '교육칙어31)'이다.

31) 1890(明治23)년 10월 30일에 발표된 2차 세계대전 이전의 국민교육의 근본방침을 지시한 메이지천황의 「교육에 관한 칙어」. 가족국가관에 입각하여, 충효

'교육칙어'는 본문 삼백 자 정도의 짧은 문장이지만 발포한 해인 1890년부터 패전의 1945년에 이르기까지 55년간 국민을 천황제 국가에 복종시키는데 절대적인 힘을 발휘하였다. '교육칙어'가 등장하는 직접적인 계기는 1890년에 문부대신에게 제출한 각 부현(府縣) 지사들의 건의였다. 지사들은 보통교육에서 가장 중요한 것은 지식교육보다 도덕에 있음을 강조했다. 왜 지사들이 그러한 건의를 하게 된 것일까.

그것은 국회개설을 목전에 둔 시기에 수상에 취임한 야마가타 아리토모(山縣有朋)가 국회에 어떠한 인물이 등장할지, 혹시 천황제에 먹칠을 할 사상을 가진 인물이 나올 것을 우려했던 것이며, 특히 각 부현의 지사들에게 바람직한 인민상(人民像)의 표준을 제시하고 천황제를 위태롭게 하는 인물이 나오는 것을 사전에 방지하는 지방정치의 핵심과제로서 요구했던 것이다.

이러한 야마가타의 요청을 받아 지사회의에서도 "1872년 이후의 교육은 재능예술이 중심이 되어 어느새 도덕을 방치해 왔다. 이것이 계속되면 국가주의도 무너지게 될 것이다. 어떤 사람의 말로는 일본의 국체를 공화정치로 하려고 하는 자도 있는 것 같은데 미친 소리이다. 어쨌든 이런 인물이 나오지 않도록 국가를 우선으로 하는 도덕교육을 엄격하게 실시해야 한다"(趣意)라는 의견이 우세해 졌다. 또, 지사들의 보고를 받은 문부대신도 자신 또한 도덕교육에 대해 우려를 하고 있었고 유교의

를 핵으로 하는 유교적 덕목을 기초로 하여 충효애국을 최고의 국민도덕으로 명시하였다. 이를 전국의 학교에 배포해 예배(禮拜) · 예독(禮讀) 등을 강요해 국민들에게 주입시키려 했으며 이는 천황제의 정신적 · 도덕적 지주가 되었다. 1948년 국회에서 그 폐지를 결의했다.

가르침을 살린 국민생활의 기본이 될 수 있는 책자를 만들 생각이었다고 답했다고 한다(山住正己 校注 『교육의 체계(教育の體系)』중의 「교육칙어체제의 확립(教育勅語體制の確立)」사료, 해설에 의함).

그 후 여러 우여곡절을 거쳐 이노우에 고와시(井上毅)와 모토다 나가자네(元田永孚, 메이지 천황의 신임이 두터웠던 유학자)[32]가 원문을 작성하여 1890년 10월 '교육칙어'가 공포되었다.

'교육칙어'는 우선, 일본국에서 도덕은 나라 세우기와 동시에 시작되었던 오랜 역사를 갖고 있고, 신민은 충의에 힘쓰고 효행에 전력하여 대대로 훌륭한 성과를 올려왔던 것이 우리 일본의 정화(精華)라고 칭송하고, 교육의 원천도 여기에 있다고 밝히고 있다. 다음으로는, 부모에게 효행, 형제, 부부, 친우에 대한 화합과 신뢰, 공검(恭儉)과 박애, 지능의 개발과 도덕의 완성을 목표로 내세운 뒤, 만일 나라가 존망의 위기에 처했을 때에는 신민이 의용(義勇)으로 천황에게 목숨을 바치도록 요구하고 있다. 그리고 이러한 충효의 길이야말로 역대 천황에게 남겨진 유산이며, 시대와 세계를 초월한 보편적 도덕이라고 잘라 말하고 있나. 덧붙여 말하면, 신민이라는 표현은 인민이나 국민에 대신해 친황제 국가 체제에서 피지배자를 가리키는 일본 근대 특유의 단어라는 것에도 주의할 필요가 있을 것이다.

이 단문을 작성하는 데 있어서 이노우에 고와시가 신이나 하늘이라는 단어를 피하고 일체의 종교 색을 배제하려고 했던 것, 특정 철학적

---

32) 1818-1891. 한학자. 메이지유신 후, 能本藩知事를 거쳐 1888년에, 추밀고문관을 역임하였다. 천황중심의 교육확립에 전념하여, 修身教科書『幼學綱要』를 편찬하기도 하였다.

이론에 의존하지 않게 세심한 주의를 했다는 것, 옛날 한자식의 말투나 당시 유행했던 양학(洋學)의 분위기를 배제하려고 했던 점은 주목된다(「山縣有明宛井上毅書簡」).

왜냐하면 '교육칙어'가 특정의 사상적, 종교적 입장에 서 있지 않음을 명확하게 함으로써, 또는 특정의 시대상황의 산물이 아닌 시대를 초월한 내용임을 강조함으로써 '교육칙어'가 종교적 철학적으로 논의의 대상이 되지 않도록 하는 의도가 담겨 있기 때문이다. 달리 말하면, 이렇게 함으로써, 일체의 비판을 거부하는 사상적 성역이 확립되게 된 것이다. 이러한 사상적 성역을 설정하는 방법은 나중에 언급하는 종교이면서도 종교가 아니라고 강변한 '국가신도'의 형성과도 공통되는 것으로서, 근대 일본 특유의 사상적 패턴이 된다.

그런데 유교라고 하면 '충효', '충효'라고 하면 유교의 가르침이라는 이미지가 일반적으로 널리 퍼져있는 것은 도쿠가와시대라기보다는 오히려 메이지 이후 '교육칙어'가 보급되고 난 다음이라고 볼 수 있다. 왜냐하면 유교의 덕목이 '충효'라는 두 글자로 강조되는 것은 유교의 본고장인 중국에는 보이지 않는 현상으로, 일본인이 만들어낸 것이라고 말할 수밖에 없기 때문이다. 유교의 본고장에서 강조되는 가치는 어디까지나 '효'이며 '충'은 존재가 희미하다. 중국 청나라의 강희제(康熙帝) 때에 '교육칙어'와 유사한 '성유(聖論)'가 만들어졌는데 '충'이라는 글자는 어디에도 등장하지 않으며 특히 강조되고 있는 덕목은 '효'였다(狩野直喜, 『中國哲學史』). 중국에서는 가신이 고향에 남겨 둔 늙은 부모의 봉양을 위해 사직을 희망할 경우에는 군주도 그것을 거부할 수가 없었음은 잘 알려져 있는 이야기이다. '효'가 '충'에 우선하는 것이 본고

장의 유교인 것이다.

그럼 일본에서 왜 '충'이 '효'보다 중요시되게 된 것일까. 또, 왜 '충'과 '효'가 결합해서 '충효'라는 숙어가 생겨나게 된 것일까. 그 단서의 하나로 생각할 수 있는 것이 나라(奈良)시대 이후 이른 시기에 궁정사회에서 필수 서적으로 되어 있었던 『효경(孝經)』의 존재이다. 『효경』에서 말하는 '효'는 정통유교와는 달라서, 자식이 부모를 봉양하는 것 외에도 입신(立身)해서 이름을 후세에 남겼을 때 비로소 효행이 완성된다는 내용이었다. 『효경』은 가마쿠라(鎌倉) 무사를 비롯하여 그 후의 무사 계급들에게도 읽혀지고 있었는데 그 가르침에 따르면 무사에게 있어 '효'는 주군에게 충의를 다하여 입신출세하는 것에 다름 아니고, 어느 사이에 '충'이 '효'보다도 위에 위치하게 되어 일본유교의 윤리 중심으로 여겨지게 된 것이다. 그렇다고는 해도 그것을 가속화한 것은 바로 '교육칙어' 그 자체였다고 생각된다. 새로운 시대에 되살아난 유교의 옷을 걸친 새로운 덕목이라고 해도 좋을 것이다.

사실, 유신의 역사자료를 보면 예를 들어 국학자이고 히라타 아쓰타네(平田篤胤)의 제자였던 오쿠니 다카마사(大國隆正)[33]는 사서오경에 '충효'라는 숙어가 없음을 내세워서 공자나 맹자도 모르는 '충효'야말로 사실은 신도의 오랜 옛날부터의 덕목이었다고 강변하고, 이 '충효'를 새로운 시대가 중시해야 할 도덕의 근본이라고 주장하고 있다(「大

---

33) 1792-1871. 에도 말기, 메이지유신기의 국학자. 신도가. 平田篤胤에게 국학을, 村田春門에게 음운학을 배웠다. 1818년에는 長崎에 유학하여 난학(蘭學), 범학(梵學)을 습득하였다. 제정일치, 천황중심주의 이데올로기로 메이지 정부에 큰 사상적 영향을 끼쳤다. 주요한 저서에 『古傳通解』『文武虛實論』 등이 있다.

國隆正神祇宮本義」).

또한, 오쿠니의 의견에서 주목되는 것은 '충효'의 '효'가 단순히 부모에 대한 효행만이 아니라 선조에 대한 제사의 실행을 의미한다고 설명하고 있는 점이다. 그것은 이후에 천황에 의한 아마테라스와 역대 천황의 영혼에 대한 제사에 국민이 동원되는 논거를 제공하게 된다.

요컨대 '교육칙어'의 성립은 종래 유교나 불교 등 외래사상을 극도로 배격해 온 국학적 이데올로기와 유교가 교묘하게 결합되었음을 보여주고 있는 동시에 이것으로 인민을 국민으로 재편하는 정신적 운동이 시작될 수 있게 되었고 그 연장선에서 '충효'의 내용인 천황제사에 국민을 동원하는 제도의 완성이 다음의 정치적 목표가 되었음을 보여주고 있다.

국가신도

천황을 기축으로 하는 국가체제를 유지해 가기 위해서는 법률이나 정치제도의 정비만으로는 불충분해, 천황의 신성성이나 천황에의 충성 등 세심한 이데올로기 정책이 필요하게 되었다. 소위 '국가신도' 체제는 그러한 이데올로기 정책의 총 마무리를 의미했다고 해도 좋을 것이나.

'국가신도'라는 말은 시금의 젊은이들에게는 익숙치 않은 말로, 1945년 12월에 일본을 점령했던 연합군 총사령관에 의해 내려진 '신도지령 (神道指令)'에서 처음으로 사용되었다(新宗連調査室編 『戰後宗敎回想錄』). 이것은 한마디로 말한다면 천황을 교조로 하고 '교육칙어'나 '군인칙유(軍人勅諭)[34]'를 경전으로 하여 전국의 신사를 교회로 삼은

---

34) 明治天皇이 군인에게 하달한 칙유. 1882년 1월 4일 공포. 1878년 군인훈계(軍人訓誡)에서 정한 덕목을 정비해 직접 천황에게 결합시켜 천황제군대 건설을

국가종교 조직이었다고 할 수 있다. 다만 정부는 결코 이 조직을 종교라고는 부르지 않았다. 오히려 종교와는 엄격하게 구별하는 데 주의를 기울이며 종교가 아닌 '국가의 제사'라고 주장했다.

'국가의 제사'는 메이지유신의 이념이었던 '제정일치'에서 유래한다. '제정일치'란 제사를 통해 정치를 이끈다는 정치의 양식(樣式)을 가리킨다. 그것은 근세말기에서 메이지유신에 걸쳐 활약한 유력 국학자들에 의해 추진된 이념인데, 그들은 입을 모아 천황의 첫 번째 정무는 제사에 있음을 강조하였다. 어떤 국학자는 천황은 일 년에 네 번의 대제(大祭)와 매달 있는 소제(小祭)를 행하는데 어떠한 제사에도 민중의 참가를 허락해서는 안 된다는 건의를 하고 있다. 그렇게 함으로써 민중은 선조의 제사에 봉사하는 천황의 모습을 보고 충효가 어떤 것인가를 스스로 깨우친다는 것이다(矢野玄道, 『獻芹詹語』). 또, 아이자와 세이시사이(會澤正志齋)는 천황이 주최하는 제사전례(祭祀典禮)에 의해 비로소 민중 사이에 충효의 마음과 선조를 기리는 마음이 생겨나 천황의 은혜를 느끼고 천황을 공경하는 마음이 생겨난다고 주장하고 있다(「長計」『新論』).

한마디로 말하면 제사를 통해서 천황에게 충성을 다하도록 국민들을 순치시키는 것이 그 목적이었던 것이다. 특별한 의례공간이 사람들을 특수한 정신 상태로 유도하는 것은 여러 종교의례를 보지 않아도 쉽게 상상할 수 있을 것이다. '국가의 제사'란 이러한 의례가 갖는 효과를 염두에 둔 정책이었던 것이다.

위한 군인의 정신육성을 목적으로 하였다. 전문(前文)에는 대원수로서의 천황이 직접 군의 통수권자임을 명문화하였고, 후반에는 충절·예의·무용·신의·검소의 다섯 덕목을 내걸어 천황에게의 절대적 복종을 강요하였다. 이를 군인들에게 암기시켜 철저한 정신적 무장을 강요하였다.

　천황의 제사를 중심으로 하는 국민 규모의 제사 체계는 우선 전국의 신사를 재편성하는 것으로부터 시작되었다. 1871년, 정부는 전국의 신사를 관사(官社), 부현사(府縣社), 향사(鄕社), 촌사(村社), 무격사(無格社)의 다섯 단계로 나누고, 이세신궁을 소위 그 총본산으로 하는 피라미드 구성으로 재편하였다. 지금도 시골길을 걸어보면 신사의 비석에 촌사라든가 무격사라든가 하는 글자가 새겨진 것을 볼 수 있다. 이러한 단계가 표시된 부분만 도려낸 흔적이 있는 신사도 적지 않다. 일본의 역사가 시작된 이래 철저한 신사편성이 이루어진 흔적인 것이다. 동시에 이 시기 이후, 신직의 세습은 금지되었고 신관은 관리 내지는 관리에 준하는 처우를 받게 되었다. 제사를 관장하는 종교 관료의 출현인 것이다.

　궁정신도와 신사신도를 중핵으로 하는 신도에 여타 불교나 기독교와 같은 종교를 제쳐두고 소위 국교의 지위를 부여하는 것은 쉽게 이루어질 일이 아니었다. 첫 번째로, 일본은 나름대로 근대국가 대열에 들어가기 위해 흠정헌법이기는 했지만 일단 헌법을 제정하고 법치국가를 자처하려고 했다. 그리고 일단 법치국가를 자처하는 이상 그 중에 '신교(信敎)의 자유'라는 깃도 내세울 수밖에 없었다. 그런 상황 안에서 불교나 기독교에 비해 교의 같은 것이 거의 없는 신도를 불교나 기독교를 제쳐두고 국교로 삼는 것은 다른 선진국들이 보기에도 쉽게 납득하기 어려운 일이었을 것이다. 또, 당시의 유럽 정세를 시찰하고 온 이노우에 고와시 등 에타티스트들(국민을 제쳐두고 관료주도에 의한 국가관리주의를 주장하는 사람들)은 국가가 특정 종교종파에게 특권을 부여할 경우의 부작용을 숙지하고 있었다.

　그러나 천황교라고 부를만한 정도의 것 외에는 국가를 유지시켜 갈 정신적 지주가 없다고 한다면 천황을 중심으로 해서 새롭게 형성하려고 하는 신도체계로부터 종교적 요소를 일소하고 이것이 종교가 아니라고 강변할 수밖에 없다. 여기에 다른 선진국에서는 그 유례를 찾아볼 수 없는 특이한 '신도비종교(神道非宗敎)'론이 전개되게 되는 것이다.

그 과정을 조금 구체적으로 살펴보자. 앞에서 유신 초기부터 천황을 중심으로 하는 새로운 국가체제를 선전하기 위해 신주(神主)와 승려가 동원되었음을 지적했다. 그들은 일제히 '교도직(敎導職)'이라는 직책으로 신분은 관리대우를 받았지만 불교 측에서는 승려이면서 신도의례를 강요받게 되는 불만이나 불교 본래의 포교가 제한된 것 등을 이유로 정부의 신불(神佛)을 일체화해 이용하려고 하는 정책에 비판을 가하게 된다.

한편 신도 측에서는 유신의 이념대로 신도를 국교로 하는 길을 목표로 하여, 승려와 하나가 되어 있던 '교도직'에서 이탈하려고 움직인다. 정부도 신도 측의 의향을 받아들여 신주의 '교도직' 겸임을 폐지한다. 그 때에 '교도직'을 관할하고 있던 내무성은, 신주는 제식공무(祭式公務)를 담당하는 사제이지만 '교도직'은 "영혼안착(靈魂安着)을 설교하는" 종교자라고 하면서 지금까지의 신불일체에 의한 천황제 국가의 선전이 이것을 혼동하고 있었다고 자기비판 했다(井上順孝・阪本是丸, 『일본형 정교관계의 탄생(日本型政敎關係の誕生)』). 이런 식으로 신관은 종교자가 아니라는 판단이 1881년경에 먼저 등장하게 된다.

또한 '교도직'의 폐지를 둘러싸고 내무성의 어떤 관계자는 지금까지 민중에게 선전해 왔던 '경신애국'이 내세웠던 '신'은 아마테라스를 말하는 것으로, '조화삼신(造化三神)'과 같은 막연한 신이 아니다. 만일 막연하게 '조화삼신'을 가리키는 것이라면 정부가 스스로 '조화종(造化

宗)'이라는 종교를 신설하게 되는 셈이며 인민에게 이것을 강요하는 것은 도리에 맞지 않는다고 주장하고 있다(앞의 책). 여기서도 '경신(敬神)' 다시 말해 아마테라스의 제사는 종교가 아님을 강조하고 있다.

같은 시기에 이노우에 고와시는 '교도직'의 폐지에 대해서 내무성 장관에게 의견을 올렸는데, 그 안에서 이노우에는 다음과 같이 말하고 있다. 신도를 종교로 하는 것은 근세 국학자가 거론한 것으로 논거가 없다. 천자의 선조를 모시는 종묘의 제사는 조정의 규정에 속하는 것이지 종교가 아니다. 종묘의 제사를 예배나, 기도와 혼동해서는 안 된다. 천황의 선조는 교조(敎祖)와 같은 것이 아니며, 신 내림에 의해 교의를 세우려고 하는 것은 종묘의 제사와 아무런 관련이 없을뿐더러 고지키(古事記), 니혼쇼키(日本書紀)의 사리에 어긋나는 행위이다(「山縣參議宗敎處分意見案」).

이 이노우에의 의견에는 중요한 두 가지 문제가 포함되어 있다. 첫 번째는, 천황의 제사를 '교헌(종교)'이 아닌 '조헌(조정의 규정)'으로 보고 있다는 점, 두 번째는, 지금까지 신도라고 여겨져 왔던 깃 중에서 교소가 존재하거나 신 내림을 중요시했던 설법을 행하는 것을 천황제사, 다시 말해 새롭게 '국가신도'로서 창출되는 이데올로기로부터 배제했다는 점이다. 이 구별은 그 후 '국가신도'를 일반종교와 구별하는 논리가 된다.

즉 종교에서의 제사 또는 의례와 교의를 분리하는 사고방식이다. 종교의 내실과 형식의 분리라고도 말할 수 있을 것이다. 그것은 본래 분리할 수 없는 불가분의 관계에 있는 것을 일부러 분리 구별하려고 하는 궤변이었다. 이노우에 등은 이 궤변을 우선 신도 안에서 실천 강행하고 국가의 제사를 담당하는 신도와 종교로서의 신도를 분리했다(종교로서의 신도는 '종파신도'라고 불리며 구로주미교(黑住敎)[35]나 덴리교[36] 등 12파가 있다). 그리고 한걸음 더 나아가 불교나 기독교 등 특정 종교의 신자에 대해서 국가신도는 종교가 아니므로 이에 참가하는 것은 그 종교와 모순 되는 일이 아니라고 함으로써 신도의례를 강요하게 된다.

앞에서 '교육칙어'의 작성 시에 이노우에 고와시가 누구의 간섭도 거부하는 사상적 성역을 만들어내기 위해 고심했다고 말했다. 국가신도 또한 같은 종류의 성역으로 설정된 것이며, 그 성역 때문에 어떠한 입장도 그 성역에 복종하지 않을 수 없게 되었다고 할 수 있다.

국가의 제사에 참가하는 것은 이러한 성역론에 의해 헌법에서 말하는 '신교의 자유'에 아무런 저촉을 받지 않게 되는 것이다. 이러한 궤변을 제대로 꿰뚫어 본 사람들은 그다지 많지 않다. 오히려 대부분의 사람들은 이 궤변에 쉽사리 넘어가고 말았다. 그것은 지금도 여전히 극복되었다고 말하기 어려운 과제를 일본인에게 제기하고 있는 것이다.

---

35) 교파신도의 하나. 黑住宗忠이 교조이다. 天照大神을 우주창조, 만물화육(万物化育)의 신으로 보고, 인간은 그 분령(分靈)으로 모든 것을 신에게 맡기고 수행함으로써 신과 일체가 될 수 있다고 했다. 1876년 교파신도로 독립하였으며, 본부는 岡山市 尾上에 있다.

36) 1838년 나카야마 미키(中山みき)가 奈良縣 天里에서 제창한 敎派神道의 일종으로, 처음에는 현세 이익적인 내용으로부터 출발했으나 기성종교의 압박에 대항하여 교의를 정비해 자신의 몸은 신에게 빌린 것임을 알고 욕심을 버림으로써 질병 없는 평화세계에서 살 수 있다고 설법하였다. 초기에는 당국의 박해를 받아 수차례에 걸쳐 교조가 체포되는 등 수난을 겪었으나 교조의 사후, 신도 소속의 한 교회로 공인되어 1908년에는 교파신도의 하나로 독립하게 되었다. 주신은 일본신화에 등장하는 신들을 종합한 성격의 「天里王命」.

역사부재

메이지 정부가 천황제 국가를 만들어내기 위해 어떠한 이데올로기 정책을 필요로 했는지 지금까지 그 포인트를 소개해 왔다. 그 중에서 지금까지 충분히 언급하지 못했던 중요한 과제를 다시 생각해 보겠다. 첫 번째는 역사의식의 왜곡이고, 두 번째는 '포크(folk)' 의식의 결여이다.

먼저 첫 번째에 관해 언급해 보기로 한다. 유신 당초부터 정부의 중추부에 있었던 사람들의 역사의식에는 천황지배의 정당화를 신화에서 찾지 않을 수밖에 없었기에, 고지키와 니혼쇼키에 기재되어 있는 내용이나 신화를 그대로 사실로 간주하는 견강부회가 정치적 권력을 배경으로 통용되었을 뿐만 아니라 고지키와 니혼쇼키의 내용을 동원해 그 후의 역사를 일관적으로 설명했던 예와 같이 고지키와 니혼쇼키의 돌출은 더욱 심해지게 된다. 그 결과 일본열도에서 일어난 여러 가지 사실을

각 시대에 입각해 정확하게 인식하는 안목을 잃게 되어 진정한 의미에
서 역사의 결여가 근대일본을 오랜 동안 지배하게 되는 문제를 파생하
게 했던 것이다.

　이와 같은 역사서술의 전형적인 한 예는 「대일본제국헌법」의 공식해
설서로 알려져 있는 이토 히로부미의 『헌법의해(憲法義解)』라고 할
수 있다(실제 집필자는 이노우에 고와시(井上毅)로 알려져 있다). 그
입론의 전거로 인용되는 것은 고지키, 니혼쇼키, 속니혼키(續日本
紀)[37], 료노기게(令義解)[38], 하리마노쿠니풍토키(播磨國土記)[39],
만요슈(万葉集) 등 고대 전적에 한정되어 있고, 부기(附記)로서 참조
되고 있는 것은 당시 유럽의 정치학 등의 학술서이다. 즉, 고대(특히
신화시대)와 당시 유럽의 두 가지만을 입론의 근거로 해 해설이 작성되
어 있어 현대의 우리들이 말하는 역사의식은 전혀 찾아낼 수가 없다.
고대 서적만을 인용하는 것은 신화를 천황지배의 근거로 하고자 했던
것이고 동시대 유럽의 법률연구서 등을 참고로 부기를 쓴 것은 이 헌법
이 선진국에서도 인정될만한 것임을 내보이기 위해서였다.

---

37) 平安시대 초기에 편찬된 史書로 『日本書紀』의 속편에 해당한다. 菅野眞道
　　등이 797년에 완성하였다. 697년부터 791년까지 95년간의 역사를 다루고 있다.
　　40권 편년체, 한문표기로 되어 있다.
38) 833년에 淳和天皇의 칙령에 따라서 右大臣 淸原夏野를 책임자로 하고 菅原
　　淸公 등 12명이 모여 편찬한 율령해설서. 10권으로 이루어져 있다.
39) 713년 조정은 국내의 실상을 알기 위해서 각 지방에 地勢報告書를 제출하도록
　　명령하였다. 이 보고서에는 지명의 유래, 사람들의 생활 등을 엿볼 수 있는 내용
　　으로 구성되어 있어 각 지방의 이름을 앞에 붙여 風土記라고 하였다. 그러나
　　그 대부분은 소실되어 현존하는 것은 播磨, 出雲, 常陸, 肥前의 5지역에 불과
　　하다. 하리마는 현재의 兵庫縣 남서부지역에 해당하며, 하리마노쿠니후도키의
　　성립연대와 필자는 미상이다.

알기 쉬운 예를 들어보자. 예를 들어 제10조의 천황이 대장성(大藏
省)40)이나 외무성 등 행정 관제를 정하여 그 관료를 임면하는 것에 대
해, 해설은 다음과 같이 말하고 있다. 이러한 것은 거슬러 올라가면 진
무(神武)천황41)이 국조(國造)42)나 縣主(현주)43)를 둔 것이 시초로서
고토쿠(孝德)천황44) 때 8성이 설치되어 관제가 정비되었고 유신에 이
르러서 대보령(大宝令)45)을 근거로 지금의 관제가 정해졌다고 하는 것
이다. 다시 말해 『헌법의해』 집필자의 시각은 오늘날에는 신화 상의
전설적 인물로 되어있는 진무천황에서 소위 역사시대를 한 번에 뛰어넘
어 유신에 이르고 있는 것이다. 그리고 부기에는 유럽의 관리 임명권의
추이가 소개되어 있다.

신민의 권리의무에 관한 해설에도 고지키, 니혼쇼키 등에서 천황이

---

40) 나라의 재무, 통화, 금융, 외국환, 증권거래에 관한 행정사무 및 조폐, 인쇄사업
을 관장하는 중앙행정기관. 1869년에 설치되었다.

41) 古事記와 日本書紀의 계보상 최초의 천황. 日高에서 태어나 高千穗宮에 거
처하고 있었는데 여기를 떠나 瀨戶內海를 거쳐 紀伊國에 상륙, 나가스네히코
를 평정하고, 辛酉年(기원전 660년) 畝傍山의 橿原宮에서 즉위했다고 한다.
전설적인 색채가 강한 인물로 실존여부는 의심스럽다.

42) 고대에 세습되었던 지방관. 거의 1郡을 섬령하고, 大化改新 이후에는 대부분
郡司가 되었다. 大化改新 후에도 1國에 1명씩 남겨진 國造는 제사에 깊이
관여하였다.

43) 고대 縣의 지배자. 지방관. 본래 작은 지역의 司祭者이며 왕이었지만, 大化改
新 이후 縣의 수장이 되었다. 지위는 세습되었기 때문에 현주는 씨족의 지위나
직무를 나타냈던 세습적 칭호인 가바네(姓)의 일종이 되었다.

44) ?-654. 645-654년까지 재위. 大化改新事業을 하였으며, 645년 12월에 飛鳥
로부터 難波長柄豊碕宮으로 천도하였다.

45) 율령국가의 기본법전. 持統上皇, 文武天皇의 명령으로 刑部親王, 藤原不比
等 이하 학자, 도래인이 701년 완성하여 飛鳥淨御原令을 대신하여 시행되었
다. 律은 6권으로 약 500개조, 令은 11권으로 약 1000개조라고 전해진다. 현존
하기 않기 때문에 내용은 養老律令과 거의 동일하다고 추정되고 있다.

인민을 '오미타카라(大宝)[46]'라고 부르고 있는 것과, 인민은 그러한 자신들의 존재를 만요슈(万葉集) 안에서 '미타미(御民)[47]'라고 자칭하고 천황에 충성을 맹세하고 있음을 들어 그것이 신민의 권리 의무의 원천이라고 말하고 있다.

이토 등의 이러한 고대 편중의 자세에 대해 조금 주제에서 벗어나지만 언급해 두고 싶은 것이 있다. 그것은 이토 등이 유학했던 당시의 독일제국이 고대 그리스에 대해 이상할 정도로 관심을 보이고 있었다는 점이다.

1993년 가을, 필자는 우연히 베를린에 있는 베를린 국립박물관의 '베르가몬의 대제전(大祭典)'을 견학하게 되었다. 이것은 일찍이 터키 영내의 베르가몬에 있었던 그리스 양식의 아크로폴리스 중 신전의 거대한 대리석 제단을 그대로 베를린으로 옮겨온 것이었는데 건물도 그 유적을 위해 새롭게 만들어졌다. 이 제단(祭壇)을 갖고 오기 위해 1878년부터 2년에 걸쳐서 독일은 터키와 협정을 맺고 원활한 이송을 위해 여러 방법을 모색하였고 비스마르크도 크게 관심을 보였다고 한다.

독일이 왜 약탈이라고도 할 수 있는 이러한 대규모 문화재 이송을 시도했던 것일까. 그것은 성립된 지 얼마 안 된(1871년) 독일제국이 그 문화적 정통성(cultural legitimacy)을 그리스 문물에서 구하려고 했기 때문이었다. 독일 당국은 모든 연구소나 박물관에 이러한 '가치 있는 문화적 정통성'을 확보할 것을 지시했고, 황제는 문부대신에게 그 콜렉션이 루브르나 대영박물관의 수준에 뒤떨어지지 않는 것이 되도록 노력할 것을 요청하고 있다(The Pergamon Alter, by Alex Kunze, 1991).

---

46) 매우 귀중한 보물.
47) 천황의 인민, 신민.

사정은 조금 다르지만 뮌헨에도 그리스와 로마의 조각이 한 곳에 모아져 있는 '그리프토테크'가 있다(Glyptothek, by D. Ohly, 1972).

새롭게 성립한 프로이센을 맹주로 하는 독일제국이 그 내셔널 아이덴티티를 멀리 그리스, 로마에서 찾는 모습을 이토 일행도 그곳에서 지켜보고 있었음에 틀림없었을 것이다. 그리고 그것이 이토의 일본 고대 편중사관의 어느 부분으로 이어져 간 것이 아니었을까 하는 느낌을 독일여행에서 강하게 받았던 것이다.

1938년에 문부성이 국민을 대상으로 출판한『국체의 본의(國體の本義)』에는 ('국체'란 '신칙'에 의한 천황지배를 정통으로 하는 국가체제) 표면적으로는 일본역사의 변화를 살펴보는 형식을 취하면서 실제로는 신화를 근거로 한 천황지배가 역사를 일관하는 정통임을 강조하고 있을 뿐이다. 그것은 "태초에 '국체'가 있었노라"라고 말하는 것으로 '국체'를 정통화하기 위해서 단순히 역사를 빌리고 있는 것에 지나지 않는다. 미나모토 요리토모(源賴朝)이래 에도 막부 붕괴까지 장기간 계속된 무사정권의 역사는 "국체에 맞지 않는다"라는 한미디로 일축되었고, 메이지 천황의 "다시 중세 이후와 같은 실례가 되는 일이 없기를 바라노라"라는 말로 완전히 그 모습이 사라지고 말았다.

그 2년 후에 역시 국민을 거국일치 체제에 동원하기 위해 집필된『신민의 길(臣民の道)』에는 '만고불역(万古不易)의 국체'라는 관념만이 두드러지고 전반적으로 사물의 역사적 변천에 대해서는 관심이 표명되고 있지 않다. 진무천황(神武天皇)이 가시하라(橿原)48)에 수도를 정했

---

48) 奈良縣 중부, 나라분지 남부에 위치하는 지역. 上代文化의 중심지로, 橿原神宮 등 사적이 많다.

을 때 말했다는 "온 세상을 보듬어 집으로 하노라"라는 말이 바로 쇼와 천황의 일본, 독일, 이태리 3국 조약 때에 조서(詔書)에 담겨져 '천업회홍(天業恢弘)의 정신'이 그대로 만주건국의 정신, 세계사적 사명이 된다. 여기에 이르러 존재하는 것은 초역사의 세계뿐인 것이다.

이러한 역사의 견해는 기독교 기원에 대해서 진무(神武) 기원이라는 연호(年号)를 만들어 내어 1940년을 기해 진무기원 2600년으로 하는 국가적 대제를 거행함으로써 피크를 맞게 된다. 이 해에 태어난 일본인 대부분이 紀(기)라는 글자가 들어가는 이름을 지었음은 여전히 기억에 새롭다.

『고지키』나『니혼쇼키』를 신성한 서적으로 보는 견해와 '국체'의 일관성과 발전만이 일본역사라고 하는 역사관이 국가에 의해 정통으로 인정된 상황에서는 객관적이고 이성적인 역사연구는 불가능하다. 이렇게 되자 역사연구는 국가의 터부에 대해서는 건드리지 못하게 되고 실증적이라는 명분의 영역에 안주하게 되었다. 그것을 '순정사학(純正史學)'이라고 했는데 국가의 방침에 따라 애국심을 고양하는 '응용사학(應用史學)'과 구별되었다(齊藤孝,『역사학에의 권유(歷史學へのいざない)』). 그리고 1940년 이후, 근대 천황제 국가가 급격히 군국주의로 기울어지기 시작하자 '응용사학'은 전성기를 맞게 되었고 '순정사학'의 성과에 대해서도 '국체'를 손상하는 것이라며 사정없는 탄압이 시작되었다.

그 대표적 사건이 역사학자 쓰다 소키치(津田左右吉)의 저술에 대한 탄압이었다. 쓰다는 1913년에『신대사의 새로운 연구(神代史の新しい硏究)』를, 6년 후에『고지키 및 니혼쇼기의 신연구(古事記及び

日本書紀の新研究)』를 저술했는데 1940년에 이르러 그 내용이 황실의 존엄을 모독한다는 이유로 기소당해 1942년에 금고(禁錮) 3개월 집행유예 2년의 유죄판결을 받았다.

쓰다는 저서에서 고지키, 니혼쇼키의 본문은 황실의 계보인 '제기(帝紀)'와 여러 전승을 포함하는 '구기(舊紀)'로 되어 있는데, '제기'에 있는 오진(應神)천황 이전의 기술은 역사적 사실이라고는 할 수 없다는 점, '구기'의 신화 부분은 천황지배가 옛날부터 계속되어 온 것처럼 보이기 위해 새롭게 만들어졌다는 점 등을 밝히고 있다. 이에 대해 재판소는 진무천황에서 쥬아이(仲哀)천황에 이르는 역대 천황의 존재에 의혹을 품게 하는 언설은 출판법 제26조 제1항에 위반한다고 하여 유죄판결을 내린 것이다. 출판법 제26조 제1항이란 황실을 모독하는 문서를 출판했을 경우에는 저작자, 발행자, 인쇄소를 2개월 이상 2년 이하의 경금고형에 처한다는 것이었다(井上光貞, 『「니혼쇼키」의 성립과 해석의 역사(「日本書紀」の成立と解釋の歷史)』).

1945년의 패전과 함께 역사학은 국가의 통제에서 벗어나 비약적으로 발달하였고 학설도 다양하게 전개되어 오늘에 이르고 있다. 또한 민중늘의 역사에 대한 뜨거운 관심은 여러 번 일본역사 붐을 일으켜 왔다. 그러나 문부성에 의한 교과서 검정 문제는 아직 미해결 상태이고 우리들이 일상에서 느끼는 의문을 해결하기 위해서 역사를 통해 문제를 해결하고자 하는 자세는 아직 일반화되어 있다고 말하기 어렵다. 역사는 고유명사와 연대를 암기하는 학문 혹은 영웅들의 이야기라는 편견이 우리들에게 깊게 자리 잡고 있다. 우리들은 역사를 통해 배우는 것을 게을리 해 무슨 일에 대해 늘 처음부터 시작하게 되기 십상이다. 이러한 역사 감각의 빈곤은 근대 시작 이래 반세기 이상에 걸쳐 초역사(超歷史)의 세계를 강요당한 결과라고 판단된다. 패전 후 이미 반세기가 지나가고 있다. 그 이전의 반세기를 되묻는 것은 넋두리처럼 들릴지 모르지만 역사 감각이라는 것은 일조일석에 만들어지는 것이 아니다.

인민 한사람 한사람이 눈앞의 의문을 느끼고 그 해결을 위해서 과거를 묻게 된다. 과거를 묻는 것은 미래의 행복을 위해서이다. 이러한 역사 감각의 중요성을 맨 처음 말한 것은 야나기타 구니오(柳田國男)였다.

야나기타는 역사를 한번으로 끝나 버린 사건의 축적이라고 보거나 혹은 기원을 찾아내는 것이라는 보는 것은 둘 다 진정한 역사의식이 아니라고 말한다. 왜냐하면 둘 다 그 후의 구체적인 역사는 한번으로 끝났던 사건이나 그 기원의 변형이라고 간주하고 있음에 지나지 않기 때문이다. 즉 여기에는 매일매일 일어나고 있는 변화나 발전이 무시되어 있는 것이다. 이러한 매일 매일의 변화에 무관심해서는 역사의식의 함양이 이루어질 수 없다. 한 번으로 끝나버린 사건이나 사물의 기원에만 관심을 두는 것은 사이비 역사의식이다. 그리고 오래된 것이라고 듣기만 하면 안심하게 되는 심리도 일회성과 기원을 묻는 유사(類似) 역사의식과 같은 것이라고 비판하고 있다(『향토생활의 연구법(鄕土生活の硏究法)』).

또 야나기타는 권력자의 손으로 만들어진 문서자료에만 의지하는 문헌사학을 통렬하게 비판하고 부모, 조부모에 의한 구전을 중요한 근거로 삼을 것을 주장했다. 이러한 내용이 담긴 『향토생활의 연구법』이 나온 것은 1935년이었다. 야나기타의 학문은 민속학이라고 불리어지게 되는데 그것은 확연한 현대사학이기도 했다. 그러나 그 의도가 반드시 정확하게 세상에 전해졌다고는 볼 수 없다. 패전 후 얼마동안 야나기다는 취미로 일본인의 생활을 상세하게 다루는 사람 정도로 여겨졌고, 그 문장은 수필로 분류되는 것이 보통이었다. 역사 감각의 왜곡이 여기에도 잘 나타나 있다.

　야나기타는 '교육칙어'가 공공도덕을 무시하고 있다고 비판하여 당국으로부터 박해를 받았다(『柳田國男對談集』). 야나기타는 일본의 민중이 오랜 세월에 걸쳐 축적해 온 공동생활의 룰을 정당하게 평가할 수 있는 안목을 지니고 있었다. 이러한 시점이 지식인들 사이에 공유되기까지는 다시 30년 이상의 긴 세월을 필요로 했던 것이다.

'포크folk'의 부재

일본이 근대국가의 출발에 임해 그때까지의 인민을 자각적인 '국민'(신민)으로 다시 만들어 낼 필요가 있었음은 앞에서 여러 차례 언급했다. 인민이 스스로 원해서 새로운 국가를 만들려고 했던 것이 아니었기 때문에 여러 가지 이데올로기 정책이 추진되게 되었다. 그 때 인민 쪽에게 극히 불리한 상황이 발생하였다. 한마디로 말하면 목표로 설정된 '국민' 또는 '신민' 이라는 말은 그 내실과 더불어 지배자에 의해 준비된 것이었는데 정작 인민은 제각기 고유의 문화를 배경으로 하는 자신들의 입장을 내세울 언어를 갖고 있지 않았던 것이다. 근대국가의 '국민' '신민'이 되기 이전에는 인민들은 각 번(藩)에 속해 사농공상에 종사하는 사람들이었는데 다미(民)[49], 햐쿠쇼(百姓)[50], 죠닌(町人)[51]이라고 불

---

49) 통치를 받는 사람들.

리는 게 고작이었다.

　이들 다미, 햐쿠쇼, 죠닌은 오랜 기간 폐쇄적인 지방경제 안에 속해 있으면서 제각기 독자적인 생활양식과 문화를 지니고 그것을 전통으로 하여 대대로 이어져 왔다. 유신 때에는 이러한 독특한 문화를 배경으로 하는 다미, 햐쿠쇼, 죠닌들이 일본열도에 할거 하고 있었다. 근대국가를 만들기 위해 이들을 일거에 동질의 인간 '국민'으로 만들려고 했으니 마찰이 일어나지 않는 것이 이상할 정도였을 것이다.

　교토에 살고 있던 필자가 취직해서 도쿄로 왔을 때, 가장 놀랐던 것은 도쿄의 흙이 검정색이었다는 것이다. 비라도 오게 되면 진흙창이 되기 일쑤였고 바람이 세게 불 때는 온 집안으로 흙먼지가 날아 들어와 이불 홑청이나 옷이 금방 거뭇거뭇해졌다. 시커먼 국물 속의 소바나 우동도 익숙해지기까지 힘들었다. 파의 녹색부분을 떼어버리고 흰 부분만을 먹는 것에도 익숙해지지 않았다. 흰살 생선을 주문했는데 방어가 나왔을 때도 놀랐고 청어를 회로 먹는 데는 감동하기 까지 했다. 청어는 언제나 청어소바52)나 말린 것을 물에 불려서 졸임을 하는 것밖에 몰랐기 때문이다. 뱀장어가 이상하게 부드러운 것에도 위화감이 느껴졌다. 말이 통하지 않는 일도 자주 있었다. 특히 교토식의 존댓말이 도쿄에서는 반말임을 알았을 때는 놀라지 않을 수 없었다. 택시 운전사에게 목적지를 말할 때도 교토 식으로 말하는 것보다 오히려 반말 투로 말하면 운전수 표정이 상냥해지곤 했다. 이런 식으로 늘어놓기 시작하면 끝이 없지만

---

50) 농민.
51) 상인, 장인 신분의 사람들.
52) 교토의 향토요리. 간장 등의 조미료를 넣어 조린 청어가 들어 있는 소바.

이것이 문화의 차이라는 것이다. 생활 방식이 같지 않은 것이 당연한 것이다. 그러나 근대국가가 강요했던 것은 그러한 지역 차, 생활방식의 다양성을 버리고 동질의 '신민'을 만들어 내는 일이었다.

문제는 그 당시 인민이 자신들이 지녀왔던 삶의 방식을 지켜 낼 근거를 찾아내지 못했다는 것이다. 매일 매일의 생활모습을 포함한 자신들의 모습을 통합해서 어떤식으로 규정하고 이를 어떻게 지켜야만 했었을까. 생활인인 자신들의 존재방식을 규정하는 언어가 없는 상황에서는 쉽게 '신민'화·'국민'화가 일어날 수 있게 된다. 근대 일본의 비극 중의 하나는 바로 여기에 있었다고 해도 과언이 아니다.

여기서 예전에 다카토리 마사오(高取正男)가 근대 일본의 포크(folk) 의식 결여를 문제시했던 것을 떠올려 보고자 한다. 다카토리는 메이지가 된 이후 네이션(nation)이나 피플(people)의 번역이 일찍부터 이루어졌음에도 포크의 번역은 야나기타 구니오(柳田國男)가 '상민(常民)'이라고 번역하기 전까지는 거의 문제시되지 않았던 상황에 대해 문제제기를 한 것이다(『일본사연구와 민속학(日本史硏究と民俗學)』).

'상민'이란 야나기타에 따르면 고풍(古風)을 지키는 사람들이며, 도시가 아닌 시골, 우아함(雅)이 아닌 속(俗)에 속하고, '전부야인(田夫野人)53)'이라고도 한다. 나중에는 '민간전승을 지키고 있는 계급'(柳田國男 監修 『民俗學辭典』)이라고도 했다. 그렇지만 '상민'은 포크에 정확하게 대응하는 단어라고 하기 어렵다.

말할 것도 없이 영어에서 말하는 포크란 대영제국의 중심인 앵글로색

---

53) 농민, 또는 시골 사람.

슨의 문화와는 다른 독자적 문화를 지녀왔던 켈트족을 의미한다. 일본인은 포크송이나 포크댄스 등과 같은 단어로 그 이미지를 파악하는 정도이지만, 본래 포크라고 불리는 사람들은 정치적으로는 대영제국에 통합되어 있었지만 문화적으로는 완전히 독립한 민족이었던 것이다. 다시 말해, 포크는 근대국가를 의미하는 네이션에 대항했던 개념이라고 할 수 있을 것이다. 즉 '국민'이라는 개념과도 뉘앙스를 달리 하고 있는 것이다.

'국민'이란 것이 무엇인가 거듭 확인해 두기로 하자. 그것은 바로 근대국가에 맞는 인민의 모습인 것이다. 프랑스의 경우, 프랑스 혁명 이전 사람들은 지연적, 직능적 집단에 소속되어 생활해 왔는데 혁명에 의해 그러한 집단과는 별도로 직접 국가에 소속하게 되었다. 사람들은 법 위에서는 평등한 시민이고 투표에 의해 대표를 뽑고 국가의 운영에 참가하는 새로운 형태가 생겨난 것이다. 그것이 '국민국가'인 것인데 거기에는 군역(軍役), 납세, 공교육, 공통언어와 같은 '국민적 동질을 강요하는 각종 제도'가 실시되어 "다양한 지역, 문화, 전통, 관습 안에 있는 민중이 국민으로서 동질화"(北原敦也 編 『유럽근대사재고(ヨーロッパ近代史再考)』)되어가게 된다. 네이션에 참가하는 개인, 다시 말해 국민은 공통의 신화나 관습에 의해 묶여있는 공동체의 일원이 아니라 혈연, 지연, 신분, 언어와는 관련이 없는 '추상적 존재'(福田歡一, 『國家・民族・權力』)로서 이러한 '동질을 강제적으로 요구하는 각종 제도'에 참가할 것을 강요받았던 것이다.

이와 같이 네이션, 즉 국민이 특히 정치적 경제적 개념인데 대해 포크는 우선 무엇보다도 다양한 문화개념인 것이며, 정치적 경제적 귀속과 문화적 귀속과는 별개일 수 있음을 나타내는 말이라고 할 수 있다. 대영제국의 신민이라고 해서 그 생활양식, 문화가 획일적일 필요는 전혀 없다고 말할 수 있는 근거가 포크라는 말에는 포함되어 있는 것이다.

그러나 이러한 포크의 자각은 어느 시대에나 존재했던 것은 아니고 근대국가의 성립과 함께 출현한 것임을 잊어서는 안 된다. 포크의 자각은 특히 근대의 산물인 것이다. 그것은 앞에서 소개한 '국민국가'의 형성기에 사람들이 싫든 좋든 '국민'에 편입되어 가는 과정에서 자각된 것이 포크였던 것이다.

영국의 경우도 1707년에 잉글랜드와 스콧트랜드가 합병해서 그레이트 브리튼 연합왕국이 성립하고 1800년에는 아일랜드를 합병해서 '그레이트 브리튼 및 북 아일랜드 연합왕국(이것이 영국의 정식국명이다)'이 되는데 이러한 과정에서 포크의 자각도 깊어져 갔던 것이다. 지금도 웨일즈 지방에서는 영어 외에 옛날 포크의 언어인 웨일즈어가 사용되고 있다. 스콧트랜드인은 잉글랜드의 앵글로색슨인과는 인종적으로 다른 켈트계이며 타탄54)'과 킬트55)'로 상징되는 것처럼 잉글랜드인에 대해서 강한 대항심을 지니고 있다.

1993년 가을, 스콧트랜드의 수도 에딘버러를 방문했을 때 트위드 강가에 있는 시인이자 작가였던 월터 스콧트의 은거지를 찾았다. 그 때 여행 가이드는 스콧트가 스콧트랜드와 잉글랜드 국경지방의 풍경을 유

---

54) 다채로운 색의 격자모양 및 그 직물지. 본래는 능직(綾織)의 모직물로, 10세기 이후 영국 스코틀랜드의 크랑(씨족)이 독자적인 모양을 정해 사용해 왔던 것이다. 현재도 킬트 등에서 볼 수 있다. 타탄체크라고도 불리며, 셔츠, 스커트, 머플러 등에 쓰인다.

55) 허리부터 무릎까지 내려오는 스커트 모양의 스코틀랜드 남자의복. 타탄체크모양의 모직물을 이용하여 만들어졌다. 타탄의 색과 모양은 집안과 계급을 나타내었다고 한다.

난히 좋아했다면서 일부러 차를 세워 소개해 주었다. 그 후 런던에서 잉글랜드인 친구에게 그 국경지방을 아느냐고 물었더니 모른다는 대답이었다. 그 친구가 우연히 몰랐을 뿐이었는지도 모르지만 어쩔 수 없이 잉글랜드와 합병되었던 스콧트랜드인에게는 스콧트랜드와 잉글랜드의 국경은 언제까지나 잊을 수 없는 역사적 각인이었던 것이다. 포크의 자각이란 이러한 역사의식이기도 하다.

덧붙여 말하자면 1994년 정월, 과테말라와 멕시코의 양국에 펼쳐지는 마야문명의 유적을 방문했을 때에도 마야 사람들의 날카로운 포크의 자각을 엿볼 수가 있었다.

멕시코의 메리다에서 치첸이차라는 유명한 고대유적을 보고서 돌아가는 길에 있었던 일이다. 마야인인 가이드에게 그 때 읽고 있던 『마야 코스모스』(Maya Cosmos, by David Freidel, Linda Schele, Joy Parker, 1993)라는 책의 내용을 확인했다. 책의 저자는 고대 마야문명과 현대 마야인의 생활 사이에 단절이 있다는 종래의 가설을 뒤집고, 오히려 연속성이 있다고 강력하게 주장하고 있는데 당신은 연속, 단절의 어느 쪽에 찬성하는 지를 물어보았다. 그러자 가이드는 연속되어 있다, 그 증거로 자신에게는 마야의 이름이 있고 여러 가지 관습이 아직도 이어지고 있는 것 등을 말해 주었다. 그는 자신의 이름이 몇 대 전인가 스페인의 피가 섞여 스페인풍의 이름이 된 것을 유감스럽게 생각한다고 말했다. 가이드의 스페인풍의 이름은 후안 호세하라(Juan Jose-Jara)인데 원래는 우익 압(Uic ab)이라고 한다. 또 마야의 사람들은 죽어서 9일째에 하늘로 올라가 다시 태어난다고도 말해 주었다. 『마야 코스모스』에 기술되어있는 고대 마야인의 영혼관과 일치하는 것이다.

다른 날 함께 지낸 또 다른 가이드는 '별의 신사'라는 뜻의 마야 이름을 갖고 있다고 가르쳐 주었다. 그는 별로 그런 것에 대해서 적극적으로 말하고 싶지 않은 듯 했다. 아티투란 호반에서는 마침 정월이기도 해서 나들이옷을 곱게 차려 입은 마야의 여성들이 물놀이를 하러왔다. 그 모습은 일본에서는 이미 완전히 없어져버린 정월의 와카미즈아비(若水あび)56)같은 풍속처럼 보였다. 바로 포크 전통의 모습인 것이다.

마야 사람들은 16세기에 밀려들어온 스페인 사람들에 의해 멸족의 비극을 맛보았다. 그 상황은 라스 카사스의 『인디언스 파괴를 탄핵하는 간략한 진술』이라는 유명한 책을 통해 알 수 있다. 지금도 눈물 없이는 읽을 수 없는 책이다. 우익 압(Uic ab)에게 그 책을 읽은 적이 있느냐고 묻자 물론이라고 대답했다. 그 책은 일본에서도 번역되어 많은 사람들이 읽고 있다고 하자 정말로 감개무량한 표정을 지어 보였다. 과테말라에서는 그 라사 카사스의 초상이 동전에 새겨져 있는데 너무나 소액이라 싸구려 동전 취급을 당하는 것이 얄궂게만 느껴졌다.

우연히 여행 중에 읽게 된 잡지에 흥미로운 기사가 있었다. 1542년에 메리다는 정식으로 스페인에 항복했는데 그 후에도 마야의 세빌라는 450년간이나 저항하고 있고 어두워지면 외부인은 떠나야 하는 마을이 지금도 있다고 한다(National Geographic Oct. 1989). 때마침 여행에서 돌아오는 길이었는데, 멕시코에서 정월 초하루 새벽에 마야의 후예인 선주민 무장집단이 봉기해서 다수의 사상자가 나왔다는 뉴스를 들었다. 선주민 지역의 빈곤문제에 사회의 이목을 끌기 위한 봉기였다고 한

---

56) 정월 초하루 처음 기른 물을 몸에 끼얹는 것. 정월 초하루에 처음 기른 물은 그 해의 병 따위를 일으키는 나쁜 기운을 없애준다고 믿어져 왔다.

다. 너무나 비극적인 포크의 자각이다.

다시 일본의 경우를 보기로 하자. 유신정부는 근대국가의 건설과정에서 아이누나 류큐(琉球) 사람들과 같은 명확한 포크의 존재를 무시하였다. 그것은 고지키, 니혼쇼기의 신화에 의거하는 천황지배를 전면에 내세우기 위한 것이며 신화와 무관한 사람들은 마치 존재하지 않은 것처럼 무시된 것이었다. 더구나 그것은 단순한 무시가 아니라 신화를 갖고 있는 야마토(大和) 민족의 일원이 되도록 하는 극히 적극적인 동화정책에 휘말리는 것을 의미했다.

아이누 사람들이 이러한 동화정책에 어떤 식으로 끌려들어 갔는지에 관해서는 예를 들면 가이자와 다다시(貝澤正)의 『아이누 나의 인생(アイヌわが人生)』에 자세히 기술되어 있다. 아이누 마을의 소학교에도 천황과 그 부인의 초상이 걸리는 봉안전(奉安殿)이 만들어져 아이누의 아이들도 등하교 때에는 반드시 경례를 하게 되어 있었다. 교장이 학생들에게 늘 하는 훈시의 내용은 천황은 국민을 자식처럼 생각하여 그 행복을 빌고 있는 신과 같은 사람이므로 성인이 되거든 반드시 천황에게 충절을 바쳐야한다는 것이었다. 아이들은 마음속으로 전쟁이 일어났을 때 목숨을 바쳐 그 은혜에 보답할 결심했다고 저자는 말하고 있다. 이러한 '황민화' 정책 안에서 아이누 사람들은 그 언어는 물론 정신문화의 모든 것을 박탈당하고 말았다.

이와 같이 신화의 '신칙'을 인정하지 않는 사람들에 대한 철저한 동화정책이야말로 근대 일본의 가장 극렬한 '교화'였다. 그것이 한반도를 비롯한 식민지 지배에서 가혹하게 관철되었음은 역사가 증언하고 있는 대로이다. '일본인'이 되지 않으면 생존이 보증될 수 없다는 협박이 근

대일본 정치의 일면이었던 것이다. 여기에는 포크에 대한 손톱만큼의
배려도 없었다.

  이러한 동화정책의 뿌리가 얼마나 깊은 것이었는지는 패전 후의 예
를 들면 재일 한국인을 비롯한 외국인의 귀화문제에 전형적으로 나타난
다. 수년전에 홋카이도(北海道)의 아이누 인구를 조사했을 때에 지금
도 그런 경향이 남아있는 것에 놀란 적이 있다. 도청에 문의했더니 그러
한 숫자는 없다, 홋카이도에는 일본인밖에 없다는 것이 대답이었다. 그
후에 겨우 숫자를 알 수 있었는데 그것은 사회복지를 담당하는 곳에서
파악하고 있던 숫자였다. 1986년 현재 아이누 인구는 2만 4381명. 당시
홋카이도 전체의 인구는 560만이었다.

  물론 일본열도의 주민이 모두 이러한 동화정책에 말려들었던 것은
아니다. 수년전 오키나와의 게라마(慶良間)섬들[57]을 방문했을 때 도카
시키지마(渡嘉敷島)[58]에서 연로한 한 여자 무속인(神女)을 만났다.
그녀는 미군상륙 후의 가혹한 상황을 말해 주었다. 그 때의 천황은 일본
본토인 야마토(大和)의 신이었을 뿐 자신들과는 전혀 상관없는 존재였
다, 죽음을 눈앞에 둔 자신들을 지켜주었던 것은 섬의 신이었다고 의기
양양하게 말했다. 노인의 태도에서 당당한 포크의 저력을 발견할 수 있
어서 조금은 안도감을 느낄 수 있었다.

  유럽 등에서의 포크는 단순히 문화의 차이만이 아니라 인종이나 민족

---

57) 게라마제도는 沖縄縣 那覇市에서 서쪽으로 약 40킬로미터 떨어진 크고 작은
   20여개의 섬으로 이루어져 있다. 이중에서 사람이 살고 있는 섬은 渡嘉敷島를
   비롯한 5개 섬에 불과하다.
58) 게라마제도에 속한 섬. 게라마제도의 동쪽에 위치하고 있다.

의 차이를 전제로 하고 있었고 지금도 그렇다. 그러나 일본의 경우, 아이
누 사람들은 분명히 포크라는 범주에 들어가지만 예를 들어 간사이(關
西) 지역이나 간토(關東) 지역의 차이는 포크의 차이라고 할 수는 없다.
그러나 간사이와 간토에서 보이는 문화의 차이는 필자의 사소한 경험을
예로 들어 말한 것처럼 상당히 크다. 조금 오래된 통계인데 일본의 결혼
범위를 보아도 간토 남자의 92%는 같은 간토 여성과 결혼하고, 간사이
남성의 88%는 역시 간사이 여성과 결혼한다(大林太良,「일본의 문화
영역(日本の文化領域)」에서 재인용). 간토와 간사이는 인종적 차이는
없지만 생활 감각이나 관습이 확연히 다른 것이다. 물론 같은 간사이의
교토, 오사카, 고베(神戸)에서도 또 다른 각자의 문화가 존재한다.

　문제는 이러한 생활 감각, 넓게는 문화의 차이를 떠맡는 민군(民群,
간토 사람이라든가 간사이 사람이라든가)을 일괄하는 일본어가 없다는
것이다. 포크의 번역어 아니면 유럽의 포크의 의미를 염두에 두고 만들
어진 '상민(常民)'이라는 단어로는 간사이 사람과 간토 사람의 구별은
불가능하다. 포크에 상당하는 단어도 없으며, 동일인종으로 언어도 기
본적으로 같으면서 문화를 달리할 경우 각각의 문화를 달리하는 민군
(民群)을 표현하는 단어가 없었다는 것은 큰 문제이다.

　물론 사람들은 방언의 차이에는 민감했을 것이고 생활양식이나 음식
의 차이도 충분히 알고 있었을 것이다. 그러나 그것을 웃음거리로 하거
나 비하했을지는 모르지만 이른바 문화의 차이라는 인식까지 도달했다
고는 믿기 어렵다.

　조금 논의의 레벨이 다르지만, 일본열도에 사는 사람들이 모두 옛날
부터 쌀을 주식으로 했다고 하는 것은 근대의 이데올로기이며 실제로는

메밀이나 좁쌀, 피 등을 주식으로 하는 일본인이 많았음은 잘 알려져 있는 사실이다. 정월에 떡을 먹지 않는 일본인이 적지 않았음은 쓰보이 히로후미(坪井洋文)의 업적에서 밝혀졌다 (「떡 없는 정월의 배경(餠なし正月の背景)」). 이렇게 음식을 기준으로 따져도 쌀을 주식으로 하는 민군(民群)과 밭작물을 주식으로 하는 민군(民群)이 있었던 것이며 일본열도의 문화가 결코 일원적인 것이 아니라는 사실이 명확히 드러난다.

이러한 생활양식의 차이를 문화적 다원성으로 자각하는 것이야말로 유럽 등에서의 포크의 자각에 해당하는 것이며, 만일 근대 초기에 이러한 자각이 생겨났다고 한다면, 거듭 강조하지만 '신민'화는 쉽게 진행되지 않았을 것이고 다른 포크 사람들에 대한 불필요한 동화정책의 강행에도 제동이 걸렸을 것이다.

다음 에피소드는 포크에서의 천황과 네이션(근대국가)에서의 천황의 차이를 상징적으로 보여준다. 그것은 교토의 기온 마쓰리(祇園祭)에도 등장하는 후네보코쵸(船鉾町)59)에 전해지는 이야기이다.

후네보코쵸에는 진구(神功) 황후의 신면(神面)이라는 것이 진해지고 있는데 순산(順産)의 수호신으로서 교토의 마치슈(町衆)60)인 주민들에게 친숙히다. 1852년 메이지 천황이 태어났을 때에도 관례로서 주민들이 이 신면과 복대를 궁중에 전달했다. 그 후 다이쇼 천황의 탄생에 즈음해서 마을사람들이 다시 가면과 복대를 궁중에 전달하려고 하자

---

59) 京都市 下京區에 위치한 마을. 기온마쓰리에 쓰이는 수레를 가지고 있는 마을 중 하나로, 이 마을의 수레는 전체가 배모양으로 되어 있다.
60) 室町, 戰國시대에 町단위로 집단적 자치생활을 영위한 도시거주민. 특히 교토의 마치슈가 유명하다. 상공업자가 그 중심으로 민중예능의 담당자로서 독특한 서민문화를 창출하였다. 織田信長 등 통일정권은 마치슈의 자치를 제압하였다.

궁내성(宮內省)의 직원들은 이를 거절했다. 이를 두고 마을 사람들은 "천황도 이제 지체가 높아졌구만"이라는 반응을 보였다고 한다. 필자도 실제로 이 이야기를 들은 적이 있는데 정말 기억에 남는 이야기였다 (高取正男・橋本峰雄,『宗敎以前』에 신면의 사진과 에피소드가 수록되어 있다). 마치슈(町衆)의 일원이기도 했던 천황과 절대적 현인신으로서 국민에게 군림하는 근대 천황제에서의 천황과의 질적인 차이를 극명하게 말해주고 있는 에피소드라고 할 수 있다.

이러한 유럽에서의 포크와 네이션 사이의 균열·갈등에 상당하는 사례는 지금에 와서 보면 근대 일본문화의 모든 국면에서 일어나고 있었다고 할 수 있고 처음에 소개한 '꽃놀이의 벗꽃'과 '지는 벗꽃'의 대립도 포크의 벗꽃관과 네이션 이데올로기의 대립이라고 말할 수 있다. 금기를 과도하게 강조하는 것도 포크의 전통이라기보다는 천황제와 깊게 연결된 네이션 이데올로기로 파악하는 편이 알기 쉬울 것이다. 어느 쪽이 되었건 포크의 전통을 환골탈퇴 시켜 네이션의 전통이라고 말할 때에는 언제나 그러한 행위가 '옛' 것임을 강조하는 것이 일반적이었다. '고식(古式)'이 강조될 때는 오히려 그것이 새로운 작위(作爲)임을 직시할 필요가 있을 것이다.

또 독일에서의 포크(Volk)의 자각에는 다른 선진국과 비교해 크게 다른 점이 있음을 주의할 필요가 있다. 그것은 '만방무비(万邦無比)'라는 슬로건에 의해 야마토 민족의 우수함을 과시하는 경향이 근대 천황제의 파시즘기에 다가갈수록 강해지는데 그러한 민족의 우월론은 독일의 포크론, 특히 나치스의 게르만 민족우월론의 영향을 받고 있는 부분이 있기 때문이다.

　독일은 소방분립(小邦分立)이었기 때문에 영국이나 프랑스와는 달리 자연스럽게 근대국가로 나아가지 못했다. 1815년의 독일연방마저도 39개의 제후국(諸侯國)과 자유도시국가의 연합체에 불과하여 도저히 통일국가라고는 할 수 없는 상황이었다. 1802년 피히테가 '독일국민에게 고함'이라는 연설을 했을 때 독일에 국민은 존재하지 않았으며 복수의 연방주권 국가가 있었을 뿐이었다(福田歡一,『國家·民族·權力』).

　이러한 상황에서 독일인은 국가가 아닌 게르만이라는 포크, 민족 안에 '영원한 근원성 그 자체'가 있음을 주장함으로써 전통 없는 독일과 맥락 없는 발전을 넘어서려고 했다(Helmuth Plessner,『늦게 온 국민(遲れてきた國民)』). 그것이 독일에서의 포크의 자각이었던 것이다. 거기에는 포크, 다시 말해 민족이라는 이름이 낭만주의의 색채를 현저하게 띠게 된다. 그러한 국민의 자각이 결국에 나치즘을 낳게 된다. 포크의 자각에는 이러한 위험도 포함되어 있었음을 잊어서는 안 될 것이다.

　천황지배를 절대화하기 위해, 열강들의 압박 하에서 국가의 독립을 최우선으로 하지 않을 수 없었던 근대 초기에 지배자는 물론 인민들도 그 다양한 문화를 우선 뒷전으로 하고 일제히 충성스러운 '신민'의 실로 돌진하게 되었다. 그 결과에 관해 이미 알고 있는 일이지만, '신민'의 길을 맹종하고 달려감으로써 생겨난 문화적 틀의 왜곡에 대해 지금이야말로 충분히 검토해 두지 않으면 앞으로의 인류사회를 향하는 입각점이 불분명해질 것이다. 그렇다고는 해도 일본인이 한편으로 천황지배를 기꺼이 받아들인 것은 어떠한 이유에서였을까? 포크로서의 일본인에게 어떠한 성향이 있는 것일까, 다음 장에서 생각해 보기로 한다.

제3장 현세주의

현세의 강대화强大化

이 장에서 말하고자 하는 것은 근대 천황제 국가가 제2장에서 소개한 이토 히로부미(伊藤博文)를 대표로 하는 국가주의자들의 필사적인 노력의 산물이라는 것 외에, 포크(folk)에 오랫동안 내재해 왔던 현세주의적 경향과 사상석으로는 근세 초부터 밍확해지는 현세중심주의의 필연적인 귀결이 아닌가라는 점이나. 지금부터 말하게 될 배경이 있었기에 이토 등의 국가주의자들은 천황을 기축으로 하는 국가구상도 실현할 수 있었던 것이고 인민 쪽에서 말하자면 현인신으로서의 천황을 중심으로 하는 질서를 받아들일 수 있게 되었다는 것이다.

필자가 말하는 현세주의가 무엇을 말하는 지에 관해 앞으로 자세히 언급하겠지만 그 요점을 미리 말하자면 다음과 같다. 하나는, 이 세상과는 별개의 세계(타계)를 어떤 형태로라도 의식하지 않고, 오로지 관심을 지금 살아있는 이 세상 즉 현세에 한정하는 마음이다. 두 번째는 현세를 상대화하는 세계관을 거부하는 것이다. 세 번째는 이 세상에서 절대적인 질서를 찾아내어 그 질서에 의거해서 살아가는 것이 보람 있는 일이라고 여기는 인생관을 지니는 것이다.

포크의 역사, 넓게 민족사에서 말한다면 중국문명과 접하기까지 일본에서 현세와 타계는 대립적이었다. 오히려 타계가 현세보다 우월적이었다고 볼 수 있다. 현세에서 일어나는 모든 일들은 타계가 조정하고 있다고 사람들은 믿었다. 그것이 점차 현세 쪽으로 기울어지게 되어 타계에 대한 신앙이 쇠퇴하기 시작했다.

그것이 명확해진 것은 중국문명의 압도적인 유입 때문이었다. 중국문명은 본래 타계에 의존하는 일이 적은 문명이었다. 현세를 통치하는 황제가 절대적인 권력을 갖고 있어 타계를 통치하는 신들과 대등한 힘을 갖고 있다고 믿어졌다.

거기에는 타계도 현세의 일각에 포함된다. 진나라의 시황제(始皇帝)가 불로장생의 봉래산을 탐색시킨 것이 그 전형일 것이다. 시황제에게 봉래산은 결코 이 세상을 넘어 타계에 존재하는 것이 아니고 현세의 어딘가에 존재하는 것이었다.

이러한 현세주의적 색채가 강한 중국문명의 유입을 경험한 일본에서는 천황의 권력이 점점 강해져 타계를 흡인하기 시작한다. 타계의 낙토(樂土) 즉 낙원은 천황을 중심으로 하는 도시로 대치되게 된다. 이러한 현세의 강대화와 타계신앙의 쇠퇴 속에서 일본인의 현세주의가 확립되어 간다. 그 내용은 어떠한 것이었는지 다음에서 생각해 보자.

헤이케 平家[1]의 낙인落人전설

오키나와 미야코지마(宮古島)[2]의 가리마타(狩俣)부락. 여기에 언제부터인가 헤이케(平家)의 패잔 무사들이 표류해 왔다고 전해지고 있다. 가리마타 부락은 우야간이라고 불리는 '조신제(祖神祭)'로 알려져 있다. 우야긴은 류큐(琉球)에서 오늘날에는 귀중한 고대의 모습이 남아있는 세사이다. 부락은 깎아지른 듯이 솟아있는 암벽과 원시림을 배경으

---

1) 다이라(平)라는 성을 지닌 일족. 桓武, 仁明, 文德, 光孝의 네 계통의 계보가 있다. 桓武天皇의 皇子인 葛原親王의 아들 高見王의 자손이 가장 번영하였으며, 淸和源氏와 함께 무가의 우두머리가 되었다. 正盛, 忠盛을 거쳐 淸盛의 대에 이르러 가문의 영화는 정점에 달한다. 그러나 1180년 源賴朝 주축으로 한 源氏 일가가 병사를 일으켜 그 세력은 급격하게 쇠약해졌고 1185년 일족은 단노우라(壇の浦)에서 참패하여 전멸하였다. 이 일족의 영화와 몰락을 소재로 한 전쟁이야기가 平家物語이다.
2) 沖繩縣. 宮古諸島의 가장 큰 섬. 산호초가 발달해 있으며, 사탕수수와 호박을 주로 재배한다.

로 옛날에는 주위가 돌담으로 엄중하게 둘러싸여 있었다. 지금도 그 돌
담 사이에 있었던 석문의 흔적이 남아있다. 가리마타에는 네 개의 우타
키(御獄, 신성한 제사가 행해지는 장소)가 있는데, 그 중 하나인 니시헨
나자키(西平安名岬) 근처에 있는 나카마우타키(仲間御獄)에 헤이케
(平家) 패잔 무사들의 이야기가 전해지고 있다. 이 우타키에 사는 남자
들은 어릴 때 마사모리(正盛)[3], 가나모리(金盛), 후사모리(房盛) 등과
같은 이름으로 불렸다(稻村賢敷, 『宮古島庶民史』). 어릴 때의 이름은
그 지방에서는 동명(童名), 와라비나(わらびな)라고 하는데 가리마타
이외의 부락에서도 이런 관습은 지금도 건재하고 있다. 어쨌든 미야코
지마는 오키나와의 슈리(首里)에서도 멀리 떨어져 있고, 단노우라(壇
の浦)[4]에서는 참으로 아득하게 느껴지는 먼 길이다.

　그 미야코지마의, 그것도 섬의 북단에 있는 가리마타까지 어떻게 해
서 헤이케의 무사들이 찾아왔던 것일까.

　헤이케 낙인(落人) 전설은 가리마타 외에도 남아 있다. 미야코지마
보다 오히려 타이완(台湾)쪽에 가까운 요나구니지마(与那國島)나, 아
마미오시마(奄美大島), 기카이지마(鬼界島)에도 있다. 그 뿐만이 아니
다. 일본열도의 산 속이나 벽촌 해안 등에 위치하는 집락(集落)에는
거의 대부분 헤이케 낙인전설이 남아 있다. 일설에는 그 수가 670을
넘는다고 한다. 그것은 헤이케 무사들의 실제 수를 훨씬 넘는 숫자이다

---

3) 헤이안 중기의 무사인 平正盛의 이름. 平正盛은 白河법왕에게 신뢰를 얻어 檢
　非遺使, 追捕使로서 각 지방에서 적을 토벌하고 伊勢平氏 흥융의 길을 열었다.
4) 山口縣 下關市 關門해협 동쪽의 해안가. 1185년 源氏와 平氏가 싸웠던 최후의
　격전지. 平家에 관련된 전설과 습속이 많이 남아있다.

(柳田國男 監修 『民俗學辭典』). 왜 이러한 변경의 땅에 헤이케의 낙인 전설이 편재하는 것일까.

헤이케 낙인 전설에 관해 처음으로 조사를 한 야나기타에 따르면, 이러한 전설은 원래 신의 왕림에서 유래한다고 한다. 일본에서 신은 언제나 같은 장소에 있는 것이 아니다. 때가 되면 찾아오는 것으로 믿어졌다. 그 신의 왕림이 언제부터인가 가장 존귀한 인물의 방문이라고 여겨졌고, 나아가서는 신에 가까운 인간과 그 부하들이라고 칭하게 되었으며, 여기에 역사적 지식이 더해져서 헤이케 일족이 된 것이다.

대체로 고대 일본어에서 신의 자식과 귀인은 둘 다 미코(御子)[5]라고 불린다. 이들의 이동은 미유키(御幸)[6], 이데마시(出で座し)[7]라고도 했었기 때문에 신의 왕림은 언제부터인가 귀인의 피를 이어받은 사람이 찾아오는 것을 의미하게 되었고, 그것이 헤이케의 일족으로 이어지게 된 것이다. 이것은 헤이케 일족 이외에 수많은 천황의 행차 전설이 각지에 무수하게 남아 있는 사실을 통해서도 쉽게 이해될 수 있는 대목이다. 야나기다가 조사한 것 중에는 요메이(用明)천황[8]이 이곳 저곳에서 사냥을 했다는 전승이 있는데, 천황은 재위한 지 불과 2년 만에 사상하여 이는 도서히 사실이라고 생각할 수 없다. 또 가이(甲斐)[9]나 히타치(常陸)[10]에는 그 방문 사실을 증명할만한 증거가 전혀 있을 리 없는 고켄

---

5) 신의 자식과 귀인을 지칭하는 말. 신의 자식이라고 여겼던 천황가의 일족, 특히 천황의 자손이나 친왕을 일컫는 말이기도 했다.
6) 천황의 자손, 혹은 상황, 법황, 황후 등의 외출.
7) 천황, 천황의 자손이 행차하는 일. 미유키.
8) 日本書紀에 기록되어 있는 6세기 말의 천황. 聖德太子의 아버지. 재위 중에는 曾我馬子, 物部守屋 등과 대립하여 숭불, 배불 논쟁이 일어났다고 전해진다.
9) 옛 지명. 지금의 山梨縣. 甲州

(孝謙)천황11)의 전설마저 남아 있다.

이러한 천황 행차의 전설이 헤이케의 낙인전설보다도 더 오래된 형태일 것으로 야나기타는 생각하고 있다. 야나기타는 고대의 수도(都, 미야코)12)에서 먼 지방에 떨어져 살면서 우리 마을, 우리 일족이 조정과 어떤 형태로든 관계가 있었음을 말하고자 하는데 일본인처럼 열심인 민족은 없다고 말하고 있다(『木思石語』, 『사료로서의 전설(史料としての傳説)』).

도대체 왜 인적이 드문 산중이나 절해의 고도에 사는 사람들은 조정과 어떻게든 관계가 있었음을 믿고 싶어 하는 것일까. 가미시마 지로(神島二郎)는 이에 관해 "중앙의 수도와 관련이 있다고 하는 믿음을 고립 생활에서 유일한 지주로 삼았기"(『근대일본의 정신구조(近代日本の精神構造)』) 때문이라고 추측하고 있다. 이처럼 헤이케의 낙인전설은 수도와의 관련 없이는 살아갈 수 없었던 가난하고 힘든 변경의 고난에 넘친 생활의 산물이라고도 할 수 있을 것이다. 아무리 변경의 생활이 힘들었어도 자신들은 수도와 이어져 있다고 하는 생각이 그것을 견디게 한 것임에 분명하다. 문제는 수도와의 관련의식이 왜 힘들고 고독한 생활을 지탱할 수 있게 했는가라는 것이다.

---

10) 1장 참조
11) 718-770. 奈良 후기의 여왕. 749년에 즉위하여 758년 淳仁天皇에게 양위하였다. 道鏡을 총애하여 淳仁天皇과의 관계가 악화되었다. 1764년에 太政大臣이 된 藤原仲麻呂가 군사를 일으키자 이를 타파, 淳仁天皇을 폐위시키고 중조(重祚)하여 秋德天皇(764-770년)이 된다.
12) 일본의 고대 수도는 지금의 奈良지역.

'하레晴れ'의 희구希求

그것은 수도가 변경의 일상생활과는 동떨어진 화려한, 즉 하레(晴れ)[13]의 장소였기 때문이 아닐까. 옛날에는 변경의 땅에서 흰 쌀밥을 먹을 수 있는 것은 일 년에 몇 일 안되었다. 그러나 수도에 거주하는 사람들은 매일 흰 쌀밥을 먹는 경우가 많았다고 한다. 자신도 그런 수도에 속해 있다는 것만으로도 고생스런 매일 매일을 견뎌낼 수가 있는 것이다. 그것이 수도와의 관련을 갈망하는 심리가 아니었을까. 다카토리 마사오(高取正男)에 따르면 사회가 빈곤하면 빈곤할수록 자신이 생활하고 있는 공간과 같은 공간의 일부에 공시적(共時的)으로 하레(晴れ)의 부분이 있기를 바라는 희구가 강해진다고 한다(「佛敎以前」).

---

13) 정식. 공식. 많은 사람들이 모이는 명예롭고 영광스럽고, 화려한이라는 뜻으로 해석된다.

"공시적(共時的)으로 하레의 부분이 있기를 바라는" 일본 민중의 희구성은 천황제를 생각하는데 중요한 지적일 것이다. 일본인을 포함해서 많은 민족은 보통의 일상생활의 흐름 안에 특별한 축제의 날을 끼워 넣음으로써 생활에 리듬을 주어 변화 있는 생활을 영위해 왔다. 비일상적인 하레와 일상적인 게(ヶ)[14]의 생활을 시간적으로 반복하면서 일상생활을 유지하는 방식인 것이다. 연중행사라는 형식이 바로 그것이다. 한편 이러한 시간의 흐름에 따라 일상생활을 새롭게 바꾸어 가는 지혜와는 별도로 일본의 포크는 동일공간에 하레와 게를 공존시킴으로써 일상생활의 유지를 꾀하는 라이프스타일도 만들어냈던 것이다. 헤이케의 낙인전설은 이러한 일본적 포크의 또 하나의 생활방식의 예라고 할 수 있을 것이다.

더구나 이러한 라이프스타일은 변경의 땅에서만 나타나는 것이 아니라 일본의 여러 마을에 공통적으로 보이는 현상이었다. 오늘날에도 산촌을 여행해 보면 '도내안전(島內安全)'이라고 새겨진 석등을 발견하게 되는데 이 도(島) 즉 섬이라는 것은 다름 아닌 마을을 가리키는 것이다. 근대 이전의 촌락은 마치 바다와 같은 산야 위에 떠 있는 섬처럼 고립된 존재였던 것이다. 마을은 바다에서 가깝건 멀건 똑같이 '섬'이라고 불렸던 것이다.

이러한 섬=마을에서는 당연한 일이지만 마을의 외부 세계에 대한 관심이 강해진다. 그러한 관심 속에서 생겨난 것이 예를 들면 나그네에 대한 과도한 환대이며, 도회지나 수도에 대한 강한 사모의 마음이었다.

---

14) 공식적이 아닌, 일상적인, 평상시라는 뜻으로 해석된다.

수도라고 하면 사람은 물론이고 문물 전체가 플러스적 가치로서 눈에 비쳐지는 것이다. 예를 들면 바쇼(芭蕉)[15]를 비롯한 문인묵객(文人墨客)의 지방 여행이 가능했던 것도 이러한 시골 마을사람들의 관심 덕분이었다. 그것은 헤이케의 낙인전설이 만들어지는 심리와 전혀 다를 바가 없다고 해도 좋을 것이다.

이처럼 일본의 촌락에는 뿌리부터 수도나 중앙에 대한 지향이 강했던 것이며, 그것은 근대에 들어와서도 근본적으로 변하지 않았다. 그것이 에도 막부의 긴 봉건지배와 더불어 메이지 정부의 여러 이데올로기를 쉽게 받아들이는 기반이 되었던 것이고, 선조 이래의 포크의 전통을 포기하고 네이션(국가)의 '유사전통'에 따르게 되는 조건을 만들게 되었던 것이다.

덧붙여 마을=섬에는 또 하나의 얼굴이 있었다. 그것은 마을의 안정을 파괴하는 것에 대한 증오이며 동질(同質)을 좋은 것으로 보고 이질적인 것을 배제하려고 하는 정신이었다. 설사 중앙정부의 '교화(敎化)'와는 다른 전통이 자신들의 생활에 존재하고 있어도 그것을 주장할 용기가 부족했다. 무라하치부(村八分)[16]야말로 이들에게 가장 두려운 제재였으며 여기서도 '유사전통'에 대한 저항은 기대하는 것 자체가 어려운 일이었다고 말하지 않을 수 없다.

---

15) 1644-1694. 江戸시대의 俳人. 藤堂良忠, 北村季吟에게 사사받았다. 江戸에서 수도공사 등에 종사하였으나 深川의 芭蕉庵으로 옮겨 談林의 俳風을 뛰어넘어 俳諧에 높은 문예성을 부여하여 蕉風을 창시하였다. 각지를 여행하면서 많은 名句와 기행문을 남겼다. 주요한 문집으로 『俳諧七部集』 『野ざらし紀行』 『更科紀行』 『奧の細道』 『嵯峨日記』 등이 있다.
16) 江戸시대 이후, 마을 사람이 규약을 위반하였을 때, 마을 전체가 약정에 따라 그 집과의 교제, 매매 등을 거절한 사적 제재.

이러한 일본의 포크를 특징짓는 강한 중앙지향, 수도에 관한 사모는 변경의 인민에게만 현저했던 것은 아니다. 수도 중심에 있었던 귀족들과 수도의 주민들이 오히려 더욱 강렬했었음을 염두에 둘 필요가 있을 것이다. 공간적으로 천황과 가까이 있는 것만이 아니라 심리적으로 끊임없이 천황과 함께 있다고 하는 의식이 귀족의 조건이었던 것이다.

자세히는 언급하지 않겠지만 예를 들어 『겐지모노가타리(源氏物語)』나 『방장기(方丈記)』[17]와 같은 고전작품에서 쉽게 그 편린을 찾아볼 수 있다. 『겐지모노가타리』에서는 인간이 살 가치가 있는 곳은 단 한 곳 수도(都)뿐이며, 그런 만큼 수도에서 떨어진 스마(須磨)[18], 아카시(明石)[19]에서 은거생활이 불가피했던 히카루겐지(光源氏)의 한탄은 깊었다. 또 그가 아카시에서 만나게 되었던, 이 작품 중에서 가장 이상적인 여성으로 그려지고 있는 아카시노우에(明石の上)의 생애에 숨겨진 고뇌가 도시가 아닌 벽지 출생이었다는 사실은 참으로 상징적이다.

아카시(明石)의 권[20]에서 히카루겐지를 수행하고 있었던 사람들이 읊었던 노래에도 수도를 '도코요(常世)'라고 표현하면서 사모하는 것은 그러한 심정을 잘 나타내고 있는데, '도코요'란 바로 신이 계신 영원한 수도를 말하는 것이다. 요컨대 수도가 살아볼 가치가 있는 유일한 이유는 천황의 존재였다. 신인 천황과 함께 사는 것만이 귀족들이 살아갈만

---

17) 鴨長明이 지은 鎌倉초기의 수필. 1212년 완성되었다. 불교적 무상관을 기조로 다양한 실례를 들어 인생의 무상에 대해 서술하고, 결국은 은둔하여 日野山의 方丈庵에서 한가로이 지내는 모습을 적었다. 간결하고 청신한 和漢混合文의 선구적인 작품이기도 하다.
18) 神戶市 남서부에 위치한 해안지역.
19) 兵庫縣 남부지역.
20) 光源氏가 아카시에서 은거생활을 했던 때의 모습을 그린 부분.

한 가치 있는 인생이었던 것이다.

이런 면은 『방장기』에도 찾아볼 수 있다. 『방장기』를 집필한 작가의 주된 관심은 수도의 모습 그 자체이며, 수도가 천재지변이나 천도로 인해 황폐해지는 것에 대한 슬픔, 두려움이 그 주제인 것이다. 『방장기』에서 같은 시대의 전란에 관해서는 전혀 언급하고 있지 않는 것도 저자의 관심사가 어디에 있는지를 잘 보여주고 있는 것이다.

신인 천황과 공간을 같이 하는 것, 그것이 고대, 중세의 귀족들 및 그 주변에 있었던 인간들의 소망이었던 것이다. 말할 것도 없이 그들을 제외하면 인간은 존재하지 않았던 것이며, 벽지의 사람은 사람이면서도 사람이 아니었던 것이다. 그 때문에 가마쿠라 불교의 기수, 호넨(法然)의 가르침이 수도에 살면서 귀족이 아닌 사람들이나 일본 열도의 벽지에 사는 사람들에게 무서운 기세로 퍼져나갔던 것이다.

낙원을 어디에서 찾을 것인가에 따라 문명이나 문화의 형태는 크게 달라진다. 일본의 경우, 이 세상의 외부에 타계를 설정하고 있었다고 보는 것은 그렇게 부자연스러운 일이 아니다. 오키나와 등의 전승을 단서로 해서 보년 현세와 완전히 비슷한 타계의 존재를 믿어 왔다고노 할 수 있다. 그리고 이 세상과 타계의 사이를 인간을 포함한 모든 존재가 자유롭게 왕래할 수 있다고 믿었던 것이다. 그런데 언제부터인가 타계의 비중이 점차 줄어들기 시작하여, 타계는 사모할 수밖에 없는 세계로 변해 갔다. 그 대신 현세 안에서의 낙원이 큰 의미를 갖기 시작한다. 도식적이기는 하지만 이것이 일본의 포크에서의 타계, 낙원의 변천이라고 할 수 있다.

동일공간 안에서 비일상적인 하레와 일상적인 게(ヶ)가 병존할 수

있다고 믿게 된 것은 타계의 신앙이 쇠퇴하고 이 세상에 낙원이 있다고 믿기 시작했던 단계의 산물이다. 역으로 말하자면 현세 권력자의 힘이 강대해짐에 따라 타계는 저 세상에서 이 세계로 끌려들어 왔다고도 할 수 있다. 현세 안의 낙원은 강대한 권력과 불가분의 관계로 성립하게 되었다. 야마토 고대국가의 경우 현인신인 천황의 존재가 낙원을 구성하는 불가결의 조건이었다.

그 이후 일본의 포크에서는 모든 종류의 타계는 이 세상의 어딘가에, 예를 들면 영산이나 혹은 먼 바다와 같은 형태로 존재하게 되었다. 타계는 현세와 연속적으로 구성되었던 것이며 단절되어 있던 것이 아니었다. 죽은 사람이 "풀잎 그늘에서 지켜보고 있다"라는 표현이 그것을 집약적으로 말해주고 있다. 현세를 부정하고 현세를 초월함으로써 타계를 바라는 것은 일본 포크에 있어서 친숙한 것이 될 수 없다. 중세 이래 호넨(法然)이나 신란(親鸞)의 정토교가 그러한 포크의 타계 관념에 도전해 왔다고 말할 수 있으나 포크 전체의 정신이 되지는 못했다.

일찍이 타계의 낙원에 비견할 만한 수도(都)가 현세에 출현한 것, 그것이 포크에 서 현세주의의 시작이었던 것이다.

존재하는 것은 '생'일 뿐

앞에서 말한 민족사의 큰 곡절과 관련해 사상사적으로 일상생활 그 자체의 가치가 강조되기 시작한 것은 근세 이후의 일이다. 도쿠가와 이에야스(德川家康)가 전국을 제패한 뒤 강력한 군사독재국가를 건설함과 동시에 신진개발 등에 의한 경제의 충실, 안정을 실현하는 과정에서 현세의 긍정, 일생생활의 적극적인 향유가 생겨나게 된다. 기근이나 전란, 정세불안, 물가 불안정이 계속되는 일상에서는 생활이 긍정적으로 받아들여질 수 없음은 말할 나위도 없다. 그러면 이러한 전국규모의 정치적 경제적 안정을 도모하는 과정에서 어떤 식으로 일상생활을 전면적으로 긍정하는 논리가 전개되어 왔던 것일까.

우선 첫 번째로 주목해야 할 인물은 이토 진사이(伊藤仁齋)21)일 것

---

21) 1627-1705. 江戸 전기의 유학자. 古義學派의 창시자. 처음에 주자학을 배웠으

이다. 진사이는 17세기 교토에서 활약한 천재적인 학자였다. 당시는 중국에서 12세기에 주자에 의해 확립된 주자학(송학)이 막부의 관학으로 급격하게 확대되고 있던 때였다. 주자학 자체는 가마쿠라(鎌倉)시대에 이미 전해져 있었지만 오랫동안 선종의 승려가 불교의 일부로서 연구하는 학문에 불과했다. 그것이 후지하라 세이카(藤原惺窩)[22]와 하야시 라잔(林羅山)[23]의 노력에 의해 막부의 정통교학이 되기에 이르렀던 것이다. 하야시 라잔보다 44세 아래인 이토 진사이는 이 주자학에 정면으로 이의를 제기하고 주자의 설을 부정하면서 직접 공자로 돌아갈 것을 주장했다. 진사이가 가장 존중했던 책은 『논어』이고, 그 주석서가 『맹자』인 것도 주자학이 주자의 저작을 중시하고 있던 것과 좋은 대조를 이룬다.

그 무렵 같은 교토에서 그것도 진사이의 거처와 호리가와(堀川)[24]를 사이에 두고 살면서, 중국의 주자학자들도 놀랄 정도로 철저하게 주자에

나 후에 주자학을 그만두고, 京都의 古義堂에서 古學을 가르쳤다. 그의 문하생이 3000여명에 이른다고 한다. 주요한 저서로 「論語古義」「孟子古義」「語孟字義」「童子問」 등이 있다.

22) 1561-1619. 江戸 초기의 유학자. 근세유학의 선구자로 불리운다. 어렸을 때 출가하여 京都 相國寺에서 수행하던 중 유학에 심취하게 되었다. 1596년에는 명나라로 도망가려 하였으나 실패한 뒤 포로로 잡혀온 강항(조선의 주자학자)과 교류하면서 학문적인 깊이를 더하였다. 그 후 속세로 돌아와서 유학자가 되어 林羅山, 松永尺五 등의 문하생을 배출하였다. 그의 학풍은 단순히 주자학이라고 하기 보다는 老莊, 佛敎사상도 수용한 포용력 있는 학풍으로 오히려 명나라의 心學과 관련이 깊다고 평가받고 있다. 저서에 『惺窩文集』『寸鐵錄』 등이 있다.

23) 1583-1657. 江戸 초기의 유학자. 후지와라 세이카에게 주자학을 배우고 家康 이후 4대 侍講이 된다. 또 學問所 및 先聖殿을 세워 昌平黌의 토대를 구축하였다. 많은 한문서적에 훈점(訓点)을 붙여서 간행하였다. 「本朝神社考」 등의 저서가 있다.

24) 교토 시내 서부를 북에서 남으로 흐르는 강. 또는 길의 명칭.

충실한 주자학을 설교하는 야마자키 안사이(山崎闇齋)[25]가 활약하고 있었다. 외래의 학문을 외래 그대로 충실히 받아들이려고 했던 안사이 (闇齋)와 주자학을 완전하게 소화함으로써 중국에도 없는 보편적인 학 문을 일으키려고 했던 진사이가 같은 시기에 제각기 다수의 제자를 이끌 고 대치하고 있었던 것은 흥미로운 광경이었을 것이다. 필자의 견해로 는, 진사이와 역사적 위치를 같이하는 인물은 불교의 일본화에 성공하였 고 또한 인도나 중국에도 보이지 않는 보편적 구제론을 확립한 가마쿠라 불교의 창시자인 호넨(法然)[26]이 비교적 가깝다고 할 수 있다.

그러면, 진사이가 부정한 주자학은 어떠한 학문이었으며, 또 진사이 는 그 주자학의 어떤 부분에 불만을 갖고 그것을 부정하게 되었는지를 간단히 살펴보기로 한다. 그 이유는 진사이가 주자학을 부정하는 과정 에 그 현세주의의 특색이 잘 나타나고 있기 때문이다. 물론 주자학이나 진사이의 학문을 간단히 요약하는 것은 쉬운 일이 아니다. 그러나 여기 서는 어디까지나 근세 일본에서의 현세주의의 성립을 밝히는 것이 우선 과제이므로 자세한 것은 생략하고 도식적으로 언급하기로 한다.

주자학에서는 인간론, 노덕론이 자연철학, 우주론과 분리되기 어렵고

---

25) 1618-1682. 에도 전기의 유학자. 본래 승려였으나, 谷時中에게 주자학을 배워 유교로 전향하여 교토에서 문하생 육성에 힘썼다. 수천 명의 문하생을 길러 낸 야마자키는 후에 古川惟足으로부터 신도를 배워, 垂加神道를 창시하였다. 저 서로「垂加文集」 등이 있다.

26) 1133-1212. 정토종의 조사(祖師). 아버지의 유언에 따라 출가하여 皇圓, 叡空 에게 사사받았다. 1207년 제자인 住蓮, 安樂의 死罪事件을 계기로 讚岐에서 유죄를 선고받았으나, 같은 해 말에는 형을 면제받았다. 그의 사상은『選擇本願 念佛集』에 가장 잘 나타나 있으며, 至誠心, 深心, 回向發願心의 三心에 의해 나이와 귀천, 수행정도 등과는 상관없이 아미타불에게 구원받는다고 하였다.

일체가 되어 있는 것이 큰 특색이라고 할 수 있다. 본래 만물은 '기(氣)'라고 하는 일종의 공기와 같은 에너지의 집합이산에 의해 생겨나는 것인데, '이(理)'라는 것에 의해서도 이루어져있다. '이'는 본래 자연계의 질서를 의미하는 단어지만 의미가 확대되어 만물에 보편적인 성격을 부여하는 원리로 간주되게 되었다. 이에 대해 '기'는 만물에 개성, 특수성을 부여하고 있는 원리라고도 할 수 있다. 인간에 즉해서 말하자면, 인간에게 태어나면서부터 부여되어 있는 덕성이 '이'이고 그 사람이 갖는 수명의 장단, 행·불행, 현우(賢愚) 등의 차이는 '기'에 근거하고 있는 것이다('기'는 선천적인 것과 후천적인 것으로 구별되는데 자세한 것은 생략한다). 태어나면서부터 부여된 덕성이란 '인의예지신(仁義禮智信)'의 다섯 가지이며 그것은 자연계의 움직임으로 말한다면 목화토금수(木火土金水)의 오행에 해당한다(松永尺五, 『彝倫抄』 등).

  '이'는 자연계의 운행의 원리이면서 인간의 선천적 덕목을 형성한다. 그것은 개인의 덕목에서 끝나지 않고 인간사회의 이상적 모습을 가리킨다. 따라서 인간이 해야 할 일은 오로지 자신의 안에 있는 태어나면서부터 갖고 있던 덕목을 실현하는 것에 있는 것이다. 그러나 그 실현은 쉬운 일이 아니다. 왜냐하면 '기'의 청탁에 따라 혹은 사욕의 정도에 따라 인간의 마음은 수 없이 흐트러지기 때문이다. 그렇기에 제시된 것이 '경(敬)'이다.

  '경'이란 자신의 마음을 엄격하고 철저하게 비추어 보는 것이다. 야마자키 안사이(山崎闇齋)에 따르면 '경'이야말로 유학의 알파이며 오메가인 것이다(『敬齋箴講義』). 주자학에는 선종과도 비슷한 정신수양의 실천이 있으나 '경'에 의해 자신의 안에 있는 '이'를 실현하고 나아가

제3장 현세주의 155

우주만물의 '이'와 융합하는 것, 그것이 주자학의 최종목표였던 것이다.

그렇다면 이러한 주자학에 대해서 이토 진사이는 어떠한 비판을 가했던 것일까. 첫째는 인간학과 자연학을 준별해서 인간학에 관심을 한정시키려고 한 점이다. 왜냐하면 유교의 개조인 공자의 관심은 인간론, 도덕론에 집중되어 있으며, 우주론이나 우주와 일체가 된 인간론은 후대의 산물로 공자의 학문대상 외였기 때문이다. 진사이의 말을 빌리자면 이는 천도(天道)나 지도(地道), 인도(人道)를 구별하는 것인데, 공자는 언제나 인도를 문제시 했을 뿐이지 천도에 대해 언급하는 일은 거의 없었다는 지적이다(『語孟字義』上卷).

둘째는 만물을 관통하는 '이'라는 개념의 부정이다. 인간론과 우주론을 구별해서 후자를 논의의 대상으로 삼지 않는 이상, 양자를 관통하는 진리라는 것도 성립할 수 없게 되는데, 진사이는 진리를 '이(理)'라는 단어 내지는 개념으로 나타내는 것에 대해 처음부터 반대였던 것이다. 주자는 만물의 근원에 '이'라는 진리를 상정하여 그 이상적인 형태를 정적(靜的)인 것으로 간주했다. 그러나 만물의 현상을 보고 있으면 진리는 그러한 정적인 것이 아니라 극히 다이나믹한 것이라고 보는 것이 진사이의 직관이었다. 즉 진정으로 존재하는 것은 생생한 움직임뿐이라는 것이다. 만물이 계속해서 생겨나 그것이 끝없이 계속되는 상태, 그것이 진정으로 존재하는 것이며 진리 그 자체라는 것이다 (『語孟字義』上卷).

셋째는 '경'이라는 정신수양의 방법에 대한 것이다. 진사이는 27세 무렵부터 수년간 주자학에 경도되어 '경재(敬齋)'라고 자처할 정도였는데, 그 뒤 스스로의 마음을 명경지수처럼 유지하고 천인을 관통하는 진리와 일체가 된다는 가르침에 의문을 품게 된다. 그것에 박차를 가하게 된 것이 일종의 좌선 경험이었다. 진사이는 '경'의 실천을 계속하면서 정좌에서 더 나아가 좌선에 가까운 것을 시도하게 된다. 좌선에 가깝다고 한 것은 그가 사범 등의 지도하에서 정식으로 참선을 배운 것이 아니었기 때문인 것으로 여겨진다. 어쨌든 그 과정에서 진사이는 기묘한 경험을 하게 된다. 자기 자신이 백골처럼 보일 뿐만 아니라 타인과 이야기를 해도 마치 백골과 대담하고 있는 것 같고, 길을 걷고 있는 사람이 인형처럼 보여 모든 것이 환상처럼 여겨졌던 것이다(「送防州太守水野公序」石田一良, 『伊藤仁齋』).

진사이는 이 경험을 이상심리라고 파악하고 일체가 '공(空)'이라고 하는 불교의 가르침은 거짓말이라고 단정하게 된다. 진사이는 말한다 "인생을 몽환이라고 하는데 인생이 언제 꿈이었던 적이 있는가. 하늘은 하늘이고 땅은 땅이다. 낮은 낮이고 밤은 밤이다. 존재하는 것은 분명히 존재하고 없는 것은 없는 것이다. 불교의 가르침이라고 해도 역시 머리로 만든 것임을. 이렇게 보면 인간이 닦아야 할 길은 인륜뿐임을 알 수 있다. 인간이 노력해야 하는 것은 인간사일 뿐이다"라고(『童子問』 下卷 第28章).

'경'이 결국에는 이상심리를 초래할 뿐이라고 한다면 더 이상 집착할 것은 없다. 그 뿐이 아니다. 마음을 명경지수로 유지하는 것 자체가 진리의 형태로서 판단한다면 잘못된 것이라고 진사이는 말한다. 진사이는 앞에서 언급한, 진리는 '생(生)'에 있다고 하는 입장에 서서 언어에 사자(死字)와 활자(活字)를 구별하고, 사물을 활물(活物)과 사물(死物)로 나눈다(『語孟字義』上卷). 그리고 나면 물의 참된 모습은 유수(流水)인 것이며, 지수(止水)는 사자(死字)이고 사물(死物)과 다름없는 것이다. 거울도 물건을 잘 비추기는 하지만 밝히지는 못한다. 활물이 아니기 때문이다. 불교나 노장에서는 '공허'를 진리로 보기 때문에 거울로 진리를 비유하는 경우가 이루 셀 수 없을 정도로 아주 많지만 유교의 고전에서는 거울을 언급하는 일은 없다고 하는 것이다(『童子問』下卷 第47章).

이렇게 진사이는 스스로의 입장을 필자의 말로 표현한다면 현세주의로 명확하게 표현하기에 이른다. 즉 하나는 철저한 일상주의의 표방이다. 앞에서 진사이에게 진정으로 존재하는 것은 생생한 움직임뿐이라고 소개했는데 그 입장에서 보면 인생에서 존재하는 것은 '생(生)'뿐이며 '사(死)'는 존재하지 않는 것이 된다. 진사이는 말한다. "사는 생의 끝 외에는 존재하지 않으므로 인생에서 없는 것과 같다. 살아있는 것은 반드시 죽는다는 말은 맞지만 생이 있으면 사가 있다고 하는 표현은 잘못된 것이다. 왜냐하면 그것은 생과 사를 대등한 것으로 보고 있기 때문이다"(『語孟字義』上卷). 그러고 보면 인간에게 있어서 진정으로 존재하는 것은 매일 매일의 생의 영위, 다시 말해 일상생활밖에 없는 것이 된다. 더구나 진사이는 공자와 마찬가지로 일상생활 안에서 그 진리를 실현하려고 하는 것이다. 진리는 일상생활과 떨어져서는 존재하지 않는 것이다.

즉 다양한 인간관계에서 가장 중요한 것은 바로 진리이며 그 이외의 진리는 없다고 하는 것이 그의 입장이다. 예를 들면 군신에게서는 '충실한 직무수행'('義')이 그것이며, 부부에게는 '절도 있는 생활'('別')이, 친구 간에는 '말을 성실히 지키는'('信') 것이 각각 진리인 것이다. 이러한 인간관계(이것이 '인륜'이다)를 제쳐두고 따로 진리가 있는 것이 아니다. 인간을 떠난 진리는 존재하지 않는다고 하는 이유가 여기에 있다.

또한 인간도 진리를 떠나서 존재할 수 있는 것은 아니다. 예를 들면 애정이라는 진리('仁')를 멀리한 인간은 더 이상 인간이라고 말하기 어려울 것이다. 인간이 인간일 수 있는 것은 언제나 진리를 체현(體現)하고 있기 때문인 것이다. 이것이 "사람 밖에 길(진리) 없고 길(진리) 밖에 사람 없다"라는 의미인 것이라고 진사이는 말한다. 덧붙여 말하면 '인륜'에 도움이 되지 않는, 천하국가의 통치에 도움이 되지 않는 사상은 모두 '사악한 설'이라고 단언한다(『童子問』上卷 第9章).

달리 표현하자면 인간의 일상생활 그 자체가 진리의 모습을 나타내고 있는 것이며 일상을 떠난 진리는 있을 수 없다는 것이기도 한다. 물론 사람들의 모든 일상이 그대로 진리인 것은 아니다. 도둑질이 진리라고는 말하고 있지 않다. 진사이는 이러한 면에서 학문과 공자의 가르침을 배우는 의의를 인정하고 있다. 공자의 가르침을 배움으로써 일상생활에 진리가 나타난다. 또 그러한 진리와 함께 하는 상태가 인간 본연의 모습인 것이다.

중요한 것은 어디까지나 진리는 일상생활에 존재한다는 것이다. 진사이는 일상의 일을 '비근(卑近)'이라고 표현한다. 그리고 비근을 아무리 강조해도 지나치지 않는 것이라면서 다음과 같이 말하고 있다. "가깝고 친숙하기 때문에 내용이 있는 것이다. 고원(高遠)하면 반드시 내용이 없어지게 된다. 그러므로 학문은 비근한 것을 싫어해서는 안 된다. 비근한 것을 제대로 다루지 않는 자는 진리를 알 수가 없다. 학자는 자주 의도적으로 고급 강론이나 색다른 행동을 함으로써 세상의 주목을 끌려고 하고, 이상한 것을 찾아내 그것을 신비라고 하고 하늘을 들먹여 고급인 것이라고 한다. 이단의 주장에 이런 것들이 자주 나타나는 데 내용이 있는 도덕

이라고 할 수 없다. 비근의 두 글자를 소중히 하는 사람만이 진리를 추구
하고 학문에 정진할 수 있는 것이다"(『童子問』上卷 第24章).

일상의 성화聖化

    진사이(仁齋)의 일상주의는 지금 식으로 말하면 일상의 성화(聖化)라고 말할 수 있을 것이다. 일상을 존귀한 것, 그 어떤 것과도 바꿀 수 없는 것으로 절대시하는 사고이다. 그것은 진사이 이후에도 근세 전체를 통해서 일반적으로 확대되어 가는 사고방식이었으며, 더 나아가 근대 이후 현대에 이르는 대다수 일본인의 인생관, 세계관의 기본을 형성해 왔다고 해도 좋을 것이다. 그러나 일상의 성화에는 중요한 과제가 포함되어 있다. 진사이의 시각에서 말한다면 첫 번째 문제는 죽음의 배제이고 두 번째 문제는 심적 내부의 탐구를 방기하는 것이며, 세 번째 문제는 비일상과 신비의 억압이다. 다음에서는 근세 전체의 정신사를 시야에 넣고 이 문제를 생각해 보기로 한다.

    첫 번째, 죽음의 배제란 이미 앞에서 언급한 바와 같이 죽음이 존재하

지 않는다고 보는 사고이다. 진사이의 이러한 사고는 그때까지의 정신
사에서 말하자면 혁명적이라고 말하지 않을 수 없다. 왜냐하면 중세 이
래 일본인이 관심을 쏟아 온 문제는 사후의 세계를 어떻게 해결할 것인
가에 있었기 때문이다. 다시 말해 죽음은 생의 파국이 아니라 다시 새로
운 생의 시작이며 그 생은 또 죽음을 맞게 되지만 그것은 다시 또 다음
생의 시작이라는 끝없는 생사의 반복, 생사의 연쇄(이것을 '윤회'라고
한다)라고 사람들은 믿어왔다. 예컨대 지옥도 사후에 출현하는 생의 하
나로서 현실감 있게 사람들에게 다가왔던 것이다.

　그렇기 때문에 생사의 쇠사슬 그 자체를 초월하는 것이 요구되었던
것이고 이 점에 불교의 역할이 있었다. 진사이는 이러한 생사의 연쇄라
는 사고를 설득력 있게 부정해 버렸다. 존재하는 것은 현세의 '생'일뿐.
'생'의 종언으로서 죽음은 인정하지만 그 죽음이 다시 존재를 형성한다
는 것은 인정하지 않았다.

　그렇다면 진사이에게는 죽음의 공포라든가 사후의 불안은 전혀 없었
던 것일까. 그는 '생'만이 진정으로 존재한다고 주장하면서 선조가 죽어
도 그 정신은 자손에게 전해지고 자손은 다시 그 정신을 그들의 자손에
게 전해가는 것이 가능하며 그것은 결국 선조가 불사(不死)의 존재임
을 의미하는 것이라고 말한다. 현세의 자손에게 생이 이어진다고 기대
함으로써 죽음의 불안을 뛰어넘으려고 한 것이다. 인간의 행복 중의 행
복은 무엇보다도 선조의 뜻을 잘 이어가는 현명한 자손을 얻는 것이라
고도 말하고 있다(石田一良, 『伊藤仁齋』).

　실제로 진사이 자신은 도가이(東涯)[27]를 비롯하여 우수한 자손들이
있었고, 그 학통은 오랫동안 번창했다. 그러한 자손에 대한 기대는 민중

에게는 진사이와 같은 학자의 설이 아니더라도 선조에 대한 제사라는 형태로 자각되고 있었다. 민중 대부분이 특별한 종교를 믿지 않아도 죽음의 불안을 극복할 수 있었던 것은 혈육을 나눈 자손이 사후 자신의 제사를 지내 줄 것이라는 기대가 있었기 때문이다. 이러한 일종의 종교의식을 야나기타 구니오는 '선조교(先祖敎)'라고 불렀는데(『선조 이야기(先祖の話)』), 그것은 진사이 등의 사상과 거의 시기를 같이 하여 급속하게 일본열도 안으로 퍼져나갔다.

그렇지만 모든 사람이 다 똑똑한 자손을 얻는 것은 아니다. 자손이 있다고 해도 다 선조의 뜻을 이어갈 수는 없다. 공자의 가르침을 들을 수 있는 사람들은 한정되어 있고 실천의 면에서는 더욱 한정될 것이다. 죽음에 대한 불안의 극복은 그렇게 간단하지 않다. 진사이에게서 죽음의 문제는 그 사상적 영위로부터 배제되고는 있지만 자손에 대한 기대 외에 특별한 사고가 있었던 것은 아니다.

진사이가 죽음을 배제할 수 있었던 것은 조금 더 넓은 정신사적 시야에서 보면 앞의 선조 제사의 유포에서도 알 수 있는 것처럼 장례불교가 널리 퍼져있었던 것과 깊은 관계가 있는 것으로 생각된다. 현재 일본열도에서 볼 수 있는 사원의 대부분은 근세 초기에 생겨났다고 볼 수 있다. 생산력이 상승했던 마을에서는 떠돌이 승려를 불당이나 암자에 정주 시킬 수 있는 여력이 생겨 죽은 자에 대한 진혼 위령의 의례를 스스

---

27) 1670-1736. 江戸 중기의 유학자. 伊藤仁齋의 아들. 부친의 유업을 계승, 발전 시켰으며 어학, 사학, 고증학, 박물학 등 부친이 다루지 않았던 분야도 개척하였다. 저서에 『論孟古義標註』 『古學指要』 『弁義錄』 『制度通』 『紹述先生文集』 등이 있다.

로 행할 수 있게 되었다. 죽은 자에 대해 일반적으로 호토케(佛)라고 부르게 된 것이 언제부터인지 명확하지는 않으나 그것이 장례불교의 보급과 불가분의 관계에 있음은 물론이다. 사람들은 비로소 안심하고 죽을 수 있게 된 것이다.

근세의 유학자들은 예외 없이 불교를 배격했다. 불교는 출가의 가르침인 바, 출가는 세상의 밥만 축낼 뿐 아무 도움이 안 되는 존재라는 것이 유학자들의 공통된 불교비판이었다. 주자학은 선종과도 밀접한 관계가 있었기 때문에 선종으로부터 독립적으로 스스로 존재를 내세우기 위해서 선종의 비판은 필연적이었다. 그러나 유학자는 장례불교를 정면으로 비판한 일은 없다. 예를 들어 하야시 라잔(林羅山)등은 장례식을 유교식으로 행하려고 노력을 기울였지만 효과는 없었다. 진사이 등은 이론적으로는 신랄한 불교비판자였지만 일상생활에서는 오히려 사원을 지나가게 되면 반드시 예불을 올렸다고 하니 사원의 사회적 기능 즉 장례불교는 인정하고 있었다고 말할 수 있다. 요컨대 진사이를 예로 말한다면 그 현세주의 특히 죽음의 배제는 장례불교를 암묵적인 전제로 하고 있었다고 말할 수 있을 것이다.

장례불교는 근세 유학자들 이래, 어느 시대에도 지식인들에게 정당하게 평가를 받은 적이 거의 없었다. 죽음에 대해 논하는 것을 기피하는 것이 인텔리의 조건이기도 했다. 죽음을 배제할지언정 이를 제대로 다루지 않는 것이 죽음의 문제였다고 할 수 있다. 이러한 경향은 오늘날까지도 대다수 일본인의 마음을 지배하고 있는 것처럼 보이지만, 죽음의 문제는 배제로는 해결될 수 없으며 어떻게 그것을 받아들일까 하는 것이 해결의 중요한 포인트임은 말할 나위도 없다. 수용의 지혜야말로 일

본인들이 제대로 부딪쳐야만 할 문제였지만 유교에서 나온 현세주의는
그러한 지혜에 대해 관심을 경원시 했다고 말할 수 있다.

　이렇게 죽음을 배제하거나 경원시하는 경향은 소위 근세의 신흥 죠
닌(町人)들 사이에서도 아주 강했었음을 알 수 있다. 예를 들어 17세기
초 하카타(博多)의 대 상인인 시마이 소시쓰(島井宗室)[28]는 17조에
이르는 유훈을 남긴 것으로 유명한데, 50살이 될 때까지는 죽은 후에
구원을 바라는 것은 불필요하다고 훈계하고 있다. 그리고 인생에서 중
요한 것은 이 인생에서 세상 사람들의 좋은 평판을 잃지 않도록 하는
분별력을 갖추는 것이며, 내세에 대한 관심은 인생의 마지막단계에서
생각해도 충분하다고 말한다. 이 유훈에서 흥미 있는 것은 만일 50살이
되기 전에 죽을 경우에 그 사람의 사후의 구원은 어떻게 될 것인가라는
의문에 대해서 그럴 경우는 두, 세살에 죽은 것으로 생각하면 된다, 왜
냐하면 유아는 사후의 구원이 불필요하기 때문이라고 말하고 있는 점이
다(「生中心得身持可致分別事」). 그 이유에 관해 시마이(島井)는 기
술하고 있지 않지만, 민간신앙에서 유아는 신의 지배하에 있는 존재이
며, 죽어도 또 다시 태어나는 것으로 믿고 있었다는 사실을 염두에 두면
이해가 갈 것이다.

　사후에 대한 관심을 가능한 한 인생의 최종단계에서 갖고자 하는 것은
17세기 겐로쿠(元祿)시대 오사카 가와치(河內)의 주조업자도 마찬가지

---

28) 1539-1615. 安土桃山~江戸 초기 博多의 상인. 명나라, 조선과의 무역, 九州
　의 大名들에게 금전을 대부하여 부를 얻었다. 神屋宗湛과 함께 博多 상인으로
　유명하며, 전란 때에는 황폐해진 博多의 부흥에 힘썼다. 「島井宗室日記」는
　근세 초기의 상업 자료이기도 하다.

였다. 그는 인생의 안락은 젊었을 때 고생 끝에 비로소 실현된다는 처세훈을 갖고 있었다. 사후의 구원을 바라는 것은 50살이 된 이후에도 충분하다고 보았다(「河內室可正日記」 高尾一彦, 『근세의 서민문화(近世の庶民文化)』에서 재인용). 여기에서도 50세가 하나의 기준으로 되어 있는 점이 흥미롭다.

이하라 사이카쿠(井原西鶴)[29]의 경우에는, 그러한 사후에 대한 관심이 줄어들고 인생의 안락을 얻기 위해서는 어떠한 순서가 필요한지가 테마가 된다. "사람은 13세까지는 분별이 없고, 24, 25세까지는 부모의 지시를 받게 되지만 그 후는 자신의 힘으로 장사에 힘쓰고 45세까지는 일생 생활해 나갈 수 있을 만큼의 재산을 만들고 그 뒤로는 즐기는 것이 인생이다'라는 『일본영대장(日本永代藏)』의 유명한 일절은 그가 내린 결론이라고 생각할 수 있을 것이다.

이 작품 『일본영대장』에는 더욱 상징적인 이야기가 등장한다. 장사에 실패한 포목점 주인이 어려운 생활에 지쳐 사야(佐夜)의 나카야마(中山)[30]에 있는 '무간의 종(無間の鐘)'를 치러 나간다. 그런데 이 종을 치

---

29) 1642-1693. 江戶 전기의 浮世草子 작가. 俳人. 西山宗因 문하에서 談林風을 배웠다. 1684년 住吉社頭에서 失數俳諧를 하루 동안 2만 2500수 지었다고 하는 기록은 그의 유명한 일화로 전해지고 있다. 스승과 사별한 후 浮世草子를 지었다. 그의 작품은 物語의 전통에 얽매이지 않고 성욕, 물욕에 지배되어 가는 인간성을 생생히 보여 주고 있는 점에 그 특색이 있다. 元祿 전후의 향락세계를 그린 好色物, 의리 강한 무사기질을 담은 武家物, 상인들의 경제생활을 그린 町人物 등으로 그의 작품을 크게 분류할 수 있다. 주요한 작품으로 『好色一代男』 『好色一代女』 『日本永代藏』 『世間胸算用』 『本朝二十不孝』 등이 있다.
30) 靜岡縣 掛川市 日坂와 榛原郡 金谷町 菊川 사이에 있는 험준한 고개. 도적에게 살해당한 임산부의 영혼이 씌여서 운다고 하는 밤에 우는 돌(夜泣石) 전설과 西行의 시가로 잘 알려져 있다. 1335년 中先代의 亂에서는 北條軍과 足利

는 자는 현세에서는 부자가 되지만 내세에서는 무간지옥(無間地獄)에 떨어진다고 알려져 있었다. 그러나 포목상인은 "후세는 어떻게 되도 상관없고 현세를 기원한다"면서 종을 쳤다는 이야기이다. 사후의 세계가 어찌 되었건 지금 이 세상에서의 안락을 우선적으로 추구한다는 점이 무엇보다도 이 시대의 정신을 잘 나타내주고 있다.

'윤회'의 사상은 오래된 것이지만 현세의 모습을 그 나름대로 잘 설명할 수 있는 원리였다. 대악인이면서 영화를 누리고 더구나 편안하게 이 세상을 하직하는 부조리를 보게 되어도 그는 내세에서 지옥의 고통을 맛보고 있을 것이라고 생각하면 속이 시원해진다. 또는 선인이면서 이 세상에서 어떤 보답도 받지 못하고 죽어간 사람에 대해서는 전생이 좋지 않았기 때문이라든지, 내세는 천인으로 태어날 것이라든지 하면서 위로할 수도 있다. 그런데 현세 외에는 존재하지 않는다고 하면 노력의 결과는 바로는 아니더라도 이 세상에 살아있을 동안에 얻지 못하게 된다면 누구나 납득하기 어려울 것이다. 중년이 될 때까지는 벌고 또 벌어야 한다고 사이카쿠(西鶴)와 같은 근세인들이 강조하는 것도 현세 외에는 인정할 바가 없는 세계인식에서 나온 노동관이다.

혹은 생사의 긴 쇠사슬을 끊어버리고 현세만을 내세워 그것만이 존재한다고 한다면 그 현세 또한 참으로 불안할 수밖에 없을 것이다. 왜냐하면 현세가 어떻게 존재하는 것인지, 윤회를 대신하는 또 다른 세계를 설명할 수 있는 방법을 찾아낼 수 없기 때문이다. 여기에서 현세를 '우키요(浮世)'로 삼고자 하는 견해가 나타나게 된다. '우키요'라는 단어는 이

軍이 있었던 곳이기도 하다.

미 15세기 이래 널리 사용되어 왔으나 주로 세간이라든가 당세풍이라는 의미였다. 그것이 현세주의를 배경으로 하게 되자 '우키요'는 현세를 찬미하는 단어가 되었고 현대에 이르러도 현재의 이 순간을 찬미하는 뉘앙스를 지니고 있다. 더구나 현세의 중심은 인간사이고, 인간사의 중심은 남녀 사이에 있는 이상, '우키요(浮世)'는 남녀의 정사를 함의하는 단어에 가깝게 된다. 17세기 후반 무렵 간에이(寬永)31)전후의 '우키요가타리(浮世語り)32)'는 남녀의 정사 그 자체를 가리키게 되었고, 공창제도가 확립됨에 따라 '우키요구루이(浮世狂)33)'는 '유리구루이(遊里狂)34)'와 동의어가 되었다고 한다(田中喜作,『浮世繪槪說』).

　어쨌든 이러한 변화가 있다고는 하지만 이 세상은 부평초 같은 것이라는 느낌이 '우키요(浮世)'라는 단어에 맴돌고 있음은 부정할 수 없다. 중세의 '우키요(憂き世)35)'라는 의미가 중첩되어 오기도 한다. 그러나 중세와는 달리 이제는 현세밖에 없는 것이다. 우울한 것은 질색이다. 부평초 같은 세상인지도 모르나 하여간에 인생을 즐겨보고 싶다는 것이 '우키요'의 인생이었다. 현세주의의 하나의 결론이기도 했던 것이다.

　저 세상을 완벽하게 부정할 수 있다면 문제는 없겠지만 아무리 현세주의라고 해도 그렇게 간단한 일은 아니다. 그렇기에 나타나게 되는 것이 저 세상이나 사후의 세계를 현세에 포함시키는 것이다. 그 전형이 히라타

---

31) 연호. 1624년 2월 30일 ~1644년 12월 16일.
32) 살아가는 것이 힘들고 괴로운 세상에 대해 이야기하는 것. 속세에서의 사람들 이야기. 또는 정사(情事)에 관련된 이야기.
33) 유곽여성들에게 탐닉하는 것.
34) 유곽여성들에게 탐닉하는 것으로, 우키요구루이와 동의어.
35) 덧없는 세상. 사는 것이 괴로운 세상.

아쓰타네(平田篤胤)36)라고 할 수 있다. 히라타(平田)는 국학자 중에서
도 특히 영계(靈界), 사후세계에 관심을 보인 인물이었는데 그 타계(他
界)는 현세와의 연속 또는 현세와 표리일체의 형태로 생각되었다.

한 가지 예를 들면 히라타가 말하는 죽은 자의 세계인 명부(冥府)
즉 저승은 이 세상과 다른 곳에 있는 것이 아니라 이 세상과 완전히
중복되어 있는 것으로 본다. 명부의 생활도 이 세상과 아무런 차이가
없다. 그러나 명부에서는 이 세상이 손에 잡힐 듯 보이나 이 세상에서
명부는 보이지 않는다는 차이가 있을 뿐이라는 것이다(『영의 진주(靈
の眞柱)』下卷). 앞서 포크의 현세주의에서 말한 것처럼 여기에는 현세
에 흡수된 타계의 모습이 가로놓여 있다.

일상의 성화(聖化)가 지니는 두 번째 문제는 마음의 깊은 곳을 직시
하고자 하는 정신을 포기해버리는 경향이다. 앞에서 진사이는 일종의
좌선을 시도하여 그 사이에 생긴 심리를 이상심리라고 파악하고 결국
좌선은 물론 불교도 공허한 가르침이므로 방기하게 되었음을 소개했다.
문제는 결과가 이상심리로 끝났다고 해두 이러한 좌선의 실천까지 진사
이를 움직이게 했던 인생의 문제, 인생의 부조리의 검토 그 자체마저도
그 후 진사이는 배불(排佛)의 명목 하에 버리고 말았다는 것이다.

진사이의 불교비판은 불교가 일신의 구도에 쫓겨 사회에 도움이 되

---

36) 1776-1843. 에도 전기의 국학자. 本居宣長 사후에 宣長의 문하생으로 입문하
  였다. 그러나, 天地開闢論, 産靈觀念 등 실증주의를 중시하는 스승과는 이질
  적인 설을 내세웠고, 점차 국학을 종교화하여 平田神道라고도 불리는 신학체
  계를 만들어냈다. 1841년 바쿠후의 의사에 반하는 언동 때문에 秋田에 은거하
  였으나, 平田學派는 지방의 부농층, 神宮 등에게 널리 퍼져, 바쿠후 말기의
  尊王運動에 큰 영향을 미치게 된다. 저서로『古史成文』『古道大意』『古史
  徵』 등이 있다.

지 않는다는 점에 있다. 그러면 불교는 왜 일신의 문제에 쫓기게 되었는가. 그것은 번뇌 때문이다. 인간의 마음이 여러 가지 욕망에 휘말려 쉽게 자제할 수 없다는 것이 불교의 수행으로 향하게 만드는 것이다. 좌선에 힘쓰는 것도 우리가 마음을 스스로 자제하면서 고난의 세계를 넘어서기 위해서이다. 그렇지만 거기에는 자신의 마음에 대한 관심은 있어도 '도(道)'에 대한 관심은 생기지 않는다. 그것이 불교의 잘못된 점이라고 진사이는 생각한다(『童子問』中卷 第13章, 第72章. 下卷 第28章). '도'란 이미 살펴 본 것처럼 인간세계의 보편적인 도덕을 가리킨다. 유교에 따르면 이 세상의 인간관계는 '군신, 부자, 부부, 형제, 친구'의 다섯 가지로 요약된다. 그리고 이 다섯 가지 인간관계를 관철한 덕이야말로 '인(仁)'인 것이다. 인의 실천 외에는 그 어떠한 의미 있는 행동이 있을 수 없다고 하는 것이다.

진사이는 일찍이 인간의 마음이 통하지 않는 원숭이나 말 등이 멋대로 행동하는 것에 중대한 관심을 표명했다. 번뇌를 줄여보려고 했지만 너무나도 그 뿌리가 깊어 전율하기도 했다. 참으로 조절하기 어려운 자신의 마음에 직면하여 그것을 어떻게 해야 할 것인지를 물었던 것이다. 그러나 최종적으로는 군신을 비롯한 이 다섯 가지 인간관계와 그 사이에 있어야 할, 인을 비롯한 덕목을 영원불멸한 것으로 간주하고 그 실천만을 주장하기에 이르렀다. 진사이의 마음을 사로잡고 진사이로부터 벗어나지 않는 것은 '사단(四端)'설이다. '사단'이란 '인(仁)'의 근본이 되는 '측은(惻隱)', '의(義)'로 이어지는 '수오(羞惡)', '예(禮)'의 근본이 되는 '사양(辭讓)', '지(智)'의 근본이 되는 '시비(是非)'인데, 진사이는 이러한 '사단'을 '확충(擴充)'하는 것이야말로 인생의 목표라고 본다

(『童子問』上卷 第21章).

　이미 여기에는 심각한 인간인식은 없다. 심각한 인간의식이 생겨나지 않는 곳에서는 절실한 초월적 구원의 희구도 존재하지 않는다. 일찍이 호넨(法然)이나 신란(親鸞)이 심각한 인간의식을 거쳐 정토교를 내세웠던 것과 비교해 보면, 그 인간을 보는 온화한 시각에는 감동마저 느껴지게 된다. 교육에 의한 인간의 완성을 믿는 낙천적인 인간관, 그것이야말로 현세주의의 중요한 귀결의 하나인 것이다. 그것은 나쁘게 말하면 인간에 대한 단순한 견해가 횡행하게 되는 것이고, 또한 세속과 일상의 돌출만을 주목하게 되고 비일상의 세계를 무시하는 정신을 만들어 내기도 한다.

　따라서 일상의 성화가 지니는 세 번째 문제는 비일상이나 신비의 억압으로 이어진다. 진사이에 입각해서 말하자면 진사이는 비근한 일상을 존중하고 고원, 신비한 것을 배척하였다. 그러나 일상은 언제나 일상의 양상을 나타내고 있다고는 볼 수 없다. 인생에는 설명이 어려운 불가사의한 일도 일어나고 이상심리가 작용하는 일도 있다. 본래 신불과 같은 초월적인 존재에 대한 동경은 정도의 차이는 있지만 인간이 갖는 고유의 심리라고도 할 수 있다. 흥에 겨워 법석을 떨면서 축제에 심취하는 것도 단조로운 일상을 유지하는 데 불가결한 것이다.

　이러한 인생의 전체상에서 보면, 비일상을 사고의 시야에서 배제하는 것은 비일상에 의해 나타나는 인간의 문제를 해결할 수 없게 된다. 비일상 혹은 신비에 대응하는 지혜는 결여된 채로 있는 것이다. 물론 진사이도 인생의 불가사의에 대해 아무런 방책이 없었던 것은 아니었고 '천명'이라는 것을 중시했다. 뒤에서 자세히 검토하기로 하고 지금은 진사이의 관심이 일상에 있었으며 비일상에 있지 않았음을 확인해 두면 될 것이다.

그런데 신비와 관련해 유교에서는 『논어』에 있는 "괴력난신(怪力亂神)을 말하지 않는다"라는 유명한 말이 있는데 진사이는 이 부분을 어떻게 해석하는 것일까.

『논어』에 의하면 공자는 '괴(怪)', '역(力)', '난(亂)', '신(神)'의 네 가지를 사람들에게 말하지 않았다고 한다. '괴'란 괴이(怪異), '역'이란 전설상의 인물이 발휘하는 맹렬한 힘, '난'은 무질서, '신'은 귀신을 말한다(吉川幸太郎 『論語』上). 다른 연구자는 '괴'는 미스테리, '역'은 스릴러, '난'은 배덕(背德), '신'은 공덕(功德)이라고 설명하고 있다(貝塚茂樹 『중국의 신화(中國の神話)』). 진사이는 대체적으로 다음과 같이 해석하고 있다. "'괴'란 상식을 뛰어넘는 놀랄만한 행위이고, 역은 용력(勇力), 난은 패란(悖亂), 신은 신이(神異) 즉 신비적인 것. 이것을 말하게 되면 사람들은 정상적인 것이 싫어지고 덕을 가볍게 보게 되므로 공자는 이 네 가지를 설교하지 않았다."(『論語古義』)

진사이는 거듭, 인간의 도를 제대로 깨닫지 않고 귀신에게 친숙해지는 것을 경계한 것이 이 일절(一節)의 의의라고 말한다. 인간이 추구해야 할 것은 먼저 일상의 인간의 모습인 것이며, 비일상에 대한 관심은 유해한 것이 될지언정 유익한 것은 되지 못한다는 것이다. 거듭 말하자면 비일상의 세계, 즉 신비는 진사이에게는 여전히 유보된 채로 있는 것이다. 그것은 막아 놓는다고 해결될 문제가 아니다. 인생에서 어떤 연유로 그러한 세계가 나타나는 것일까, 또 그러한 세계에 인간이 왜 관심을 보이는 것일까, 이것이야말로 물어야만 할 문제일 것이다.

신비, 비일상의 세계를 어떻게 볼 것인가는 에도시대 유교 안에서도

다양하게 나타난다. 이토 진사이(伊藤仁齋)와 더불어 가장 독창적인
유학자로 평가되는 오규 소라이(荻生徂徠)[37]는 뒤에서 다시 언급하겠
지만 귀신의 존재를 인정하고 있고, 천(天)에 대한 숭경 또한 아주 깊
다. '괴력난신'의 해석에서도 공자는 이러한 초자연의 세계에 충분한 관
심을 갖고 있었으나 제자들에게는 교훈으로서 설교하지 않았을 뿐이라
고 보고 있다(吉川幸太郞, 『論語』).

소라이(徂徠)보다 뒤에 나온 오사카의 유학자 나카이 지쿠잔(中井
竹山 1730-1804)은 귀신의 존재를 인정하지 않을 뿐만 아니라, 불교,
신도를 포함하여 종교적인 것 모두를 음사사교(淫祠邪敎)로 보고 이러
한 '괴망(怪妄)의 세계'를 도태시키고, 엄금하는 것이 정치를 맡은 이들
의 임무라고 공언하는데 주저하지 않았다(『草茅危言』 卷7). 어쨌든 비
일상에 대한 정면 대응은 그 모습을 감추게 되는 것이다. 그것이 근세
현세주의의 또 하나의 특색이 된다. 물론 근세 말에 빈발하는 이세신궁
의 집단참배(おかげまいり)나 민중종교의 새로운 발생은 이러한 비일
상이나 신비의 억압이 문제를 해결하지 못했다는 증거라고 말할 수 있
다. 그렇기에 다음에 다시 살펴보겠지만 학자들도 현세를 근원적으로
지탱하고 있는 원리가 무엇인가에 관해 각자 은밀히 관심을 지니고 있
었던 것이다.

---

37) 1666-1728. 에도 중기의 유학자. 주자학을 배웠으나 후에 古文辭學을 창도(唱
道)하였다. 太宰春台, 服部南郭 등이 그의 문하생이다. 저서에 「辨道」 「辯
名」 「論語徵」 「政談」 등이 있다.

현세의 질서

　이토 진사이라는 학자의 생각을 소재로 하여 근세에 어떻게 하여 현세중심주의가 생겨났는가, 그 현세주의의 내용이 어떠한 것인지를 지금까지 간단하게 살펴보았다. 그 중에서 중요한 것은 전세나 내세, 혹은 사후의 세계라고 하는 타계는 시야에서 추방되었으나 현세가 현세로서 지속되고 있는 원리는 무엇인가, 현세를 관통하고 있는 질서가 무엇인가 하는 문제에 지대한 관심을 쏟게 되었다는 점일 것이다.

　다시 진사이로 돌아가서 말하면 진사이는 명확하게 '인도(人道)'와 '천도(天道)'를 구별하여 '인도'에서의 진리 실현을 지향했다. 우주론과 일체가 된 인간론이 아닌, 우주론이나 자연론과는 독립된 인간 고유의 삶의 방식을 추구했던 것이다. 그러나 그것은 '천도'를 부정하는 것은 아니었다. '천도'를 사고의 전면에서 몰아냈을 뿐이며, 한마디로 말하면 불가지론(不可知論)이 진사이의 입장이었던 것이다. 따라서 귀신, 다시 말해 초자연적인 존재 모두에 대해서도 진사이는 그 가능성에 이해를 표명했으나 그 존재에 대해서는 불가지론의 입장에 서 있는 것이다. 진사이의 표현에 따르면 인간이 알 수 없는 영역에 휘말리지 않는 것이 인간의 생존방식으로서 중요하다는 것이다. 귀신을 포함하여 '천도'를 논하는 것은 실제 인생에 아무런 이익을 주지 않는다는 것이다.

그러나, '천명'은 인생에 중요한 의미를 지닌다고 진사이는 강조한다. '천명'이란 하늘의 명령, 하늘이 명하는 사항이다. 구체적으로 말하면, 길흉화복, 빈부천수(貧富天壽), 요컨대 인력이 미치지 못하는 모든 것이 '천명'인 것이다. 더구나 길흉화복이란 것은 하늘이 인간이 행하는 선악의 현장에 나아가 거기서 판단을 내리는 것이다. 진사이는 이러한 하늘을 '상천(上天)'이라고도 말한다. '천제(天帝)'와 같은 뜻인데 이러한 용어를 통해 진사이는 하늘을 인격신화하고 있었음을 알 수 있다("명(命)이란 다시 말해 상천, 사람의 선악숙특(善惡淑慝)을 감림(監臨)하고 그것에 길흉화복을 내리는 것을 말한다")(『論孟字義』上卷).

인간중심의 가르침을 설교한 공자도 이러한 '천명'을 때때로 언급한 것에 대해 진사이는 관심을 갖는다. 그리고 '천명'에 대해 인간이 할 수 있는 일은 그것을 유념하고 마음의 동요가 없도록 하는 것 외에는 없다고 결론짓고 있다(앞의 책). 시대는 다르지만 나쓰메 소세키(夏目漱石)[38]

---

38) 1867-1916. 영문학자, 소설가. 東京大學 졸업 후, 松山中學, 五高교사를 지냈으며, 1900년에 영국유학을 떠났다. 영국에서 돌아와 東京大學에서 영문학을 가르치다가 후에 朝日신문사에 입사하였다. 1905년 「吾輩は猫である」「坊っちゃん」「三四郎」「それから」「門」「こころ」「明暗」 등의 주옥같은 작품을 남겼다. 森鷗外와 함께 明治期의 대표적인 문학자로 평가받고 있다.

가 만년에 주장했던 '즉천거사(則天去私)'를 연상시키는 이야기이다.

이렇게 보면 진사이의 일상주의, 인간중심주의는 죽음을 그 시야에서 배제하고 가능한 한 인생을 합리적으로 해석하려고 하는 반면, '천명'이라는 비합리적인 시점을 동시에 지니지 않을 수 없었던 것이다. 본래 진사이는 어디까지나 인간관계의 다섯개 카테고리와 그 이상적 덕목을 주장해 마지않았고, 운명의 감수를 말했어도 그것은 비근한 일상을 떠난 진리를 말하는 것은 아니었다. 단지 중요한 것은 근세의 현세주의는 논리적으로나 심정적으로도 '천명'이라고 하는 어떠한 초월적 요소를 초래하지 않을 수 없는 점을 안고 있었다는 것이다. 이제 시대는 중세로 되돌아 갈 수 없다. 그러나 현세의 근본에서부터 그 가치를 규정하고 있는 것은 무엇인가 하는 물음을 명확히 밝히고자 하는 충동은 여전히 남아 있었던 것이다.

그러한 전형의 하나가 근세 초기 문헌에 자주 등장하는 '천도(天道)'라는 용어일 것이다. 예를 들어 2대 장군 도쿠가와 히데타다(德川秀忠)[39]의 요청에 의해 쓰여졌다고 하는 『본좌록(本佐錄)』[40]에 따르면, "천도란 신도 아니고 부처도 아닌 천지간의 주인이다. 신체는 없으나 그 마음은 만물에 충만해 있다"고 한다. 『본좌록』의 저자가 이러한 '천도'라는 것에 관심을 갖게 된 것은 일본의 고대부터 당대에 이르는 정치

---

39) 1579-1632. 德川 제 2대 장군. 家康의 3남. 家康이 정한 법과 제도에 기초하여 一門, 譜代를 포함한 39大名을 파면하는 등, 大名, 조정, 절과 사원의 통제를 강화하여 바쿠후 창업에 힘을 쏟았다.
40) 에도 초기의 교훈서. 本多佐渡守正信이 德川秀忠을 위해 지은 책이라고 하지만, 성립은 1670년경으로 추정되고 있다. 藤原惺窩가 지었다고 일컬어지는 「假名性理」의 異本이라는 설이 유력하다. 7개조로 나누어 政道에 대해 논하고 있다. 「백성은 재산이 남지 않도록 부족하지 않도록 다스려라」라는 말로 유명하다.

사를 검토한 결과, 하나의 의문을 발견했기 때문이었다. 즉, 진무(神武)
천황[41] 이후 이천년간은 천하가 잘 다스려져 왔는데 당대가 되면서 1
대, 2대로 망하는 군주가 속출하는 것은 어떤 연유일까라는 의문이다.
그 해답이 바로 '천도'였다. '천도'를 알고 있는 지의 여부가 치국(治國)
의 성공과 실패를 결정한다는 것이다.

이 '천도'가 진사이가 말하는 '천도'와 같은 것인지 아닌지는 간단히
정할 수 없다. 순수하게 유교에 근거한 말이라기보다도 일본의 고유 신
앙에 관계하는 말이라고 생각하는 것이 무난할 것이다. '천도'는 중국의
고전에 자주 등장하는 말이며, 중국에서도 '천제(天帝)'라는 인격적인
주재신(主宰神)의 이미지가 있었다. 일본에서는 17세기 초에 출판된
『일포사서(日葡辭書)』[42]에 따르면 '덴토'라고 발음하여 기독교의 갓
(God)을 의미하고 있었음을 알 수 있는데 당시의 일본인들에게 '천도'
는 갓(God)과 통하는 의미가 있었던 것이다.

그러나 일본어로서 '천도'는 소박한 태양신앙에까지 거슬러 올라가는
말이다. 『고금저문집(古今著聞集)』[43]에는 양지에서 햇볕을 쬐는 것을

---

41) 古事記, 日本書紀에 기록되어 있는 천황으로 실존여부는 명확하지 않다. 高天
原에서 내려온 瓊瓊杵尊의 증손자. 日向의 高千穗宮을 나와 瀬戸内海를 거
쳐 紀伊지방에 상륙하여 長髓彦을 평정하고, 기원전 660년에 大和지방의 橿
原宮에서 즉위하였다고 한다.

42) 에도초기의 일본어·포르투갈어 사전. 예수회 선교단들이 1603년에 本編을,
다음해에 補遺를 長崎에서 간행하였다. 약 3만 2800단어가 수록되어 있다. 당
시의 구어를 중심으로 편찬하였으며, 중세어 및 근세어 연구에 중요한 자료로
인정받고 있다.

43) 鎌倉시대, 橘成季에 의해 편찬된 설화집. 『著聞集』이라고도 한다. 20권으로
이루어져 있으며 鎌倉초기까지의 설화 약 700여 편이 실려 있다. 『今昔物語
集』의 뒤를 잇는 설화집으로 1254년 10월경에 성립, 후에 증보되었다. 각 권의

'천도쬐기(天道ぽこり)'라고 부르고 있다(柴田實, 「근세의 세속주의
와 불교(近世の世俗主義と佛敎)」). 근년까지 지방에서는 아직도 봄,
가을의 히간(彼岸)[44]에 '히노토모(日の伴)[45]'라는 행사가 있었다. 태
양의 운행에 맞추어 아침에는 동쪽에 있는 절이나 신사에, 점심에는 남
쪽, 저녁에는 서쪽에 있는 절이나 신사에 참배를 하는 것이다. 그 히간
도 본래는 태양숭배를 나타내는 '히노가오(日の顏)'였는데, 태양에 기
원한다는 의미의 '히간(日願)[46]'에 히간(彼岸)이라는 같은 발음의 문
자를 넣어 만들어진 것이라고 한다(五來重, 『宗敎歲時記』). 히간은 지
금은 불교행사로 여겨지지만 일본 이외의 불교국에는 없는 독특한 행사
이므로 이는 분명히 일본 고유의 태양숭배에서 유래한 것이라고 볼 수
있을 것이다.

그러고 보면 고지키, 니혼쇼키 신화의 아마테라스도 태양신이었다.
중세 말부터 아마테라스를 제신(祭神)으로 하는 이세(伊勢)신도[47]의
보급이 현저해지는데 전국시대(戰國時代)부터 근세에 걸쳐 '천도'라는

배열은 연대순으로 되어있으며, 각종 예능과 관련된 설화가 많이 실려 있다.
44) 춘분과 추분을 기준으로 그 전후 7일간. 낮과 밤의 길이가 서의 같으며, <더위
도 추위도 히간까지>라는 일본 속담도 있다.
45) 교토 宮津市부근과 兵庫縣 美囊郡・加東郡 등에서 행해지는 히간 행사. 아
침에는 동쪽, 점심에는 남쪽, 저녁에는 서쪽에 있는 절이나 신사, 堂을 참배하는
행사로 원시적인 태양숭배의 잔존으로 보고 있다.
46) 히간은 보통 「到彼岸」의 줄임말이며 불교에서 유래하는 행사로 받아들여 왔지
만, 이 행사에 태양신앙과 관련이 있어 태양에 기원한다는 의미의 「日の願」로
부터 히간(日願)이 되었다고 추정하는 五來重의 설도 있다.
47) 伊勢外宮의 신주인 度會가 창시한 신도설. 외궁신도라고도 불린다. 외궁을 내
궁과 대등하다고 생각하고 神道五部書를 중심으로 불교와 유교를 섭취하여
가마쿠라말기에 성립하였다. 일본은 신의 나라이며 伊勢神宮은 신사의 근본이
라고 강조하였다. 에도시대에 이르러 吉見幸和 등이 비판하였다.

개념이 유행한 배경에는 이 이세신도의 유행이 있었다고 하는 홍미로운 지적이 있다(柴田實, 앞의 논문). 태양=아마테라스='천도'라는 도식이 있고 그 위에 유교의 '하늘'이라는 관념이 중복되는 것이라 볼 수 있다. 『본좌록』에서 말하는 것처럼 '천도'에는 인간의 눈에 보이는 신체는 없으나, 의지가 있고 그것이 만물에 퍼져있다는 것이다. 따라서 위정자의 첫 번째 임무는 그 의지에 따르는 것에 있다. 그것은 위정자들이 마음속에서 '천도'를 자각하는 것에서부터 시작한다. 즉, 사리사욕을 버리고 그 인덕을 연마해야 한다는 것이다. 위정자가 몸을 바르게 하고 성의를 다해 천하태평과 만인안온(万人安穩)을 비는 정치를 행할 때 다름 아닌 '천도'에 의한 정치를 행하는 것이 된다. 만일 위정자가 사욕에 빠져 일신의 영화를 꾀하기만 하고 그 때문에 만인에게 원한을 사게 되면 그 천하는 '천도'에 되돌려질 뿐만 아니라 자손도 영원히 멸망하고 만다(柴田實, 앞의 논문). '천도'에 의한 현세의 질서가 구체적으로 어떠한 것인가 하는 것이 명확하지는 않더라도 위정자가 선악을 충분히 구분한다면 천하의 질서는 유지된다. 군주가 올바르면 인민 사이에 올바르지 않은 자가 나올 리 없는 것이 고금의 상리(常理)라고 또 다른 정도론(政道論)은 말하고 있다(廣瀬淡窓, 『迂言』[48]).

위정자만이 아니라 '천도'에 입각한 삶을 살면 그 인생은 충분히 보답받는다고 하는 것은 근세를 통해 자주 강론된 내용이다. 민중에게 불교를 쉽게 설명했던 스즈키 쇼산(鈴木正三)[49]은 농민에 대해서 일신을

---

48) 奈良本辰也 校注 『近世政道論』<日本思想大系38> 岩波書店, 1968년
49) 1579-1655. 江戸전기의 假名草子작가. 대대로 德川의 가신으로 關ヶ原의 戰 등에서 많은 공훈을 세웠다. 1620년에 출가하여 正三이라고 칭하고, 무사도

바쳐 한 번씩 괭이질을 할 때마다 염불을 외우며 논밭을 경작한다면 논밭도 청정해지고 그곳에서 만들어지는 오곡도 청정해 져서 그것을 먹는 사람의 번뇌를 없애주는 약이 될 것이라면서 무엇보다도 '천도'는 이 백성을 지켜줄 것이라고 말하고 있다(鈴木正三, 『万民德用』).

이렇게 보면 '천도'는 분명히 현세를 초월한 인격신적 기능을 하고 있는 셈인데 잘 검토해보면 좋은 일을 하면 좋은 결과가 생겨나고, 나쁜 일을 하면 나쁜 결과가 생겨난다고 하는 것을, 그것도 사후에 추인하고 있는 요소가 대단히 강하다. 그러므로 실제로는 좋은 일을 해도 보답을 받지 못하거나 나쁜 일을 해도 현세에서 잘 지내고 있는 현실이 있음에도 그것은 무시되고 있다. 하물며, 하늘의 의지로 행위에 앞서 먼저 악의를 응징한다거나 선의에 의거한 비극의 구원을 선언하는 등의 적극적인 역할은 보이지 않는다. 그런 의미에서 현세의 인과응보를 추인하는 것이 '천도'였다고 말할 수 있을 것이다.

따라서 '천도'론은 권력탈취를 정당화하는 구실에 사용되기 쉬웠고, 그런 의미에서 약육강식이 일상화되었던 전국시대에 사주 거론되었던 것은 어쩌면 당연하다고도 할 수 있다. 그러한 점을 더욱 본격적으로 논한 것이 '신군(神君)'론이다. 봉건 다이묘(大名)[50]들은 정권의 창업

정신을 가미한 一流의 禪을 주창하여 二王禪이라고 이름지었다. 그의 작품에 『二人比丘尼』『因果物語』가 있으며 불교관계 저서로『盲安杖』『麓草分』 등이 있다.

50) 에도시대, 1만석 이상의 所領을 가지고 장군과 직접적인 주종관계에 있었던 무사. 본래는 큰 名田의 소유자라는 의미였으나, 후에 유력한 무사를 지칭하게 되었다. 자기 영지의 독자적인 정치, 경제 기강을 가지며 그 지역을 다스렸으나 幕藩制 성립기에는 엄중한 통제를 받기도 하였다. 17세기 중엽에 그 수는 260-270家 정도였다고 한다. 1869년 版籍奉還으로 소멸, 知藩事가 되어 華

자가 베푼 선의를 극단적으로 높이 평가하고 그 선의가 너무나 커서 그 자손이 지배자로서 대대로 존속하는 것은 당연하다고 주장하는 것이다. 도쿠가와 이에야스가 사후 '도쇼다이곤겐(東照大權現)[51]'이라는 신으로 받들어지고 '신군(神君)'으로서 그 자손의 정권을 수호한다는 것이 그 전형적인 예이다. 이시다 이치로(石田一良)는 이상과 같이 말하고 '신군'론은 '천도'신앙의 발현이라고 보고 있다(「전기 막번체제의 이데올로기와 주자학파의 사상(前期幕藩體制のイデオロギーと朱子學派の思想)」).

이토 진사이의 '천명'에는 이러한 공리성은 보이지 않는다. 선악, 길흉의 어느 것에 대해서도 그것을 감수해 나가는 것이 '천명'을 받아들이는 방법이었다. 그것은 어디까지나 '하늘'의 명령이며 인간은 이에 따를 수밖에 없는 것이다. 그에 반해 '천도'라는 것은 우주에 존재하는 하나의 큰 에너지의 활동상태를 말한다. '인도(人道)'는 그 일부이지만 인간의 도덕생활에는 직접 관계하지 않는다. 진사이는 '하늘'을 인격자처럼 이해하려고 해도, 또 반대로 비인격적으로 받아들이려고 해도 모두 실패로 끝날 수밖에 없다고 한다. 그리고 '하늘'이란 단지 인간으로서 바른 길을 철저하게 실천할 때 비로소 알 수 있는 것이며 언어로 가르치는 것이 아니라고 말할 뿐이었다(『語孟字義』上卷).

현세의 부조리나 비합리에 대해 진사이는 그것을 '천명'으로 보고 감수하라고 말한다. 그러나 그것은 진사이의 학문체계 안에서 아직 중요

族으로 재편되었다.
51) 1617년 後水尾天皇이 德川家康의 사후에 그의 공적을 칭송하여 家康에게 내린 칭호

한 위치를 점하고 있었던 것은 아니었다. '천명'은 진사이의 개인적인 신념, 신조에 머물고 있었다고 해도 좋을 것이다. 이 '천명'을 학설의 전면에 내세워 일본사상사의 금자탑을 수립하는 것은 진사이 보다도 39세 연소했던, 처음에는 진사이의 학문에 경도되었으나 나중에는 날카로운 비판자가 된 오규 소라이(荻生徂徠)였다. 뒤에서 언급할 모토오리 노리나가(本居宣長)는 소라이 보다도 64세 더 젊다. 소라이가 노리나가에게 큰 영향을 끼친 것은 잘 알려진 사실이다. 근세에서 현세주의의 양상은 진사이에서 명확한 모습을 드러내고 소라이에서 크게 변화된 후 노리나가에 이르러 하나의 큰 피크를 맞이한다.

그런데 앞에서 근세 초의 '천도'론을 소개한 바 있다. 위정자가 '천도'를 자각하고 자신의 덕을 닦으면 나라는 잘 다스려지나, 이를 소홀히 하면 나라는 어지러워지고 그 자손은 끊어진다는 결론이었다. 이러한 도덕론을 설득력 있게 부정한 것도 바로 소라이였다. 소라이는 "설사 아무리 몸과 마음을 수양한다고 해도 국가를 다스리는 길을 모르면 그러한 수행은 아무런 도움이 되지 않는다"(『太平策』[52])면서 '천도'을 부정했다. 이것은 소라이가 '인(仁)'을 단순한 인간적 도덕의 넉목이 아니라 천하를 안정되게 유지하는 정치적 기술로 여겼기 때문이다. 그렇기 때문에 "인민을 안심시킬 수 없으면 그것은 인이 아니다, 아무리 자비가 있어도 그것은 공허한 인에 지나지 않는 것이다"(앞의 책)라고 주장했던 것이다. 그것은 개인의 도덕이 정치와는 직접 관계를 맺을 수 없다는, 즉 정치와 개인의 도덕심과는 차원이 다르다고 하는 최초의 선

---

52) 經世書. 荻生徂徠著. 「政談」을 소재로 한 위작(僞作)이라는 설도 있다.

언이었던 것이다.

　더 말하자면, 소라이는 지금까지의 모든 유교 학파가 강조해 왔던 개인의 도덕을 국가경영의 학문 아래로 위치를 설정한 것이다. 소라이는 천하국가를 어떻게 하면 태평하게 유지하는가 하는 것이 유교의 목적이고 그렇게 하기 위한 철학과 정치적 기술의 습득이 군자의 임무라고 생각한 것이다. 개인적인 덕목달성은 이의적(二義的)인 의미에 지나지 않는다.

　소라이는 자신의 학문을 '선왕의 도'라고 말한다. 선왕이란 중국 고대의 이상적 군주로서 그 후의 역대 제왕에 앞선 왕이기 때문에 선왕이라고 부르는데, 전설시대부터 주(周) 왕조에 이르는 요(堯), 순(舜), 우(禹), 탕왕(湯王), 문왕(文王), 무왕(武王), 주공(周公)의 일곱 명을 말한다. 그들은 모두 유교의 고전에서는 '성인(聖人)'이라고 칭하는데 무슨 연유로 '성인'이라고 하는 것인가.

　소라이에 따르면 '성(聖)'이란 '작자(作者)'를 의미하는 것으로 '작자'란 문물이나 제도를 처음으로 만든 사람을 가리킨다고 한다(『辨名』[53] 上). 이러한 '성인'에 앞서 수렵이나 어업, 농업, 양잠, 가옥, 교통수단, 의복, 문자 등 문명의 기초를 만들어 낸 '성인'이 있다. 신화에 등장하는 복희(伏羲)나 신농(神農), 황제(黃帝)등 '오제(五帝)'로 불리는 '성인'인데 그들을 '성인'과 구별하여 특별히 '오제'라고 하는 것은 그 발명한 문물의 은혜가 천지의 은혜와 같기 때문이라고 소라이는 말한다. 공자가 '성인'이라고 불리는 것은 다소 문제가 있지만 '성인'의 가르침이 산일(散逸)되어 버리려고 할 때 그것을 '육경(六經)[54]'이라는 형태로 정

---

53) 吉川幸次郎・丸山眞男他校注『荻生徂徠』＜日本思想體系36＞岩波書店, 1974년

리한 공적을 생각하면 '성인'이라고 해도 좋다고 한다. 소라이는 "형태가 있는 것에 대해서는 보통의 인간이 이름을 붙일 수 있었지만 형태가 없는 것에 이름을 붙인 것은 성인이다. 성인은 도(道), 덕(德), 인(仁), 의(義), 지(智) 등의 이름을 붙여 그것으로 가르침을 마련한 것이다"라고 말한다(『辨名』上).

요컨대 지금 식으로 말하면 문명의 하드웨어와 기본적인 소프트웨어를 발명한 사람들이 '선왕'이고 '성인'인 것이지, 특별히 훌륭한 도덕적 실천을 이루어냈기 때문에 '성인'이라고 불리었던 것은 아니었다. 따라서 소라이가 말하는 '도'도 단순한 개인적 도덕이 아니라 정치적 수단의 모든 것을 가리킨다. 다시 말해 법률이나 제도, 형벌뿐만이 아니라 예법이나 음악, 풍속 습관까지도 포함하는 것이 '도'인 것이다.

이렇게 소라이에게는 여러 '선왕'이 수천 년에 걸쳐서 다듬어 온 국가경영의 체계가 다름 아닌 유교였던 것이다. 그것은 주자가 말하는 인간과 자연, 우주를 관통하는 자연에 갖추어져있는 진리 같은 것을 말하는 것이 아니다. 그것은 '선왕'이 '천명'을 받아 정신과 지혜를 다 바쳐 천하를 태평하게 다스리기 위해 만들어 낸 위대한 징치철학과 징치적 기술의 체계에 다름 아니다.

그런데 소라이는 이러한 '선왕의 길'의 근본은 '천(天)'을 공경하거나, '천명'을 공경하는 데 있다고 한다(『辨名』上, 『辨道』). 왜 국가경영의 학(學)이 '천'에 근거를 두지 않으면 안 되는 것일까. 본래 '천'이란 무엇인가. 왜 사람은 '천명'에 복종하지 않으면 안 되는가. '천'에 관해 소라

---

54) 중국의 6종 經書. 즉 역경, 서경, 시경, 춘수, 예기, 주례의 총칭.

이는 말한다. 그것은 사람이 이미 잘 알고 있는 것이며 특별한 해석을 필요로 하는 것이 아니다. 어디까지나 파랗고 그 깊이는 헤아릴 수가 없다. 일월성신(日月星辰)이 거기에 관계하고 풍우한서(風雨寒暑)가 만들어지는 장소이며 만물에게 생명을 주고, 신들을 총괄하기도 한다. 그런데 후대에 가서는 사람들마다 제각기 지혜나 억측이 발달하여 '천'의 해석도 다양하게 변화하게 되었다. 그러나 '천'은 그러한 개인의 지혜나 억측으로는 헤아릴 수 없다. 인류가 알지 못하는 사이에 인류를 생각하는 것이 '천'의 마음인 것이다.(『辨名』下).

소라이의 학문은 이 '천'을 근본에 두고 전개해 가는데, 왜 그렇게까지 소라이는 '천'에 집착했던 것일까. 진사이는 그 학문을 가능한 한 비근한 일상적 사고로 이해할 수 있도록 이른바 이성(理性)의 입장을 고수하고자 했다. 그리고 가능한 한 비합리적인 세계를 시야에서 멀리하려고 노력했다. 그럼에도 소라이는 '천'이라는 비합리적인 관념을 전면에 제시하고 있다. 그 이유는 무엇인가.

첫째로, 그는 인생의 부조리에 직면하여 그것을 '천명'으로 납득할 수밖에 없다고 생각했다. 또는 부조리를 포함한 인간존재 그 자체가 '천명'에 근거하고 있다고 인식했다. 둘째로, 인간의 지혜 자체가 유한한 것임을 크게 자각하고 있었다.

소라이는 말한다. 시골구석에 살고, 좋은 선생이나 친구들도 없고, 집이 가난하여 공부에 필요한 책을 살 수 없는 것도, 또 늦게 태어났기 때문에 중국고대 성인들의 기록이 없어져 그 모든 것을 읽을 수 없었던 것도 '천명'인 것이다. 아니, 그뿐만이 아니다. '명(命)'이란 하늘이 사람에게 명령하는 모든 것을 말하는 것이기에, '천명'이란 사람이 놓여진 상황, 운명뿐만 아니라 사람의 존재 그 자체까지도 의미하는 것이다.

'천명'이란 '성(性)' 즉 태어날 때부터 지니고 있는 것이다. 갖고 태어난 '성'은 사람마다 다르며 그것을 바꿀 수는 없다(『學則』第7). 예를 들어 콩은 어디까지나 콩인 것이지 쌀이 될 수는 없다. 인간이 노력하여 '성인'이 된다는 것도 있을 수 없다. 그것은 천성이 다른 것이다. 이렇게 '천명'은 소라이에게는 진사이처럼 운명론일 뿐 아니라 내가 지금의 나로서 존재하고 있는 근거, 이유가 되기에 이르렀던 것이다.

또한 인간의 지혜에는 한계가 있다. "바람, 구름, 천둥, 비에 그치지 않고 천지의 움직임은 인간의 지혜가 미칠 바가 아니다. 초목에 꽃이 피고 열매가 맺는 것도 물이 흐르고 산이 높이 솟아 있는 것도, 새가 날고 짐승이 달리는 것도 인간의 행동이나 말투까지도 그것들이 어떠한 뜻으로 생겨난 것인지 모른다. (중략)천지의 불가사의한 움직임은 본래 인간의 지혜로는 알 수 없는 것이기에, 천둥은 천둥이며 그 이상의 물음은 불필요한 것이다'(『答問書』上). 또 다음과 같이 말한다.

"사연도 인간도 살아있는 것이다. 따라서 지연과 인간과의 만남, 인간과 인간과의 만남에는 무한한 변동이 생기며 사전에 알 수 없다. 우연히 한, 두 가지를 맞추고 나서 자신의 힘으로 알아냈다고 생각하는 사람도 있으나 그것은 어리석은 인간이다. 모든 것은 천지귀신의 조력으로 이루어진 것이다. 군자는 천명을 알고 섣불리 마음을 움직이지 않는다. 행해야만 할 것을 행하기 때문에 자연히 천지귀신의 힘을 얻을 수가 있다. 어리석은 인간은 의심을 품고 노력해야 할 일도 하지 않으므로 결국 잘 되지 못하는 것이다'(『答問書』下).

앞에서 소라이의 학문은 천하국가의 경영을 우선시 하는 데 특색이 있다고 말했다. 그렇지만 그 천하국가의 경영은 인간사(人事)와 떨어져 별도로 있는 것이 아니다. 그리고 그 인간사, 인생의 모습, 인간의 모습이 근본적으로 인간의 지혜를 초월하는 불가사의의 세계를 포함하는 이상, 천하국가의 경영도 인지(人智)를 초월한 세계에 근거를 두지 않을 수 없게 된다. 그것이 다름 아닌 '천'이다. 즉, 국가, 인간사의 경영에서 생겨나는 여러 모순, 불가측의 사태도 '천'을 설정함으로써 납득할 수 있게 된다. 혹은 '천'의 뜻을 전제로 할 때 비로소 국가의 경영이나 인간사의 수미일관(首尾一貫)이 확보되는 것이다.

소라이가 말하는 바를 더 살펴보자. "천지의 도는 활발하게 변화하여 멈추는 일이 없다. 또 상호 감응하는 것은 신과 같다. 이곳에서 행한 일은 이곳과는 별개의 곳에서 결과가 나온다. 지금 행하고 있는 일도 지금 성과가 나오는 것이 아니라 후에 완성된다. 그러므로 성인의 도도 그 성과는 언제나 후일을 기하고 있는 것이며, 만일 날자가 부족하면 해로 따지면 되고, 해가 모자라면 30년을 단위로 하는 세대로 생각하면 된다"(『辨道』).

정치제도나 법률, 또는 오랜 세월에 걸친 관행 등에는 때때로 이해하기 어려운 사항이 있는데 그것도 범인의 눈에 그렇게 보이는 것이고 '천'의 장기적 플랜에서 보면 모두 해결이 끝난 문제들이다. 다르게 표현하자면, 현실에 생긴 여러 가지 모순이나 불합리도 더욱 비합리인 '천명'이나 '성인'에 절대순종을 제시함으로써 극복될 수 있다는 것이다. 또는 현실의 정치제도나 법률의 타당성을 이른바 선험적으로 주장하기 위해서도 '천'이나 '성인'은 대단히 유효한 관념이었다고도 말 할 수 있다. '천'은 비합리한 것이기 때문에 비합리, 부조리를 포함하는 현실을 잘 설명할 수 있는 것이고 비합리나 부조리를 포함한 현실을 상대로 하는 경세의 학이기 때문에 그 학의 근본에는 '천'이라는 비합리가 요청된다고 말할 수 있는 것이다.

여기에 이르러 진사이 이후의 현세주의는 죽음과 신비를 배제한 인간중심주의로부터 떨어져 나와 '천'이나 '성인'이라는 초월적 요소를 내재시키게 된다. 물론 그렇다고 해서 현세중심의 사고가 방기된 것은 아니다. 현세가 '천'을 위해 존재하고 있는 것이 아니고 '천'은 어디까지나 현세의 합리적 해석을 위해서 상정된 것이다. 현세의 비중이 압도적으로 무거운 것임에는 변함이 없다.

이처럼 현세를 초월하는 '천'을 근본에 두었기 때문에 소라이는 진사이가 부정했던 귀신에 대해서도 적극적으로 그 존재를 인정하고 그 제사를 열심히 주장하게 된다. '귀신'이란 '천신(하늘의 신)과 인귀(죽은 자의 영혼)'를 말하는 데 "선왕의 길은 천을 공경하고 귀신을 공경하는 것을 근본으로 삼는다"(『辨道』)라고 천과 함께 귀신의 숭배가 소라이학(徂徠學)의 기본에 놓여져 있다. 왜 귀신까지도 숭배해야 할 필요가 있는 것일까. 한마디로 말하자면 그것은 성인이 믿든 제사이기 때문이다. "귀신이라는 것은 성인이 있는 장소이다. 어찌 이를 의심할 것인가"(『辨名』下). '성인'의 창작에 사람은 절대로 따르기만 할 뿐이라는 것, 그것이 소라이학의 철칙이다.

오규 소라이의 현세를 초월한 '천'이나 '성인'과 같은 관념의 강조는 그 후에 모토오리 노리나가(本居宣長)에 이르면 신에 대한 절대귀의라는 극히 강력한 종교적 감정에까지 도달한다. 노리나가에게는 일체가 신의 '조화(造化)'인 것이다. 어떠한 악행도, 어떠한 천지이변도 상상을 초월하는 비극도 문자 그대로 이 세상의 선악 일체가 신의 조화인 것이다.

노리나가가 말하는 신은 구체적으로는 『고지키』에 등장하는 신들인데, 노리나가에게 『고지키』는 단순히 고전이 아닌 바이블과 같은 성전이었다. 따라서 『고지키』에 있는 사후의 세계 '황천국(黃泉國)'의 존재도 기술 그대로 믿어진다. 그러나 이 '황천국'에 구원은 없다. 사람은 누구라도 선인이든 악인이든 죽으면 똑같이 '황천국'으로 내려가 단지 썩는 것을 기다릴 뿐이다. 그것은 슬픈 일이지만 그것 또한 신이 '하시는 일'인 이상 그 운명을 감수할 수밖에 없다고 노리나가는 말한다. 이렇게 노리나가는 죽음을 포함한 인간사의 모든 것들을 신들이 행하는 일이라고 믿었던 것이다.

신에 관한 노리나가의 유명한 해설에 따르면, 심상치 않은 뛰어난 힘, 두려워해야 하는 것이 신이며, 뛰어난 것이라는 의미 안에는 고귀한 것, 좋은 것, 공적(功績)만이 아니라 나쁜 것, 이상한 것도 포함되어 있다고 한다(『古事記傳』3卷). 그것은 인간의 상식을 뛰어넘는 놀랄만한 힘 그 자체를 가리킨다. 윤리나 도덕을 초월한다는 점에서 노리나가의 신은 다름 아닌 종교의 세계에 속한 것이며 그 신에 대한 절대추종의 태도는 종교 그 자체라고 할 수 있다.

노리나가는 왜 이러한 종교적 감정을 품게 되었던 것일까. 필자는 이전에 그것이 청년 무렵의 정토교 신앙과 깊은 관계가 있는 것이 아닐까 라고 추론한 적이 있는데(『종교의 심층(宗敎の深層)』), 지금은 그것에 대해서는 언급하지 않고 노리나가가 말하는 신들과 그 현세지배의 모습을 검토해 보기로 한다.

노리나가가 말하는 신들은 현세와 단절된 다른 세계에 존재하는 것

이 아니라 오히려 현세와 연속하여 그 존재가 파악되고 있다는 점에
특색이 있다. 문제는 그 연속의 방식에 있다. 노리나가는 그 방식을 '현
유의 이사(顯幽の二事)'로 부른다. '현사(顯事)'란 현세에서의 인간의
사업, 인간사 전반이고 '유사(幽事)'란 천하의 치란길흉(治亂吉凶), 인
간의 화복(禍福) 등 눈에 보이지 않는 신의 '조화'를 말한다.

'현사'는 최종적으로는 '유사'의 지배하에 들어가지만 양자의 관계는
인형을 조종하는 사람과 인형에 비유할 수도 있다고 노리나가는 말한다
(『옥 상자(玉くしげ)』55)). 만일 인형(인간)과 인형을 조종하는 이(신)
가 완전히 차원을 달리하는 세계에 있다고 한다면 애당초 인형극은 성립
하지 않는다. 인형극이 성립한다는 것은 양자가 같은 세계에 있다는 것
이다. 단지 관객에게는 인간을 조종하는 이가 보이지 않는다는 것뿐이다.

노리나가의 신들은 인간에게 불가지(不可知)의 존재이나 현세 외에
현세와 단절하여 존재하는 것은 아니다. '현사'(인간)와 '유사'(신)는 이
른 바 표리 관계에 있다고 해도 좋을 것이다.

이렇게 현세는 '유사'에 의해 유지되고 있는 '현사'라고 할 수 있는데,
역사를 훨씬 더 거슬러 올라가면 그러한 '현유(顯幽)'의 구별 사제가
존재하지 않는 시대가 있었다고 노리나가는 말한다. 그것은 바로 '신대
(神代)'인 것이다. '신대'란 문자 그대로 사람이 신들이었던 시대로(『古
事記傳』3卷), 만사에 걸쳐서 신들의 '조화'가 그대로 실현되던 시대인
것이다. 그 때문에 노리나가는 '신대'를 후세의 규범으로 생각하게 되었
다. '신대'는 신화적인 초고대(超古代)에 머무르지 않고 현대의 본보기

---

55) 大野晋, 大久保正編集校訂『本居宣長全集』第8卷 (筑摩書房, 1990.4)

로 간주되었던 것이다.

그 '신대'에서 현세의 지배자는 아마테라스의 자손으로 정해졌다. 앞에서 소개한 '신칙(神勅)'이다. 천황을 정점으로 하는 지배체제는 단순한 권력투쟁의 결과로 생겨난 것이 아니라 '신대'의 신들의 약속에 근거한 절대적인 규범이라고 노리나가는 생각한다. 상고(上古)56)의 천황 통치는 아마테라스의 신의(神意)대로 행해져 천황 개인의 머리에서 나오는 생각은 어디에도 들어갈 여지가 없고, 인민 쪽도 천황의 마음을 마음으로 생각하고 정해진 규율을 지키며 생활했기 때문에 천하는 잘 다스려졌다. 이 이상적인 상태를 파괴한 것이 외국에서 유입된 문명이었다. 사람들은 신들의 심의(心意)를 무시하고 각자의 지혜를 최상으로 여기며 여러 억설을 만들어 내 그것에 따라 세계를 해석하게 되었다. 그것이 그 후의 세계가 혼란에 빠지는 원인이 된 것이다. 그러나 우여곡절이 있었다고는 해도 천황지배는 지금까지도 이어지고 있다. 이 천황지배야말로 '신대'의 약속의 증거이기 때문에 현세 질서의 근원인 것이다.

말할 것도 없이 노리나가의 시대는 도쿠가와씨의 지배 하에 있었다. 그러나 그것도 본래는 아마테라스의 뜻이 있어 천황이 도쿠가와씨에게 위임한 것이며 천하의 국토, 인민도 본래는 아마테라스가 장군가에게 맡긴 것에 다름 아니다. 그러므로 장군가를 비롯하여 지방의 영주들도 '신대'의 약속을 언제나 명심하고 정치에 임해야 한다고 노리나가는 말한다. 한편, 인민 쪽에서도 어느 시대이건 위정자가 정한 규율을 지키고 각자에게 맡겨진 역할, 직분을 충실하게 실행하면 조용하고 평화로운

---

56) 일본사, 일본문학사의 시대구분으로 문헌이 보이는 가장 오래된 시대. 大化改新(645년)까지 또는 大和시대(3세기말─ 7세기)에 해당한다.

생활이 실현된다고 말한다. 왜냐하면 대체로 신은 세상 사람들이 평화롭고 허물없이 즐기는 것을 무엇보다도 좋아하기 때문이다. 현세의 안온, 평화는 모두 신의 의지, 특히 '현사(顯事)'의 지배자인 아마테라스의 자손=천황에게 절대 순종할 것인가의 여부에 달려있기 때문이다. 그것이 노리나가의 결론이었다.

소라이도 현실의 제도나 법률이 '천명'의 의지를 나타내고 있는 이상, 현실의 정치적, 도덕적인 질서에 복종할 것을 적극적으로 주장했다. 그러나 노리나가에 이르면 정치제도를 비롯하여 현실의 질서는 천황의 지배로 수렴해 가게 되어 막연한 '천'이 아니라 천황이라는 구체적인 이미지를 갖게 되는 것이다.

노리나가에 이르러 진사이에 의해서 배제되었던 죽음의 문제나 신비의 세계도 모두 신의 '조화'라는 것으로 해소되었을 뿐 만 아니라 현세가 현세일 수 있는 것은 '신대'에 정해진 천황지배라는 질서원리에 근거한다는 것이 명확해졌다. 현세는 전생이나 내세, 타계와 동떨어진, 의지할 곳 없이 떠다니는 시공(時空)이 아니라 그 자신이 명확한 질서원리를 갖고 있으며 사람들은 현실의 직분을 다해 살아가기만 하면 그것으로 충분히 인생의 가치를 얻을 수 있는 세계라는 주장이다. 현세주의는 문자 그대로 '주의'가 되었던 것이다. 이제 근세의 현세주의는 단순히 존재하는 것은 현세뿐이고 살아 있는 동안 가능한 한 즐거움을 누려보자는 감각적인 찰나주의 단계를 넘었다고 말 할 수 있다.

즉, 현세를 관류하는 질서에 대한 희구가 소라이의 비합리적인 '천명'을 경유하여 노리나가의 천황에 도달한 것이 근세 일본의 비극이었다. 현세의 질서에 대한 요청이 왜 천황이어야만 했을까. 다른 질서의 방식도 있지 않았을까. 역사의 장난이었던 것일까.

타계를 잘라내 버리고 성립한 현세주의에는 타계의 신에 상당하는 절대적 권위를 필요로 할 필연성이 있었던 것만큼은 확실하다. 왜냐하면 인간에게는 본래 타계 없이는 살아갈 수 없는 일면이 있기 때문이다. 인생과 세계에 적극적인 의미를 찾아내지 않고는 사람은 살아 갈 수 없는 것이고 그 의미를 종래에는 타계가 짊어지고 있었다. 그것이 떨어져 나간 이상, 타계와 인생의 최종적인 의미를 지니게 하는 근거 또한 현세에서 요구되는 것은 당연한 것이다.

이렇게 해서 현세에 요청되는 질서는 종교성을 띠게 된다. 현세의 신은 결국 타계의 신이 아니다. 그 초월성은 타계의 절대자만큼 강하지 않다. 여기에 여전히 타계 의 복권 가능성이 있다. 지금은 이 이상 언급하지 않겠지만 그것은 현대의 과제인 것이다.

'성인_{聖人}'과 '신_神들'

오규 소라이(荻生徂徠)의 '천', '성인' 혹은 노리나가의 '신'은 현세에 대해 어느 정도의 초월성을 갖는 것이었을까. 근세에 앞서 가마쿠라(鎌倉)불교, 특히 호넨(法然)이나 신란(親鸞)의 정토교에 나타나는 초월성과의 비교를 통헤, 그 특색을 찾아보기로 한다. 물론 정토교는 종교이고, 소라이나 노리나가의 사상은 세속의 학문이기 때문에 레벨의 차이는 있다. 그렇지만 인생이나 인간의 존재에 의미를 부여하고자 하는 점에서는 같은 영위라고 할 수 있을 것이다. 그러한 의미부여 중에서 어떻게 해서 초월자가 나타나게 되었는지를 초월자를 필요로 했던 동기를 중심으로 생각해 보기로 한다.

호넨은 아미타불이 자신의 이름을 외는 자는 어떠한 인간이라도 사후 자신의 정토에 맞이하여 부처가 되게 한다고 약속한 것에 착목해 정토교를 열었다. 그 동기는 인간이 번뇌를 벗어날 수 없는 범부(凡夫)라는 자각에 있다.

　종래의 석존(釋尊)이 남긴 행법을 따르기에 범인은 너무나도 무력하다. 끊임없는 욕망의 도량(跳梁), 산란(散亂)하는 의식, 이런 것을 갖고 어떻게 명상이나 자신의 심층에 있는 번뇌의 뿌리를 잘라내는 수행에 전념할 수가 있을 것인가. 현세에서 육체를 가진 채로 부처라고 하는 이상을 달성하는 것은 불가능하다는 단념이 결국 아미타불의 힘에 의존하기에 이른 것이다. 인간이 부처라고 하는 이상을 실현하는 것은 무릇 인간의 번뇌와는 무관한 곳에서 달성된 청정한 아미타불의 힘을 빌릴 수밖에 없다. 아미타불의 힘으로 그 정토에 태어나 그 후에 부처가 되는 것이다. 정토는 오욕에 넘치는 현세와는 완전히 격리된 세계이며 이곳에 도달하기 위해서는 죽음을 거쳐야만 한다. 인간(정토교적으로 말하면 범부)이 현세에서 부처가 되는 일은 절대로 없다. 어디까지나 사후의 일인 것이다. 죽음을 계기로 하는 현세와 정토, 범부와 아미타불이라고 하는 두 세계의 절대적 단절이 정토교의 전제이다.

　이러한 인간에 대한 단념이라든가 두 세계의 단절은 소라이나 노리나가의 사상에는 전무하다고 할 수 있다. 소라이는 그때까지의 주자학이 어떠한 인간이라도 배우고 수행한다면 '성인'이 될 수 있다고 주장한 것을 전면 부정하고 어떠한 인간도 '성인'이 될 수 없다고 명언했다. '성인'은 앞에서 말한 것처럼 문명의 틀과 내용을 창조한 천재이기 때문에 이후에 어떠한 위정자와도 구별되는 절대적인 존재가 되었던 것이다. 그러나 그들의 존재는 설사 신화적, 전설적이라 해도 현세의 시간을 거슬러 올라간 세계에 존재하고 있는 것이며, 현세의 시간을 초월하고 있지는 않다. 그들이 지배한 '당우삼대(唐虞三代)[57]'는 역사적 시간에 속하는 것이며 그것이 이상화된 것에 지나지 않는다.

노리나가의 '신대'도 극히 오래된 것이기는 하나 현세의 시간을 훨씬 거슬러 올라간 나날이었음에는 다를 바 없다. 또 그 신들은 현유(顯幽) 의 비유에서도 명확히 나타나고 있는 것처럼 현세에서 떨어져 존재하는 것은 아니다.

또 정토교에는, 더 나아가 불교에서는 현세를 '고(苦)'로 보고 그것을 기피하는 경향이 강하다. 혹은 현세에 대해서 '세간허가(世間虛假)'라 는 인식을 갖기도 한다. 즉 현세를 상대화하는 시점이 명확한 것이다. 그것은 다른 종교에도 공통되는 것이기도 하다. 그에 비하면 소라이나 노리나가에게는 현세를 상대화하는 시점은 없다. '당우삼대'라든가 '신 대'라든가 하는 이상세계를 내세움으로써 그 후의 역사를 상대화할 수 는 있었다. 그러나 그러한 이상세계를 포함한 현세의 공간 그 자체를 일거에 부정하고자 하는 계기는 어디에서도 찾아볼 수 없다.

소라이나 노리나가의 주요한 관심은 현세 안에서 살아갈만한 가치가 있는 질서를 이렇게 만들 것인가 혹은 그 질서를 어떻게 찾아낼 것인가 에 집중된다. 현세에 문제가 있다고 한다면 그것은 그 사회의 정치제도 가 '성인'의 가르침과는 다르기 때문이거나 스스로가 제자리에 있어야할 신분, 직분을 다하고 있지 않기 때문인 것이며, 현세 전체를 부정하는 일은 인간의 독선적인 '사지(私智)', '판단'이 행하는 업(業)일 뿐이다.

본래 소라이나 노리나가가 '성인'이나 '신대'를 주장했던 배경에는 현

---

57) 중국의 堯, 舜 시대에 夏, 殷, 周의 시대를 더하여 다섯 시대를 통틀어 지칭하 는 말.

실 질서의 파탄이나 비합리적이고 모순에 넘친 현실을 어떻게 납득할
것인가의 문제가 있었다. 그리고 그들의 해결방법은 그러한 현실을 그
대로 부정하고 새로운 세계를 상정하는 길이 아니라 어디까지나 현실을
주어진 것으로 받아들인 후에 그 현실의 틀 안에서 이른바 조리에 맞는
도(道)를 선택한 것이다. 더구나 그 도가 근세 초처럼 막연한 '천도'만
으로는 만족될 수 없다고 한다면, 또 주자학적인 만물을 꿰뚫는 '이(理)'
라는 비인격적인 원리가 아니라고 한다면 부득이 인격적인 초월자의
이미지가 필요해 지는 것이다. 소라이의 '성인'이나 노리나가의 '다카미
무스히노카미(高御産巣日神)58)'를 비롯한 신들이 그 전형이다.

그러나 그렇게 해서 등장한 인격적인 초월자는 어디까지나 현실에
소여된 설명원리이며 현세의 모든 가치에 우월한 궁극적인 구원자는
아니었다.

거듭 강조하자면 소라이나 노리나가의 관심은 현세에서의 인간사회
의 모습과 인생을 납득하는 방법에 있었다. 마루야마 마사오(丸山眞
男)59)가 지적한 것처럼 소라이는 '성인'에게 문명의 창작자라는 지위를
부여하고 역사를 초월한 절대자로 만듦으로써 각 시대의 위정자가 그때
까지의 질서를 새롭게 고치고 적극적으로 새로운 사회질서의 수립에
착수할 수 있게 된 근거를 제공했다고 할 수 있을 것이다(『日本政治思

---

58) 古事記에서 천지개벽 때에, 高天原에 나타났다고 하는 신. 天御中主神・神皇
産靈神과 함께 造化三神 중 하나이다. 천손강림(天孫降臨)의 신칙을 내린 신
이기도 하다.
59) 1914-1996. 정치사상사학자. 東京大學 교수. 일본의 정치학을 학문으로 확립
하고 제2차 세계대전 후 천황제 파시즘의 내면 구조를 날카롭게 분석한 논문을
발표하여 사상계에 큰 영향을 끼쳤으며 민주주의 사상을 주도하였다. 저서에
『日本政治思想史研究』『現代政治の思想と行動』 등이 있다.

想史硏究』). 즉 사회적 질서를 자연의 소여로서가 아니라 자유롭게 작위(作爲)할 수 있는 대상으로 보는 정치적 주체성이 '성인'의 관념을 지렛대로 삼아('성인'의 의지를 현재에 체현한다고 하는 명목으로) 확보되게 되었음을 말한다.

그러나 그러한 자유로운 정치적 주체성을 가질 수 있게 된 것도 기껏해야 다이묘(大名)계급 정도이며, 일반 민중에 이르게 되면 '성인'과는 아무런 접점도 없다. 민중은 오로지 위정자가 정한 규율을 준수하는 것 외에 다른 길은 없다. 노리나가의 경우도 위정자와 민중과의 구별은 명확한 것이며, 민중은 오로지 주어진 직분, 운명을 신이 정한 길이라고 받아들일 수밖에 없었다. 하물며 민중 한 사람 한 사람의 신앙적 안심(安心)을 보증하는 방법은 '성인'에게도 노리나가의 '신'에게도 없다. 한마디로 말하자면 '성인'이나 '신'이라는 인격적 절대자가 설정되었음에도 불구하고 일반 민중에게 인생은 여전히 운명론의 영역을 벗어날 수 없었다는 것이다.

운명론에 구원은 없다. '성인'이나 '신대'에는 민중 한 사람 한 사람에 대한 구원의 약속은 선무하다. 앞에서 말한 것처럼 '성인'이나 '신대'는 소여로서의 현실을 설명하는 원리에 머물고 있다. 그렇지만 '성인'이나 '신대'에 구원론이 없다는 것이 오히려 그것들에 대한 열렬한 신앙을 만들어 냈다. 즉 초월자와 인간 사이에 지니게 되는 약속의 부재가 신앙이라는 심리를 일방적으로 강화하는 것이다. 운명론을 견뎌내기 어렵기 때문에 또는 인생의 무의미함을 견디기 위해 어떻든 '성인'이나 '신대'를 믿는 것이다. 믿는다는 행위 그 자체가 의미를 갖는다. 소라이는 실제로 '성인'에게 깊은 신앙을 갖고 있었고 노리나가의 신에 대한 신앙

또한 열렬했다. 그러나 얄궂게도 그들의 신앙은 현세주의이기 때문에 다시 말해 구원론이 결여되어 있기 때문에 초래한 보상작용으로서의 신앙이었던 것이다. 소라이나 노리나가의 신앙은 중세의 신앙을 기준으로 한다면 비교될 수도 없는 유사종교적 정열인 것이다.

민중 한 사람 한 사람에 대한 구원 계약을 결여한 '성인'이나 '신' 아래서는 오히려 신앙이라는 심리가 중시됨과 동시에 귀신이나 신들에 대한 제사도 또한 불가결하다고 여겨지게 된다. 자신의 이름을 외는 자는 누구라도 구원한다는 아미타불의 본원(本願)이 있는 곳에서는 아미타불에 대한 특별한 제사는 불필요하다. 그 본원을 믿는 지의 여부만을 묻게 된다. 그러한 계약이 없고 더구나 귀신의 존재를 인정한다고 하면 귀신을 위무(慰撫)하기 위해 혹은 그 의지를 따르기 위해서도 제사라는 형식이 필요하게 된 것은 당연하다고 볼 수 있다.

소라이는 이러한 제사 중시의 입장에서 더 나아가 천황의 제사에 특별한 의미를 부여하게 된다. 소라이에 의하면 조직으로서의 신도라는 말은 15세기가 된 이후 소위 요시다(吉田)신도[60] 사람들이 말하기 시작한 것으로 고대에는 없었다고 한다. 세 개의 신기(神器)[61]등도 후대의 산물이라고 보고 그 유서에 의문을 던졌다. 그러나 한편으로는 선조를 받들고 천(天)에 배례하는 것, 천과 선조를 하나로 해서 어떤 일도

---

60) 교토의 吉田神社의 吉田家에 전해지는 神道 및 神道說. 吉田兼俱가 教學・行法을 대성하였다. 唯一神道라고도 한다. 『神道大意』『唯一神道名法要集』등이 근본 교전이다. 노장사상, 불교의 영향이 현저하지만, 神道의 종교적 발달에 큰 역할을 하였다.
61) 일본 황위 계승의 징표로서 대대로 계승된 세 가지 보물. 거울, 검, 곡옥이 그에 해당한다.

귀신의 명령으로 보고 일을 집행하는 일본 고래의 방식은 중국 성인의 길과 일치한다(『太平策』)면서 신도와 유교의 일치를 강조했다. 그런 다음, 천황이 집행하는 제사는 정치와 일체인 것이며, 그 제정일치와 신을 조상으로 하는 천황의 존재가 천황지배의 영속화를 보증해 왔던 것이라고 말하기에 이르렀다(「舊事本紀解序」).

소라이가 천황에 의한 제사, 즉 제정일치를 '선왕의 길'의 하나로 강조했던 것은 더 나아가 에도 후기의 미토학(水戸學)62)으로 이어져 존황론(尊皇論)의 중핵이 되었고 결국 근대 일본의 천황제 국가에서 중요한 역할을 맡게 되는데(尾藤正英 「국가주의의 조형으로서의 소라이(國家主義の祖型としての徂徠)」) 여기서는 현세주의가 제사를 필연적으로 초래한다는 사실에만 주목하고자 한다.

중세의 정토교에서 아미타불의 초월성은 철저한 것이다. 범부가 현세에서 부처가 되는 것은 불가능하나 아미타불의 본원인 구제원리를 믿으면 어떠한 인간이라도 내세에서는 부처가 될 수 있다. 근세의 '천도'나 소라이의 '성인', 노리나가의 '신'에는 그러한 계약은 없다. 그것들은 현세가 실제로 왜 지금처럼 있는 지를 설명하는 원리이다. 그런 원리에 따라 현실을 변혁하는 것은 논리적으로 가능하나 실제로 현실의 질서를 소여(所與)로서 긍정하는 역할을 맡는 경우가 압도적으로 많았다. 일반 민중에게 그 설교는 운명론과 다를 바 없었다. 중세의 초월종교가 아미

---

62) 江戸시대, 水戸藩에서 형성된 존왕론을 중핵으로 하는 사상체계. 국학, 사학, 신도를 기간으로 한 국가의식을 특색으로 하고, 藩主인 德川光國가 시작한 『大日本史』 편집사업에서 유래하나, 특색 있는 학풍을 형성한 것은 18세기 후반 이후이다. 실천적 정치이론 개편과 존왕양이 운동에 큰 영향을 미쳤다. 대표적인 학자로 安積澹泊, 藤田幽谷, 會澤正志齋 등이 있다.

타불의 본원을 믿음으로써 범부인 채 그대로 구원을 받는다고 가르쳤을 때 사람들은 현실의 여러 멍에를 벗고 정신의 자유를 손에 넣을 수 있었으나, '성인'의 가르침에서는 이러한 자유의 향유가 어려웠다.

소라이나 노리나가의 교설은 그들 자신에게는 인격적 긴장과 더불어 매력적인 광망(光芒)을 보였지만 그들에게서 벗어나 교설 자체가 독자적으로 전개되면 여전히 죽음을 배제하고 비일상으로 상징되는 인생의 불가사의에 눈을 감게 되는, 문자 그대로 평범한 도덕적 교설이 되어버린다.

천황지배를 이 세상의 이상적 질서로 보고자 하는 노리나가의 의도도 그 자신에게는 어디까지나 학문적 범주 안에 있었지만, 막부말기로 접어들면서 격렬한 정치적 슬로건으로 변질해 갔음은 잘 알려져 있다. 그러한 상황 안에서 생겨난 천황절대주의는 더욱 척박한 현세주의를 주장하게 되어 기묘한 배불론(佛敎排斥論)[63]을 전개한다.

---

63) 일본의 불교배척운동은 에도시대에 이르기까지 정치문제와 깊은 관련이 있었던 것에 비해, 에도시대에는 다양한 학문의 흥융과 함께 많은 불교 배척사상이 전개되었다. 그 중에서도 유학은 바쿠후 등이 장려한 학문으로 주자학을 중심으로 크게 발전하였다. 전반기에는 주자학파의 藤原惺窩 등과 고학파의 荻生徂徠 등이 불교의 超俗的 성격을 반윤리적인 것으로 보고 강력히 비판하였다. 후반기가 되면, 經世家들이 사원과 승려를 국비의 낭비라고 보고 삭감과 통제를 주장하였으며, 水戶學의 학자들도 실리적인 배불론을 펼쳤다. 또, 江戶시대에는 국학이 발전하여 예부터 전해지는 國風文化의 규명에 힘썼는데, 전반기에는 白井宗因 등이 그들의 저서에서 불교가 國風을 저해한다고 비판하였다. 후반기에는 국학이 여러 갈래로 나뉘어 발전하는데 그중에 復古國學의 流派에서는 本居宣長, 平田篤胤 등이 불교를 古神道的인 古代的 精神에 위반되는 종교로 보고 비판하였다. 國學의 배불론 중에서 특히 篤胤의 사상은 국가적 입장에서 가장 격렬한 것으로 水戶學과 함께 메이지유신 정부의 神佛分離에 따른 국가신도 설립책에 큰 영향을 끼쳤다.

조정은 고대에서 중세까지 천황이 즉위하거나 국가의 대사에 관계되는 이변 등이 생겼을 때는 전국의 중요 신사에 기원의 사자(使者)를 보내는 것이 관례였다. 이를 '봉폐사(奉幣使)'라고 하는데 조정이 침체하면서 오랫동안 단절되었으나, 1774년 조정은 바쿠후의 지배에 저항하여 이를 재개하기에 이른다. 이세(伊勢), 이와시미즈(石淸水) 등 '上七社64)'에 303년 만에 봉폐사가 파견되었고, 우사(宇佐)65), 가시(香椎)66)의 궁에도 426년 만에 파견되었다.

다카노 도시히코(高埜利彦)에 의하면 당시 봉폐사의 통행에 대해, 각지에서 여러 기묘한 금령이 내려졌다고 한다. 예를 들면 히로시마(廣島) 번에서는 사원의 범종(梵鐘), 반종(半鐘), 악기의 사용은 물론이고 근행(勤行)도 금지되었고, 승려와 여승들은 은거 중이라도 구경을 나와서는 안 된다는 것이었다. 그리고 80년 후에 다시 행해진 봉폐사 파견에서는 금령이 더욱 강화된다. 먼저, 출발지인 교토에서 당일 승니(僧尼)와 '부정한 자(汚穢之輩)'가 신역에 들어가는 것을 금지하는 팻말이 아홉 군데나 세워졌고 히로시마에서는 승니(僧尼)의 견학 금지 외에 일반 신자들이라도 염주를 휴대해서는 안 된다, 또 밖에서 드러나 보이

---

64) 平安 중기 이후, 국가의 중대사나 천재지변 등의 큰 사건이 일어났을 때에 봉폐사를 파견한 22개의 신사 중 가장 중요시 되었던 상위 7개 신사. 伊勢神宮, 石淸水八幡宮, 賀茂神社, 松尾大社, 平野神社, 伏見稻荷神社, 春日大社가 그에 해당한다.

65) 宇佐神宮. 大分縣 宇佐市 南宇佐에 위치하고 있음. 應神天皇, 比賣神, 神功皇后를 祭神으로 모신다. 전국에 있는 八幡宮의 총본사로 사람들에게 존경의 대상이었다. 국보인 本殿3棟은 八幡造의 典型이다.

66) 香椎宮. 福岡市 香椎에 위치하고 있음. 仲哀天皇, 神功皇后의 제를 모시고 있다. 仲哀天皇이 熊襲정벌 중에 이곳에서 전사하여 사당을 설치하고 제를 지낸 데에 그 기원이 있다고 한다. 중요문화재로 지정된 本殿은 香椎造로 유명하다.

는 석탑, 솔도파(卒塔婆) 등은 보이지 않게 하라는 명이 내려졌다. 그리고 가시궁(香椎宮)에 인접한 고코쿠지(護國寺)67) 건물은 큰 거적으로 가려졌다(『근세일본의 국가권력과 종교(近世日本の國家權力と宗敎)』). 천황의 권위를 죽음의 부정(不淨) 즉, 게가레(穢れ)로부터 지키려고 한 것이다.

에도시대의 불교사는 장례불교가 전국에 보급되는 반면, 유교나 신도에 의한 격렬한 배불론이 전개되는 상반된 상황으로 점철되게 된다. 배불론이 생겨난 이유는 여러 가지가 있다. 예를 들면 막부의 정통교학이 된 주자학이 불교를 포함한 이단비판에 아주 열심이었다는 것, 현실의 치국평천하(治國平天下)와 그것을 위한 도덕을 제일로 삼는 유교의 입장에서 보면 출세간(出世間)이나 출가라는 요소를 포함한 불교는 현실도피의 가르침으로 판단되었다는 것, 신도에서는 당초부터 불교에 대한 대항심, 적개심이 강했고, 또 현세의 일은 신사(神事), 사후의 일은 불교라는 역할분담이 성립되어 있었기에 사자의례(死者儀禮)와 일체가 된 불교에 심한 적의를 품는 일이 많았던 것, 에도시대 중기부터 명확해진 유물론적 경향, 무신론의 우세, 현세중심의 향락주의가 강해져서 사후의 왕생에 대한 관심이 줄어든 것 등이다.

그리고 이러한 배불론은 지금까지의 문맥에서 말한다면 실로 현세주의 그 자체의 집중적 표현이기도 했다. 근세의 현세주의는 불교라고 하

---

67) 東京都 文京區에 위치한 眞言宗 豊山派의 사찰. 1681년 德川綱吉의 어머니 桂昌院의 바람에 따라 창건되었다. 1695년 이후 德川家의 祈禱寺院이 되었다. 神田에 있는 護持院이 화재로 손실된 후, 本坊이 護持院으로 觀音堂이 護國寺로 불리게 되었다. 메이지 이후 본래의 명칭으로 복귀되었다.

는 거울에 비추면 배불론이라는 모습이 되는 것이다.

특히 국학의 대두 이래, 일본을 신국으로 보는 사고가 강해져 천황을 정점으로 하는 질서 의식이 침투함에 따라 천황의 신성성을 위협하는 것을 게가레(穢れ)로 간주하고 특히 그것을 제거하는 데 신경을 곤두세웠다. 그 게가레의 첫 번째가 죽음이며, 앞에서 소개한 배불론의 풍조와 더불어 궁정신도에서는 특히 죽음의 배제가 전면에 등장하게 되었다. 앞에서 살펴본 봉폐사 파견이 그 예라고 할 수 있다.

그러나 이미 여러 번 지적한 것처럼 죽음을 배제하는 것만으로 죽음의 문제는 해결되지 않는다. 죽음의 문제를 납득할 수 없는 이상, 인생은 안정적이 되지 못한다. 죽음을 배제한 현세주의는 이른바 부분의 사상인 것이며, 죽음을 포함한 인생이나 세계 전체의 문제해결은 되지 못한다. 그럼에도 불구하고 그 부분의 사상으로 인생 전체를 대처하려고 한 무모한 시도 중의 하나가 천황절대주의의 사상과 운동이었다. 앞의 봉폐사 파견의 에피소드는 죽음이라는 엄연한 사실과 그에 대처하는 문화의 존재를 덮개로 가려 마치 그것이 없는 것처럼 다루려는, 이른바 부분이 순간적으로 전체화하는 사상적 기술(奇術)을 연출하고 있는 전형이라고 할 수 있다.

배불론을 포함하여 널리 죽음의 문화를 배제하는 것은 근세 사상사의 전면적(前面的)인 영위였지만 한편으로 그 뒤에는 장례불교의 보급과 새로운 민중종교의 탄생이 있었음을 잊어서는 안 된다. 여기에는 죽음이나 인생의 부조리를 어떻게 납득할 것인지가 시대상황과 대응하면서 모색되어 왔던 것이다. 지금은 이에 대해 상세하게 언급할 여유가 없으나 지식인들의 사상적 기술(奇術)을 간파하고도 남는 힘이 존재하고 있었던 것이다.

일본열도의 민족이 걸어온 발자취에서 본다면 현세는 언제나 그것과 동등한 타계를 지님으로써 밸런스를 유지해 왔으나 중국문명의 수용 이후 점차 그 밸런스가 깨지게 되어 현세의 비대화(다시 말해 타계의 쇠약)가 나타나게 되었음을 앞에서 지적했다. 근세에서의 현세주의의 확립은 실로 그러한 민족사의 큰 굴곡과 호응하는 현상이며 뒤 이어 성립하는 근대 천황제 국가는 그 현세주의의 가장 첨예한 표현이 되는 것이다.

결론을 먼저 말하자면 천황제 국가의 붕괴가 그대로 현세주의의 극복을 의미하지 않음은 명백하다. 천황제 국가가 붕괴해도 그 토양이었던 현세주의는 여전히 살아있으며, 더구나 천황이라는 절대적 권위를 잃음으로써 죽음의 배제나 신비의 억압이라는 현세주의가 안고 있던 모순이 오히려 더욱 명확해 지는 것이다.

그리고 현세주의 자체가 역사의 필연이라고 한다면 현세 안에서 의거하기에 충분한 질서를 찾아내려고 하는 시도는 계속될 것이고 이 세상에서의 절대적 권위가 재생할 가능성도 높다. 그런 만큼 모토오리 노리나가가 도달한 천황 지상주의는 충분히 검토되고 극복될 필요가 있다. 언제까지나 현세주의인 채로 살아갈 것인가 아니면 현세주의 자체의 극복을 시도할 것인가, 여기에도 현대의 일본인이 직면할 수밖에 없는 문제가 남아있는 것이다.

제4장 국가를 넘어서

사대주의 事大主義와 신교 信敎의 자유

작년 뉴욕의 한 식당에서 색다른 경험을 했다. 식사를 주문했더니 어떤 빵으로 하겠냐고 묻는 것이었다. 메뉴를 보니 일본에서는 볼 수 없는 여러 종류가 있어서 바로 고르기가 쉽지 않았다. 나중에 그것이 종교적인 터부에 내응하기 위한 깃임을 알게 되어 다민족국가 미국을 새삼 느끼게 되었다. 민족성(ethnicity)이 슬기롭게 매뉴얼화 되어 사소한 면에서 말썽이 일어나는 것을 미연에 방지하고 있는 것이다.

그렇지만 사상, 신조, 신앙의 차이가 생활의 모든 면에서 매뉴얼화 되고, 그것도 차별로 이어지지 않게 하는 것은 현 시점에서 여전히 어려운 일이다. 무엇보다 아무리 자신의 사상, 신조, 신앙과 다르다고 해도 그것을 송두리째 거부, 말살하지 않고 우선 그 존재를 인정하는 것이 상식으로 자리 잡지 않으면 안 된다. 그 상식이 확립될 때 비로소 진정한 의미에서의 공동생활, 사회라는 것이 성립되는 것이다. 그것은 인류가 오랜 세월의 경험을 통해 확보해 온 컨센서스라고 할 수 있다. 그렇지만 그러한 컨센서스가 일본사회에서 어느 정도 실질적으로 통용되고 있는 것일까?

여기서 생각하게 되는 것은, 해외에서 장기 체재했던 일본인 유학생이나 귀국자녀가 입을 모아 "일본인은 모두 복장과 행동이 패턴화 되어 있을 뿐만 아니라 사고방식도 획일적이어서 거의 매력을 느낄 수 없다"고 자주 비판하고 있는 점이다.

그들의 비판을 들을 필요도 없이 일본사회의 동질성은 상당히 강하다. 동질성이 강하다는 것이 반드시 나쁘다고 할 수는 없지만 문제는 그것이 자주 이질적인 것에 대한 배제로 이어진다는 것이다. 이질적인 사고, 행동에 대한 관용도가 낮은 사회는 소수자들이 살기 어려울 뿐만이 아니라 그 사회 자신이 경직화되기 쉽다. 경직화된 사회에서 인간이 행복하게 살아가는 것은 극히 드문 일이다.

반세기에 걸쳐 지속적으로 일본인이란 무엇인가를 탐구해 질과 양의 양면에서 다대한 업적을 남긴 야나기타 구니오(柳田國男)는 일본인에게 고유의 국민성이 있다면 그것은 무엇인가라는 질문에 대해 '사대주의'라고 대답했다. '사대주의' 란 속되게 말하자면 강한 자에게는 굽히라는 것. 그것은 오랜 세월에 걸쳐 전승되어 온 보신을 꾀하는 민중의 지혜라고도 할 수 있지만 주체적으로 자신의 의견을 주장하지 않는다는 점에서는 부정적으로 간주되는 행동패턴이다.

야나기타는 이에 덧붙여 이와 같은 '사대주의' 성립의 배후에는 섬나라 특유의 집단을 우선시하는 사고가 있다고 말한다. 섬에서는 모두와

생각이 다르다고 해서 섬을 떠날 수는 없다. 섬에는 아메리카 대륙과 같은 프런티어가 존재하지 않는 이상, 다소 의견이 달라도 참고 모두에게 맞추지 않으면 안 된다. 야나기타의 비유를 빌리자면 철새가 무리로부터 떨어져버리면 살아갈 수 없게 되는 상황이 '사대주의'를 만들어내는 것이다. 마스다 가쓰미(益田勝實)에 따르면 야나기타가 일본인의 최대과제로 삼은 것은 이 '철새근성'으로부터의 탈각이었다고 한다(『민속의 사상(民俗の思想)』)[1].

동질성이 강한 사회이기에 경제적으로도 높은 생산성을 올려 오늘날의 번영을 이룰 수 있었음은 확실한 사실이라고 할 수 있다. 그러나 이질적인 것에 관용적이지 않다는 것은 앞으로의 다양한 문화를 전제로 하는 인류사회의 형성 면에서 아주 큰 과제라고 할 수 있다. 동질성과 고능률을 자랑하는 것보다 이질적인 요소들이나 다채로운 사상의 공시적(共時的) 존재들을 즐길 수 있는 사회가 앞으로의 목표일 것이다.

그 점에서 거듭 근대일본이 사상신조, '신교(信敎)의 자유'에 관해 얼마만큼 견고한 합의를 이루어 왔다고 할 수 있는지, 만일 그것이 잘 이루어지고 있지 않다고 한다면 그 원인은 무엇인지 검토할 필요가 있다. 그 중에서도 특히 '신교의 자유'에 관한 검토가 중요하다고 생각한다. 왜냐하면 신앙은 어떠한 것에도 팔아넘기거나 타협이 불가능한 세계이며, 더구나 그 자유를 빼앗긴다는 것은 그 신앙자의 죽음을 의미하기 때문이다. 물론 사상신조도 마찬가지일 것이다. 그렇지만 그 자유가 없으면 죽음을 의미한다는 점에서 '신교의 자유'는 가장 급진적인 자유

---

1) 益田勝實編『民俗の思想』現代日本思想大系思 30, 筑摩書房, 1964

이며 인간의 근원에 결부되는 권리라고 말할 수 있다.

흔히들 일본인은 종교심이 약하다고 말하지만 그렇기에 더욱 '신교의 자유'에 관한 고찰을 애매하게 처리해서는 안 된다. 대체적으로 일본인의 종교심이 약하다는 것은 일종의 미신이며, 이제는 그러한 편견으로부터 벗어날 때가 되었다. 그리고 근대일본의 '신교의 자유'가 어떠한 운명을 거쳐 왔는가에 관해 정확한 인식을 지닐 필요가 있다.

이렇게 말하는 것은 내 뇌리에 1988년 9월 19일부터 시작되어 1990년 1월 7일에 이르는 쇼와천황(昭和天皇)의 중병, 위독, 사거를 둘러싸고 전개되었던 일본사회의 비정상적인 반응과 대응방식이 여전히 선명하게 남아있기 때문이다. 과연 일본사회는 사상신조의 자유가 어느 정도의 힘을 지니며 존재하고 있었던 것일까? '사대주의'의 풍조는 야나기타의 기대대로 완전히 자취를 감추었던 것일까?

누구나 기억하고 있겠지만 천황의 병상 용태가 급변한 이래 일본열도는 너, 나 할 것 없이 '자숙(自肅)' 열도로 변해 버렸다. '자숙'이란 참으로 그럴 듯하게 만들어진 말이다. 관헌의 강제에 의하지 않고, 근신(謹愼)에 반한다고 자주적으로 판단된 사항이라면 아무리 사소한 일이라고 해도 신속하게 중지 또는 금지하였다.

다수의 마쓰리(축제)나 행사 등이 중지된 것은 물론이고, 예를 들면 이런 사건도 있었다. 어떤 만담가(落語家)2)의 CD, 카세트테이프가 발

---

2) 落語는 에도시대부터 있었던 演藝의 하나로, 해학적인 독백형식을 지닌 대화형식의 서민예술이다. 落語家는 소위 만담가로 에피소드적인 이야기의 줄거리와 목소리, 얼굴 표정 등을 교묘하게 변화시켜 여러 등장인물을 묘사하며 이야기를 진행해 간다. 落語에는 무대 장치가 일절 사용되지 않는다. 落語家는 수수한 전통 기모노를 입고 무대 중앙으로 나와 관객 앞에서 유일한 소도구인 부채와

매 직전에 회수되어 일부 '불근신(不謹愼)'한 내용이 삭제되었던 것이
다. 삭제된 부분은 오장육부의 설명에 관한 대목에서 "지금 화제가 되
고 있는 천황폐하의 췌장이라는 거요, 이건 들어 있지 않지만요." 라는
말이었다. 회사 측은 시기가 시기인 만큼 "시끄러운 사람들 귀에 들어
가게 되면 난처할 것 같다는 내부의견이 있었기 때문에" 삭제조치를
취했다고 한다.(1988年 12月 13日 朝日新聞 朝刊) 또한 슈퍼마켓 진
열대에서 '세키한(赤飯)'3) 이 자취를 감추거나 한 민영 지하철에서는
전 노선의 역무원이나 승무원들의 넥타이를 검은색 계통으로 바꿔 매게
했다.(中島三千男,『천황의 대물림과 국민(天皇の代替りと國民)』)4)

물론 이런 자숙 무드에 위기감을 품은 사람들이 천황보도의 방식에
이의를 제기하고 지금이야말로 천황제를 재고해야만 한다고 가두시위
에 나서기도 했지만 그 시위 참가자들에게 너희들은 일본인이 아니다,
일본에서 나가라고 소리치는 통행인들도 적지 않았다고 한다. 또한 천

수건을 쥐고 방석에 정좌해 마지막까지 이야기를 들려주고는 예상치 못한 결말
을 이야기하는 '오치'로써 이야기를 매듭짓는다. 이러한 독특한 결말에 의해 落
語라 불리게 되었다.
3) 삶은 팥 또는 광저기아 그것을 삶아낸 빨간 국물을 섞은 찹쌀을 함께 찐 밥.
그 빛깔이 붉어 赤飯이라고 한다. 예로부터 端午나 重陽 등의 節句에 먹었다는
기록이 전해지고 있으나 민간에 이 습관이 널리 퍼진 것은 근세시대부터라고
한다. 축하할 일이 있을 때 또는 행락 시에 赤飯을 지어 먹었는데 이 습관은
오늘날에도 여러 가정에서 지켜지고 있으며 요즘은 슈퍼마켓 등에서도 간편히
구입할 수가 있다.
4) 나카지마는 2년여에 걸쳐 행해진 천황의 대바꿈 행사가 국민의 생활과 의식에
어떠한 영향을 주었는지, 大正에서 昭和로 세상이 변해가는 과정 속에서 자발적
혹은 조직된 「자숙(自肅)」과 「봉축(奉祝)」의 날들을 해명함으로서 국가적 의식
이 국민통합에 기여하는 의의를 규명하려 하였다. 中島三千男『天皇の代替り
と國民』青木書店 1990

황의 전쟁책임을 따지는 대학 연구자들이나 나가사키(長崎) 시장이 우익의 습격을 받은 것도 이 시기였다.

 이러한 상황을 돌이켜 보면 강한 자에게는 머리를 숙이는 정도가 아니라 자신의 자주적인 판단으로 행동하는 것, 자신과 의견이 달라도 그 사람을 추방하거나 말살하려 하지 않고 그 사람의 존재를 우선 인정하는 것들이 유감스럽게도 실현되고 있다고 할 수 없다. 아직껏 '사대주의'는 건재하고 있는 것이다.

 '자숙' 열도 안에서 관헌에 의한 노골적인 탄압이나 인명을 해치는 일은 일어나지 않았다. 그렇지만 국가의 이데올로기와 다른 사상, 신조, 신앙을 지니고 있었기 때문에 가혹한 탄압이나 고문, 심하게는 죽음을 초래했던 사건이 예를 들면 공산당의 탄압5)이나 오모토쿄(大本教)6)의 탄압 등, 50년도 지나지 않은 이전의 일본열도에 있었음을 상기할 필요가 있다.

 현재의 일본은 언론의 자유를 구가하고 있는 것처럼 보이지만 '언론의 자유'가 원래는 권력비판의 자유임을 자각하고 있는 사람이 매스컴 관계자들 중에 과연 어느 정도 있는 지 의심스럽고 더 나아가 '신교(信

---

5) 마르크스 레닌주의를 지도이념으로 하는 일본공산주의 정당인 공산당은 1922년 코민테른 일본지부로서 결성. 비합법조직으로서 엄한 탄압 하에 지하운동을 계속해 왔으나 1945년 합법전당으로서 재건되었다.

6) 明治말기에 데구치 나오(出口ナオ)를 교조로 하여 出口王仁三郎이 조직한 神道계통의 신흥종교. 난세를 바로 잡아 神國의 건설을 주창하며 서민의 불평불만을 강하게 호소하였다. 1921년 불경죄로 탄압을 받았으나 출옥 후에 우익과 결탁하여 점차 파시즘운동의 성향을 띄게 되었다. 1933년 皇道大本이라 칭하며 이듬해 昭和神聖會를 결성, 1935년 다시금 불경죄와 치안유지법 위반으로 재검거되었으나 2차 세계대전 이후 大本愛善苑으로서 재출발하였다. 세계연방(世界聯邦)·평화운동 등을 적극적으로 추진하고 있다.

敎)의 자유'에 대해서는 재판관 중에서도 그 본질을 이해하고 있는 사람은 극소수라는 느낌을 지울 수 없다.

왜 이러한 상황이 발생한 것일까? 문제는 역시 근대 천황제 국가의 발자취 안에 있는 것으로 생각된다. 다시금 '신교의 자유'와 관련된 근대일본역사를 살펴보면서 미해결로 남아있는 과제가 무엇이었는지 확인해보기로 한다. 그렇게 하는 것이 문화의 다원성에 뿌리를 둔 새로운 공동체를 만드는 조건을 제시하는 하나의 시도가 될 것으로 생각한다.

'신교信敎의 자유'로의 길

　'대일본제국헌법'[7]은 제 18조에서 제 29조에 걸쳐 이른바 신민(臣民)의 권리 의무를 규정하고 있는데 그 중에서 '신교의 자유'는 제 28조에서 다음과 같이 규정하고 있다.

　　일본신민은 안녕질서를 저해하지 않고 신민으로서 의무에 반하지 않는 경우에 한해 신교의 자유를 지닌다.

---

7) 통칭 明治憲法. 2차 세계대전 이전의 국가기본법. 1899년 2월 11일에 반포, 1890년 11월 29일에 시행. 메이지 유신정부 내부에서도 헌법제정론이 존재했으나 특히 자유민권운동이 강력히 의회개설을 요구해 사의헌법(私擬憲法)이 계속해서 민간단체에 의해 발표되는 와중에서 이에 대항하여 정부는 1881년 흠정헌법(欽定憲法)과 황실중심주의의 기본방침을 결정했다. 이에 伊藤博文을 중심으로 독일식 군주제헌법을 참고로 하여 만들어진 것이 대일본제국헌법이다. 1947년 일본국헌법의 시행에 의해 폐지되었다.

신교의 자유라고 해도 사회의 질서와 국가가 과(課)하는 의무에 반하지 않는 범위 내에서라는 한정적 자유였는데 이러한 규정이 나오기까지 어떠한 과정을 거쳤던 것일까? 또한 여기에는 어떠한 문제가 포함되어 있는 것일까?

첫 번째로 일본 근대의 '신교의 자유'론은 서구열강이 일본정부의 기독교 탄압에 대해 강력하게 비판을 가했던 이른바 외압을 계기로 하고 있었음을 간과할 수 없다. 두 번째로 제정일치를 내세우는 초기의 유신정부는 불교를 신도에 예속시켜 신불 양자에 일대 국민교화운동을 전개했는데 얼마 후 불교가 그 운동으로부터 이탈하는 과정에서 신도를 종교가 아니라고 비판함으로써 '신교의 자유'를 주장하게 되었던 것도 중요한 문제를 내포하고 있다. 세 번째로 이토 히로부미 등의 헌법제정자들이 '신교의 자유'를 어떻게 규정하려고 했었는지 그 사상도 중요한 포인트이다. 네 번째로 이러한 자유를 부여받은 신민(국민)의 종교의식 그 자체는 어떠한 상황에 있었는가에 관해서도 묻지 않으면 안 될 것이다.

먼저 첫 번째 점에 관해서 살펴보기로 한다. 1872(메이지5)년 이와쿠라 도모미(岩倉具視)⁸⁾ 등은 열강과의 사이에서 맺어진 불평등조약을 개정하기 위해 구미로 향했는데 서구 각지에서 당시 일본 국내에서 발생했던 기독교 탄압을 비난하는 강한 비판에 직면해 기독교 공인이 조약개정의 첫걸음임을 자각하지 않을 수 없었다. 유신정부는 도쿠가와

---

8) 1825-83. 公卿. 정치가. 에도막부 말기에 公武合體를 주장, 후에 왕정복고 실현에 힘을 쏟았다. 메이지유신 이후에는 우대신(右大臣)에 올라 特命全權大使로서 서양의 문화와 제도를 시찰. 귀국 후에는 내정 충실에 힘을 쏟으며 메이지헌법 제정에 깊이 관여했다.

막부의 정책을 거의 부정했지만 기독교 금제(禁制)[9]만은 계승했다. 유신이 성립한 직후에 기독교 금제는 종래대로 계속될 것임이 거듭 천명되었다. 기독교는 오랜 시간에 걸친 탄압에 의해 과도로 사교시(邪敎視)되었고 동시에 '신국일본(神國日本)'을 위태롭게 하는 종교라는 견해가 침투하고 있었기 때문이다.

이와 같은 상황에서 우라카미(浦上) 크리스천에 대한 대탄압이 발생했다[10]. 1858년 일본과 프랑스 간에 통상조약이 맺어졌고 이를 계기로 가톨릭 신부들이 일본에 들어 왔다. 그 중 한사람이 나가사키 오우라(長崎大浦)에 재류하는 프랑스인들을 위해 교회를 건설하였는데, 그간 숨어 지내 왔던 일본인 크리스천들이 그곳에 나타나 200년 만에 신부와의 대면이 성사되었다. 이 일이 있은 뒤 우라카미 크리스천들은 불교식 장례를 거부하고 공공연히 자신들의 신앙을 밝히게 되었다. 그 때문에 막부는 탄압을 개시했지만 얼마 안 가 바쿠후 자체가 붕괴되었다. 그리고 그 대신 신정부의 탄압이 시작된 것이다.

---

9) 일본에 기독교가 처음 전래된 것은 1549년, 가톨릭 교파인 예수회의 프란시스 자비에르가 鹿兒島 童縣에 도래한 때 이다. 초기에는 지배계층 가운데 서양의 문물에 관심을 가진 일부가 가톨릭포교에 호의적이었지만 17세기 초 전성기에는 신자 수가 75만 명에 달했다. 이에 豊臣秀吉은 長崎가 기독교의 영지가 되어 있는 것을 알고 금교 정책을 추진하였고 도쿠가와 이에야스(德川家康)는 전국통일 이후 계속해서 세력을 확장해가는 기독교 세력에 위기감을 느껴 1613년 기독교 금제를 내려 대대적인 탄압책을 펼쳤다.

10) 長崎의 浦上지방에서는 네 번에 걸친 가쿠레크리스천(기독교인임을 숨기며 신앙생활을 하고 있던 교인)에 대한 탄압이 있었다. 첫 번째는 1790년에, 두 번째는 1842년에 일어났으나 모두 방면되었다. 세 번째는 1856년에 100 여 명이 옥사하였다. 네 번째는 1865년에 프랑스인 선교사 프티잔이 세운 大浦天主堂에 모인 가쿠레크리스천을 막부가 탄압, 프랑스 측의 항의에 의해 외교문제화 되었다.

1868년 5월 메이지천황의 어전회의에서 우라카미무라(浦上村)의 크리스천 전원의 유배가 결정. 7월 중심인물 등 114명이 오기(荻), 쓰와노(津和野), 후쿠야마(福山)로 유배되었고 1870(메이지 3)년 1월에는 호주(戶主) 700명과 그 가족들이 나고야(名古屋) 이서(以西) 20의 현(縣)으로 유배되었다. 유배 총인원은 3383명에 이르렀다. 1873(메이지 6)년 기독교 금제의 방침이 철회되어 유배 조치는 해제되었지만 이 사이에 사망 613명, 개종한 사람들은 1011명에 이르렀다.(片岡弥吉, 「浦上異宗徒一件解題」)

1868년 9월부터 시작된 나가사키 현 고토(五島)의 기독교 탄압은 특히 극도로 가혹했다. 신자들은 강제로 장작 위에 무릎을 꿇리고 그 위에 돌을 얹는 고문을 받은 뒤 상상하기조차 어려운 처참한 골방에 갇혔다. 불과 6평의 공간에 200명이 갇혔기 때문에 어린이들은 사람들 몸 위에 얹혀 다리가 바닥에 닫지 못하고 허공에 뜬 채 잘 수밖에 없었고 바닥으로 떨어지기라도 하면 다시 위로 올라갈 수 없었다. 먹을 것은 조석으로 고구마 한 조각씩이 고작이어서 유아들은 굶주림에 울어댔고 엄마들은 자신의 고구마를 자식들에게 주고 굶어 죽어갔다. 대소변은 그대로 방치되었고 구더기가 들끓어서 13세의 도미니카는 아랫배가 구더기로 썩어가 죽었다. 골방에 갇힌 기간은 8개월, 그 사이에 전원 머리카락이 빠져 나갔다. 결국 영국 공사 파크스가 현지 시찰에 나서게 되어 가까스로 그 고문은 중지되기에 이르렀다. 출소 후에도 집, 밭, 가축 등 모든 것을 압수당했기 때문에 풀뿌리로 목숨을 연명했다고 한다.(앞의 책)

우라카미 크리스천의 탄압, 유배에 항의해 영, 미, 독, 불의 4개국 공사는 1870년 1월 도쿄에서 수상격인 우대신(右大臣) 산조 사네토미(三

條實美) 등 신정부 요인들과 회견하고 이러한 탄압을 즉시 중단하지 않으면 금후의 외교관계는 파국을 맞이할 것이라고 경고했다.

이 회견의사록을 보면 일본 측은, 유배에 처해진 우라카미무라의 크리스천들은 크리스천이기 때문에 처벌을 받은 것이 아니라 소동을 일으켰기 때문이고 또한 탄압이라고 하지만 예전의 일본에서는 크리스천은 책형(磔刑)11)이 보통이었으며 이번에는 유배였으므로 관대하게 처분한 것이라고 변명하고 있다.

이에 대해 파크스는 만일 소동이 원인이라고 한다면 왜 여자, 어린이들까지 엄벌에 처할 필요가 있는 것인가, 이래서는 외교관계가 악화될 뿐이라고 반론하고 있다. 또한 프랑스 공사는 이와쿠라 도모미에게 만일 촌민이 기독교를 포기한다면 더 이상 간섭하지 않을 것인가라고 따지자 이와쿠라는 그렇다고 대답해 너무나도 명확하게 그들에 대한 탄압이 기독교에 있음을 드러내고 있다.

이 회견에서 주목할 만한 것은 기독교 탄압의 배경에 일본의 고유한 정치과제가 있다고 변명하고 있는 점이다. 이와쿠라 도모미는 다음과 같이 말하고 있나. "이 사건에 관해서는 일본정부의 기구와 제 외국의 그것과의 차이를 알아주었으면 한다. 외국에서 정부는 여론에 그 기초를 두고 있다고 한다면 우리나라 정부는 황제 숭배 위에 기초를 두고 있다. (중략) 황제의 권위는 국민의 전 계급에 의해 옹호되어야만 하는 것이다"(「우라카미 크리스천 탄압에 관한 대화서(浦上キリシタン彈壓に關する對話書)」) 그리고 기독교는 이와 같은 황제의 권위를 위

---

11) 죄지은 자를 나무기둥에 묶어 놓는 형벌.

협하고 있으며, 현 단계에서의 용인은 국내에 심각한 균열을 조장해 일본을 분열시킬 우려가 높다고 탄압의 이유를 밝혔다.

앞에서 언급한 바와 같이 이와쿠라 도모미를 전권대사로 하는 구미파견단은 조약개정을 위해서는 기독교 탄압중지의 불가결함을 깨닫고 결국 1873년 2월 기독교 금제의 방침을 철회하게 되었다. 그렇지만 그것은 문자 그대로 방침의 철회일 뿐 공식적으로 국민에게 통지된 것은 아니었다. 그것은 어디까지나 외국에 대해 금제가 해제되었다는 제스처를 보이기 위한 것이 목적이었고 실제로 포고를 보면 철회의 이유는 일본국민이 이미 기독교 금제를 숙지하고 있기에 이를 철회한다는 것이었다. 이것은 여전히 금제가 속행되고 있음을 의미하는 것이었다.

이러한 눈 가리고 아웅 식의 정책에 대해 예를 들면 성공회의 선교사는 이번 기독교 해금 정책에 대해 전혀 믿을 수 없다면서 다음과 같이 그 증거를 들고 있다. 우선 기독교 해금을 자국민에게 공표하고 있지 않은 것, 또한 전도사가 학교나 사숙(私塾)의 교사가 되는 것을 금하고 있는 것, 혹은 가이세이(開成)학교(도쿄대학 전신 중의 하나)의 생도들에게 기독교 서적을 읽지 못하게 하는 것, 또한 설교를 들으러 온 인민들에게 왔다는 사실 자체만으로도 문제를 삼고 있는 것, 그리고 일본정부는 교부성(敎部省)이라는 부처를 신설했는데 그 목적은 기독교를 방지하는데 있다는 것 등이며, 더불어 가장 명백한 '신교의 자유'를 즉시 보장해야만 한다고 건의하고 있다.(『성공회의 신교자유 요구(聖公會の信敎自由の要求)』) 그러나 선교사들의 위구심대로 기독교 금제는 그 이후에도 속행되었던 것이다.

'신교의 자유'라는 인권의 최우선적 근간을 점하는 문제는 앞에서 살펴 본대로 근대 일본에서는 우선 열강에 대한 정치적 대처라는 측면에서 처리된 것이 그 시발이었다. 그를 위한 내발적 탐구와 제도적 달성을 이루기 위해서는 상당한 시간이 요할 것임을 암시하는 출발이었다.

첫 번째의 외압에 의한 '신교의 자유'의 인식에 비하면 두 번째는 비교가 될 수 없을 정도로 내발적인 움직임이었다.

유신정부는 그 성립 초부터 천황숭배를 전 인민에게 강요하는 선전활동에 전력을 기울였다. 신기관(神祇官)이라는 최고의 관직을 설치하고 그에 직속되는 선교사를 정해 '유신의 대도(惟神の大道)'[12]를 선포하는데 주력했다. 선교사에 신관(神官)이 임명되었다. 그렇지만 신관만으로는 이러한 국민교화가 철저하게 수행될 수 없었기에 신도와는 비교가 될 수 없을 정도로 국민에게 폭 넓게 자리 잡고 있었던 불교를 다시 끌어들이게 된 것이다. 불교측도 폐불회석(廢佛毁釋)[13]의 충격에서 벗어나 시대에 적합한 지위를 차지하기 위해 신정부의 정책에 적극 협력하게 되었다.

이런 과정을 거쳐 1872년(메이지 5년) 신불합동의 국민교화기관으로 교부성(教部省)이라는 관청이 신설되었다. 또한 교부성에 직속되는 교도직(教導職)이라는 직책이 만들어져 전국의 신관, 승려가 임명되게 되었다. 그리고 중앙에는 대교원(大教院)이 설치되었고 각 부(府)와

12) 神代로부터 전해져 온, 신의 마음과 생각대로 아무런 인위를 가하지 않은 길. 神道. 근세의 국학자가 처음 쓰기 시작한 것에서 유래되었다.
13) 明治 초기에 정부의 神道國敎化政策에 의해 빚어진 불교의 탄압·배척·파괴운동. 1868년 3월의 태정관포고(太政官布告)에 의한 神佛判然令에 의해 신불분리가 급격히 실시되자, 神官·平田派의 국학자를 중심으로 각지에서 신사와 습합(習合)한 사원의 불당·불상·불구(佛具) 등이 파괴, 훼손되었다.

현(縣)에서는 대사원(大寺院)이 중교원(中敎院)으로 되었으며 전국 크고 작은 사원들은 소교원(小敎院)으로 바뀌었다.

그러나 이 신불합동의 교화운동은 출발부터 모순이 내재되어 있었고 특히 불교 측에 불만이 팽배했다. 그 첫 번째 이유는 신불합동이라고는 하지만 애초부터 신도가 주도권을 쥐고 있었기에 그 교재(敎材)도 경신(敬神)과 천황조정에 대한 절대복종을 가르치는 '삼조(三條)의 교칙' 이었고 불교 교의의 설법이 금지되어 있었던 점. 다음의 이유로는 교도직이 되지 않으면 주지(住持)가 될 수 없었으며 대 중 소의 교원 조직에서 알 수 있듯이 사원 조직은 완전히 교부성의 조직에 흡수되어 있어 불교 교단은 실질적으로 파괴된 것과 다름없었으며 제2의 폐불회석을 우려하는 위기감이 조성되었던 점에 있었다.

때마침 구주(歐洲)에 유학 중이던 니시혼간지(西本願寺)[14]의 승려 시마지 모쿠라이(島地黙雷)[15]는 현지 신문을 통해 일본정부가 새롭게 국교를 창설하려고 하고 있음을 알았다. 신문이 보도한 새로운 국교란 교부성이 주도하는 신불합동의 국민교화운동임은 말할 것도 없었다. 시마지는 즉시 일본정부 앞으로 보내는 건백서를 집필했다. 그것이 '삼조교칙비판건백서(三條敎則批判建白書)'로 1872년 11월 프랑스에서 송부되었다.

---

14) 京都市 下京區 堀川通 七條에 있는 淨土眞宗 本源寺派의 총 본산. 1272년 親鸞의 사후 그의 딸 覺信이 東山大谷의 御影堂을 건립해 유골과 목상을 안치한 것에서 기원한다. 本願寺의 통칭.

15) 1838~1911. 淨土眞宗 本源寺派의 승려. 神佛分離, 大敎院廢止를 주장하며 각 종파의 독립을 위해 노력했다. 또한 일본적십자사의 창립 등에도 활약하였다. 저서에는 『佛敎各宗綱要』『維摩經講義』 등이 있다.

건백서의 내용은 대개 다음과 같은 것이었다. 정부는 신도와 불교를 합해 하나의 종교를 만들고 그것을 인민에게 강요하려고 하고 있지만 원래 종교란 인간이 조작 가능한 것이 아니다. 그것은 '신위(神爲)'이며 법률이나 제도를 만드는 것과는 차원이 다르다. 즉 정치와 종교는 별개의 것으로서 정치는 인사(人事)이며, 틀을 제어하는 것으로 그 영역도 국한되지만 종교는 '신위'로서, '마음'을 제어하고 국경을 초월한 보편성을 지니는 것으로 양자의 혼동은 용납될 수 없다.

그런데 '삼조(三條)의 교칙'을 보면 첫 번째로 "경신애국(敬神愛國)의 취지를 실행해야만 할 것"으로 제시되어 있으나 '경신'은 종교이고 '애국'은 정치의 차원에 속하는 것이다. 종교는 보편의 가르침이며 그 은혜를 일국(一國)이나 몇 민족에게 국한할 수 있는 것이 아니다. '애국'은 보편적 종교와는 서로 용납될 수 없는 개념으로 '애국'을 '경신'과 같은 선상에 두는 것 즉 '애국'을 종교 혹은 가르침으로서 선전하는 것은 너무나도 모순적인 것이다. 무엇보다도 먼저 정부가 종교를 만들어 그것을 국민에게 강요하는 것을 중지해야 하며 다음으로 종교와 정치의 구별을 명확히 하는 것이 문명국의 조건이 아니겠는가?(『島地黙雷全集』第一卷)

시마지는 우선 정치가 종교에 간섭하는 것에 강력한 이의를 제기했다. 그리고 그 건백서를 보낸 다음 해에 별도의 건백서를 보내, 정부가 신불합동이라는 종교적으로 다른 섹트를 인위적으로 하나로 만들려고 하는 점을 신랄하게 비판했다. 시마지에 따르면, 종교의 가르침은 개별적인 점에서 의의가 있는 것이며 상호 모순 되는 교설을 한자리에서 같이 들어봐도 혼란만 있을 뿐 안심입명(安心立命)16)은 고사하고 의

심이 생겨 오히려 유해한 것이다. 그리고 국가 권력은 인민의 신앙의 내용에 관여할 수는 없다고 단언하고 있다.(「大敎院分離建白書」)

이와 같이 시마지 모쿠라이는 첫 번째로 정교분리 특히 정치적 권력의 종교에 대한 간섭을 비판했는데, 다음의 '신교의 자유'의 대상이 되어야만 하는 종교란 무엇인가를 논하는 단계에서 갑자기 벽에 부딪치게 된다. 그는 종교의 모든 것을 무차별적으로 '신교의 자유'의 대상으로 간주한 것은 아니었던 것이다.

최초의 건백서에서 시마지는 '경신'이라고 말할 때의 '신'이란 무엇을 의미하는가를 문제로 삼았다. 그것은 일본 일국에서만 유효한 신인 것인가 만국에 보편적인 신인 것인가. 만일 후자라고 한다면 그것은 기독교의 갓(God)에 다름없으며, 정부는 그처럼 기피해 온 기독교 도입의 계기를 스스로 만들게 되는 것이 아닌가?(시마지는 개명적인 종교가였지만 기독교에 대해서는 국가를 위험하게 하는 사교라는 생각을 강하게 지니고 있었다)

또한 '신'이 일본 일국의 '신'이라고 한다면 그것은 야오요로즈노카미(八百万神) 즉 일본 내의 수많은 신들이며 그와 같은 다신교는 구주에서는 이미 종교의 대상이라기보다는 신화학의 대상이며 도화(圖畫), 조각의 세계에서 다루어지는 완물(玩物)에 지나지 않는다. 개화를 추진하는 일본이 이러한 미개, 야만국의 신 관념에 사로잡혀 있는 것은 너무나도 안타까운 일이다. 그리고 만약 일본의 '신' 관념에서 용인될 수 있는 점이 있다고 한다면 그것은 선조(先祖)라는 점에 있으며 더구나 그것

---

16) 人力을 다해 그 몸을 天命에 맡기고 어떤 경우에도 흔들리지 않는 것.

이 조상숭배로 성립될 수 있었던 것은 불교와 합체(合體)했기 때문이라고 말하고 있다.

신도에서 말하는 '신'이란 선조(先祖) 이외의 그 어떤 것도 아니라는 점은 시마지가 일관되게 지녀왔던 생각이다. 왜 신을 섬기지 않으면 안 되는가, 그것은 신이 선조이기 때문이다. 선조의 은덕에 감사하고 경의를 표하는 것이 '경신'인 것이며 신사에서 헤이하쿠(幣帛)[17]를 바치는 것은 그 경의의 표현에 지나지 않으며 선조의 가르침을 지키고 인간으로서 부끄러울 것이 없다면 그러한 의례에 구애받을 것이 없다고까지 단언하고 있다.(「三條弁疑」)

실제로 역사를 돌이켜 보아도 신관의 역할은 조상의 제사를 관장할 뿐이었으며 일반적으로 포교를 하는 일은 없었다. 그것은 가르침이 아니었기 때문이다. 그 증거로 옛날부터 가르침으로서는 유교와 불교의 두 종교가 사용되어 오지 않았는가? 종교에 상당하는 것은 불교와 유교이고 신도는 제사라고 시마지는 말한다.(「大教院分離建白書」)

원래 시마지에게 있어서 종교란, 죽음에도 흐트러짐이 없는 부동의 안심을 주는 것이며 그 가치를 지키기 위해서는 특히 권력자에 내해서 저항까지도 불사해야만 하는 것이다. 구체적으로는 시마지가 속해 있던 조도신슈(淨土眞宗)가 그것이다. 그는 조도신슈(淨土眞宗) 외에 일본에서 종교라고 할 만한 것은 없다고까지 단언하고 있다.(「大洲, 木下, 妙覺宛書簡」)

물론 조도신슈 쪽에서 본다면 신도는 개조(開祖)나 경전, 교단이 존

---

17) 포백(布帛)·금전(金錢)·음식(酒食) 등, 神社에서 신에게 봉헌하는 供物의 총칭.

재하지 않는다는 점에서 종교라고는 말하기 어려울 것이다. 그렇지만 그것은 교단종교[18]와 자연종교의 차이인 것이며 본래 양쪽 다 종교라는 점에서는 다름이 없는 것이다. 시마지는 이 점을 간과하고 있었다.

　이런 연유로 해서 시마지가 생각하는 '신교의 자유'는 신도를 배제함으로써 성립하게 된다. 그것은 같은 시대에 신도를 종교가 아니고 제사의 체계라고 하면서 제 종교의 위에 군림시킨 이른바 국가신도의 논리와 같았다는 것은 아이러니라 할 수 있다. 신도비종교론은 신도주의자나 국가주의자만이 아니고 신도비판자들로부터도 궤를 같이 해서 부상한 것이다. 여기에는 종교란 기독교와 같은 일신교를 지칭한다는 근대유럽의 상식이 어느 틈에 깊이 침투했음을 의미하는 것이다. 시마지도 조도신슈에 관해 앞으로는 일신교가 아니라면 세계에서 전혀 통용이 되지 않을 것이며 다행히도 신슈는 일불(一佛)이라고 말하고 있다.(앞의 書簡)

　근대의 출발에서 일본인의 종교관은 엄격한 제약을 무의식적으로 스스로에게 부과해 버린 것이다. 지금도 일본인의 종교의식은 중층적이고 잡다하다는 인식이 여전히 만연하고 있는 것은 이러한 종교관이 빚어낸 결과인 것이다.

　덧붙여서 말하면 시마지의 '신교의 자유'론에는 큰 함정이 있었다. 그

---

18) 原著에서는 「創唱宗敎」라는 용어를 사용하고 있으나, 우리말로는 의미전달이 잘 되지 않아 「敎團宗敎」로 바꿔 썼다. 필자가 말하는 創唱宗敎란 자연발생적인 것이 아니라 그 발생과정에서 일정부분 인위적인 요소가 개입된 것을 가리키는데, 이런 경우의 종교는 공통적으로 교조와 교리, 교의 등의 형식적인 면을 갖추고 있기 때문에 「敎團宗敎」라 불러도 무방하리라 생각된다. 대표적인 예로 기독교와 불교, 이슬람교 등을 들 수 있고 이른바 신흥종교도 여기에 해당된다.

것은 그에게 있어서 종교란 정치의 도움이 되어야만 하는 것이라는 강한 신념이 존재하고 있는 것이다. (「歐洲政敎見聞」) 국가나 정치권력의 종교에 대한 간섭을 비판할 수 있는 시야를 갖고 있으면서도 종교가 정치에 관여하였을 때 그것에 의해 초래될 위험성을 시마지는 충분히 인식하지 못했던 것이다.

실제로 시마지를 비롯한 니시혼간지(西本願寺) 교단의 수뇌들은 신정부에 적극적으로 접근하여 신시대의 종교를 지향해 왔다. 니시혼간지 교단의 막대한 헌금이 없었다면 유신의 성공은 보장될 수 없었을 것이고 신정부는 국회를 비롯해 신제도를 실시함에 있어 지속적으로 니시혼간지를 모델로 삼아 실험했다. 니시혼간지는 신정부의 신도 편중주의에 반대했지만 천황절대주의에는 적극 가담하는 자세를 관철했다. 교단에 몬슈(門主)[19]라는 천황이 존재하기도 했다.

시마지는 신앙을 위해서 때로는 권력자에게 저항할 수 있는 종교가 진정한 종교라고 말했던 시기가 있었지만 실제로는 현실의 천황제국가에 도움이 되는 것이 종교라는 신념으로 일관했다. 시마지의 신앙으로 시는 국가를 초월하는 것이 여전히 불가능했던 것이다. 이 점에서 같은 신슈의 승려이고 고토쿠 슈스이(幸德秋水)의 대역사건(大逆事件)의 희생자가 되었던 다카기 겐메이(高木顯明)의 입장은 대조적이었다. 다카기는 아미타불 앞에서는 만인이 평등하며 동붕(同朋)이라는 가르침을 목숨을 걸고 실천했다. 그것은 현실의 정치질서에 추호의 타협도 없는 순수한 종교적 주장이었다. 여기에는 국가를 초월한 시점이 명확히

---

19) 一 敎團・一 敎派의 長.

제시되고 있었던 것이다. 그러나 그것도 뒤에서 언급하는 바와 같이 일본 근대사 가운데서는 극히 한순간의 일이었다.

그런데 시마지 모쿠라이가 프랑스로부터 건백서를 제출한 것과 거의 같은 시기에 주미 대리공사 모리 아리노리(森有禮)도 워싱턴으로부터 '신교의 자유'에 관해 영문으로 작성된 건백서를 일본정부에 제출했다. 자세한 내용은 생략하지만 그 발단은 역시 교부성을 중심으로 하는 신불합동의 국민교화정책에 있었다. "목하 일본에서는 정부의 권력에 의해 새로운 종교를 만들어내려고 하고 있는데 도리에 맞지 않는 기이한 현상이라고 아니 할 수 없다. 원래 종교는 사람에게 매매할 수 있는 것도 아니고 강요할 수도 없는 것이다"(Religious freedom in Japan)라고 말했다. 모리는 '신앙의 자유'가 인간 천부의 권리일 뿐만이 아니라 문명 진보의 일대기본(一大基本)이라고 그 존중의 필요성을 뜨겁게 역설했으며 사교시되어 가고 있는 기독교를 정면에서 옹호하기도 했다.

또한 이미 언급한 바와 같이 신도주의자들에게도 교부성의 방식은 경원시되고 비판을 받게 되어 1875년 5월에 대교원이 해산되었고 1884년 8월에는 교도직도 폐지되었다.(그렇지만 이것으로 국민교화운동이 좌절된 것이 아니고 오히려 '교육칙어'(敎育勅語)[20]나 '군인칙유'(軍人勅諭)[21]에 근거한 학교교육이나 군대교육을 통해 더욱 명확히 강화되

---

20) 1890년 10월 30일에 발표된 2차 세계대전 이전의 국민교육의 근본방침을 지시한 明治天皇의 「교육에 관한 칙어」. 가족국가관에 입각하여, 충효를 핵으로 하는 유교적 덕목을 기초로 하여 충효애국을 최고의 국민도덕으로 명시하였다. 이를 전국의 학교에 배포해 예배(禮拜)·예독(禮讀) 등을 강요해 국민들에게 주입시키려 했으며 이는 천황제의 정신적·도덕적 지주가 되었다. 1948년 국회에서 그 失效 및 排除를 결의했다.
21) 明治天皇이 군인에게 하달한 칙유. 1882년 1월 4일 공포. 1878년 군인훈계(軍

어 갔다)

그러나 교부성은 시마지 등의 '신교의 자유'를 인정하는데 있어 엄격한 제한을 가했다. 교부성은 내부 지침을 통해 다음과 같은 내용을 밝히고 있다. "종교가는 신교의 자유를 얻고 행정상의 보호를 받는 이상, 두루 살펴 조정이 지향하는 바를 존중하고 정치의 방해가 되지 말아야 함은 물론이며 스스로 인민을 선도하고 인민의 신민화에 도움이 될 수 있도록 노력하여야 한다. 그것이 종교가가 정부에 보답해야할 의무이다.(「宗敎關係法令一覽」) 이것은 '신교의 자유'라고 하더라도 국가의 틀 안에서의 자유에 지나지 않음을 명확하게 단언한 것으로서 후일의 '대일본제국헌법'도 역시 그 입장을 답습하게 된다.

그런데 흠정헌법(欽定憲法) 하에서 '신교의 자유'를 인정하지 않을 수 없었던 국가주의자들은 어떠한 논리를 구사해서 그것에 제한적 사항을 만들기 시작했던 것일까.

이노우에 고와시(井上毅)[22]는 '신교의 자유'에 관해 이른 시기에 두 가지의 원칙을 지니고 있었다. 하나는 국가가 새로운 종교를 창시해 그것을 국민에게 상요하는 것은 절대로 피해야만 한다는 것. 또 하나는

人訓誡)에서 정한 덕목을 정비해 직접 천황에게 결합시켜 천황제 군대의 건설을 위한 군인의 정신육성을 목적으로 하였다. 전문(前文)에는 대원수로서의 천황이 직접 군의 통수권자임을 명문화하였고, 후반에는 충절·예의·무용·신의·검소의 다섯 덕목을 내걸어 천황에게의 절대적 복종을 강요하였다. 이를 군인들에게 암기시켜 철저한 정신적 무장을 강요하였다.
22) 1843-95. 정치가. 伊藤博文 밑에서 대일본제국헌법(大日本帝國憲法)·황실전범(皇室典範) 기초(起草)에 중요한 역할을 수행했다. 교육칙어를 비롯해 다수의 칙령·법령의 기초에 참여한 탁월한 관료로서 알려져 있다. 법제국장관(法制局長官) 등을 거쳐 1892년 제2차 이토 내각에서는 문상(文相)을 역임하기도 했다.

종교를 철저하게 정치의 지배 하에 두어야 한다는 것.

원래 이노우에는 구주 유학의 견문 등으로 국교주의(國敎主義)에는 찬성하지 않았다. 이를 위해 너무나도 많은 피를 흘렸던 종교항쟁의 역사를 배웠기 때문이었다. 이와 더불어 이노우에는 유교의 효용에 기대하는 바가 컸다. 이른바 도덕교육으로 천황제국가에 부합하는 신민교육이 얼마든지 가능하다고 생각했던 것이다. 그는 "유교를 보전하자"는 글을 1881년에 남기고 있을 정도였다. 이 글 중에서 유교의 진부함을 배척하고 신도를 현대풍으로 개조하여 새로운 종교를 만들어냄으로써 인민을 따르게 하려는 움직임이 있으나 그것은 실로 서양의 '필로조퍼(철학자)'들에게 조롱감이 될 뿐이라고 말하고 있다.(『井上毅傳』史料篇第三)

이노우에는 그리스에서 시작되는 서양철학이 인간의 자유를 추구한 끝에 결국은 무신론에 도달했던 것을 통쾌한 일이라고 하면서 언젠가 천하의 인심을 쾌활하게 만들 사상이 출현할 것을 기대하고 있었다. 그러한 이노우에의 입장에서 보면 편협한 신도주의자들의 신도국교론이나 교부성의 신불합동에 의한 국민강화운동은 잔꾀 수준의 논의 정도로 보였을 것이다.

이노우에의 '신교의 자유'에 관한 논의는 두 번째의 철저한 정치우선에 특징이 있다. 기독교 금제의 방침이 철회되기 이전부터 이노우에는 구주제국에서 나타났던 '관용령(寬容令)'을 종교정책의 바람직한 정책으로 인정하고 있었다. 즉 국왕이 인정하지 않는 종교라고 해도 그 존재는 국왕의 관용심의 한도 안에서 그에 상응하는 제한적 범위 안이라면 인정할 수 있다는 것이다. 이노우에의 표현에 따르면 일본에서 기독교는 그 '내상(內想)'은 용인될 수 있으나 '외현(外顯)'은 금지한다는 논법이다.(「外敎制限意見書」) 여기에서 언급되어 있는 제한의 구체적 내용은 성서 등의 인쇄금지, 집회금지, 기독교식 장례금지 등이다. 이런 정도라면 거의 금교와 다름없는 것이지만 어쨌든 '내상(內想)'은 위정자의 관용의 범위 안에서 용인된다는 것이다.

이 관용주의는 그 후 더욱 명확해져서 '신교의 자유'를 용인한다고 해도 종교를 행정상 인가 가능한 것과 인가 불가능한 것으로 나누는 것, 혹은 그 인가조건으로 신도의 수가 30만 이상일 것 등이 요구되었다. 그 결론은 그들 자신의 언어로 말하자면 "종교를 농락해 치안의 도구"로 삼는 것과 다름없었다.(「敎導職廢止意見書」)

이렇게 해서 앞에서 소개한 '대일본제국헌법'의 안녕질서를 방해하지 않는 범위 내에서 또한 신민의 의무에 반하지 않는 범위 내에서 라는 제한적인 '신교의 자유'가 성립되게 된다. 그것은 교부성의 구두 지침과 전혀 다를 바가 없었다. 물론 헌법제정을 기회로 전국에서 민중이 자발적으로 만든 수많은 민간의 헌법초안을 잊어서는 안 될 것이다. 그 중에서도 우에키 에모리(植木枝盛)[23] 가 주장한 그 어떤 것에도 구애받지 않는 무제약적인 '신교의 자유'론은 주목할 만하다. 그렇지만 이러한 민중운동도 그 후 천황제국가의 탄압 하에서 후퇴에 후퇴를 거듭할 수밖에 없었던 것이다.

---

23) 1857-1892. 정치가. 사상가. 자유민권운동의 지도자. 板垣退助를 도와 국회 개설에 힘썼다. 급진적인 사의헌법(私擬憲法)「東洋大日本國國憲按」을 기초하기도 했으며, 저서에는 『民權自由論』 『天賦人權弁』 등이 있다.

종교의 불당

　그런데 정치의 중추부에서 전개된 이와 같은 '신교의 자유'론에는 그 후의 일본인의 종교관을 결정하는 중요한 문제가 내포되어 있었다. 그것은 이노우에 고와시(井上毅)의 논에도 명확한 모습을 드러내고 있는 종교에서의 '내(內)'와 '외(外)'의 구별이다.

　그것을 명확히 지적하고 있는 것 중에 이토 히로부미(伊藤博文)의 『헌법의해(憲法義解)』가 있다. 『헌법의해』에는 다음과 같은 내용이 나온다. "내부에서의 신교의 자유는 완전하며 어떠한 제한도 받지 않는다. 그리고 외부에서의 예배, 포교의 자유는 법률규제에 대해 필요한 제한을 받지 않으면 안 된다. 또한 신민 일반의 의무에 복종하지 않으면 안 된다. 이것은 헌법이 재정(裁定)하는 바이며 정교(政敎)가 서로 관계하는 계역(界域)이다".(岩波文庫版) 『헌법의해』의 실제 집필자는 이노우에 고와시로 알려지고 있는데 이 부분을 읽는 것만으로도 그 점을 충분히 납득할 수 있다. 이노우에는 그 이전에 기독교 금제에 관해 '내상(內想)'과 '외현(外顯)'의 구별을 강조한 바 있기 때문이다.

근대 일본에서 '신교의 자유'가 종교를 내외로 분단하는 희생 위에서 성립되었다는 사실은 아주 중요한 의미를 지니고 있다. 일본인의 종교심은 약하다는 미신이 만연되고 있는 상황에서는 종교가 내외로 분단되어 있음을 말해도 이에 관해 충분한 이해가 얻어질 수 있을지 확신이 서지 않지만 필자가 말하고자 하는 것은 다음과 같은 것이다.

종교라는 현상은 여러 가지 형태로 나타나고 있고 몇 가지 요소로 분해하는 것도 가능하지만 현실에서는 전체적으로 하나의 현상인 것이다. 예를 들면 신앙을 얻기 위해서는 선배, 동지, 성직자와 같은 인간의 조직이 불가결하고, 예배의식도 빼놓을 수 없다. 또한 그 신앙에 입각한 사회적 실천도 있다. 포교를 필요로 하지 않는 종교는 없을 것이다. 자연종교에서도 마쓰리(축제)나 공동기원은 빼놓을 수 없다. 이와 같은 여러 조건을 무시하고 혼자서 조용히 신불과 대면하는 것만이 종교라고 단정할 수는 없다.

근대의 종교사를 살펴보면 신앙의 순수성을 추구하는 운동이 적지 않은데 그 중 상당수의 경우에는 개인의 내면을 중시하는 나머지 종교가 사회적 현상이며 사회에 대한 적극적인 역할을 당연히 포함하는 현상이라는 점을 망각하는 경향이 농후했다. 그보다는 오히려 이노우에 고와시 등의 종교의 내외분단 정책을 적극적으로 지지해 가는 결과에 가까웠다고 볼 수 있다. 현재에도 종교란 특히 개인의 사적인 것이라고 이해하고 있는 사람이 많고, 또한 '신교의 자유'란 그러한 사적인 것을 보장

하는 것이라는 관념적 이해를 하는 경우가 많은데 그것은 내외의 분단
에 의해 만들어진 척박한 종교관에 의거한 '신교의 자유'론인 것이다.

종교의 내외의 분단은 구체적으로 신도는 종교가 아니라고 하는 국
가신도의 논리로서 국민에게 작용했다. 신도의 제사를 여러 가지 종교
를 믿고 있는 국민에게 강요하기 위해서는 그것이 종교가 아니라고 강
변할 수밖에 없었다. 그것은 의식(儀式) 특히 국민적 의식이며 그렇기
때문에 어떠한 신앙을 지니고 있는 인간에게도 허용될 수 있는 것이라
고 국가권력에 의해 주장된 것이다. 사람들은 그 어떤 것과도 바꿀 수
없는 신앙을 개인의 내면에서도 충분히 향수할 수 있는 것이며 외부에
서는 의례 특히 국가를 위한 의례를 받아들여도 전혀 '신교의 자유'가
침해된 것이 아니라는 것이 국가체제 측의 주장인 것이다.

한편 국민 측에서도 종교란 앞에서도 언급한 바와 같이 기독교적인
일신교를 가리킨다는 오해에 가까운 인식이 서구화와 더불어 어느 틈엔
가 확산되어 왔다. 국가라고 하는 신도는 종교가 아니라는 것이 쉽게
받아들여져 왔던 것이다. 또한 철저한 신민교육에 의해 여러 권리와 자
유에 관해서도 국가체제에 빈역하지 않는 범위 내에서 그러한 권리와
사유가 보장된다는 체제 관리하의 권리와 자유가 당연시되게 되었다.
종교란 앞에서 여러 번 언급한 바와 같이 교의와 의례, 포교, 생활이
일체가 된 문화현상이다. 그것은 오랜 역사를 지닌 종교일수록 생활 속
에 용해되어 생활과 일체가 되어 있다. 종교는 생활이며 습관이다. 예를
들면 불교는 장례불교[24]라는 습속이 됨으로써 일본인의 피와 살이 될

---

24) 3장 주29) 참조.

수 있었다. 그러나 국가신도는 습속은 종교가 아니라고 하는 궤변을 관철시켰다.

국가신도가 사멸한 현대에서도조차 종교와 습속의 차이가 법정에서 공공연히 주장되고 있다. 신도식의 지진제(地鎭祭)는 습속이며 종교가 아니므로 지방자치단체가 신관을 불러 공금으로 신도식 지진제를 행해도 정교분리를 정한 현행 헌법의 '신교의 자유'에는 저촉되지 않는다는 주장이 제기되었다. 종교법인인 야스쿠니신사(靖國神社)에 수상을 비롯한 대신들이 공식참배를 계속해도 그 예배는 신도에서 정해진 방식을 택하지 않는 한 신도의 신앙이 되지 않으므로 '신교의 자유'를 침해한 것이 아니라는 것이다.

최근의 예를 들어보면 황거에서 거행되는 니나메사이(新嘗祭)[25] 에 각지에서 곡물이 헌상되는데 그 헌상에 앞서 행해지는 신도식 곡물제(穀物祭)에 지방자치 단체가 공금으로 신도식 지진제를 행해도 정교분리의 원칙에 위반하지 않는다고 하는 지방재판소의 판결이 나왔다. 헌곡제(獻穀祭)의 종교성에 관해 원고 측은 "신도행사인 니나메사이에 직결되는 종교행사"라고 주장한 데 대해 재판소는 "풍작을 기원하고 수확을 감사하는 제례로서 존속되어온 농업진흥행사"라고 규정하고 "일부에 신도식의 제례가 행해지고 있으나 습속, 선례를 답습한 것"이라고 해 헌곡제가 종교활동이 아니라는 판결을 내렸다.(1993年 10月

---

25) 천황이 가을에 제일 먼저 수확한 新穀을 天神地祇에게 공양하며 아울러 자신도 그것을 먹음으로서 수확에 대한 감사와 내년의 풍작을 기원하는 古來부터 이어져 내려온 祭儀. 宮中이나 神宮·出雲大社에서 거행한다. 873년 이후 11월 23일을 祭日로 정해 행해 왔으나 1948년부터는 이 날을 「근로감사의 날」로 지정하여 경축일이 되었다.

25日 毎日新聞 夕刊） 여기에서도 종교와 습속의 구별이라는 본래적으로 구별 불가능한 사항을 억지로 구별하려는 궤변이 여전히 통용되고 있는 것이다.

　　종교라고 하면 신앙은 물론이고 교단활동이나 의례의 집행, 포교활동 등이 포함되므로 '신교의 자유'를 논할 때는 신중해야만 하는데, 습속이라고 하면 단순한 풍습, 습관으로 깊은 의미가 없으므로 '신교의 자유'의 대상이 될 수 없다고 하는 기묘한 분류가 사법계를 비롯해 많은 지식인들 사이에서 은연중에 성립되어 버린 것 같다. 그것은 이노우에 고와시 등에 의한 종교분단 정책이 효과적으로 열매를 맺은 결과라고 말할 수밖에 없다. 더구나 지금도 그 주술(呪術)로부터 자유로운 상황이라고는 말할 수 없다. 이 점을 해결하지 않고는 결국 '신교의 자유'의 문제는 그림의 떡과 같은 존재일 수밖에 없다.

파괴된 구원 시스템

　그런데 이러한 정치의 중추부에서 전개된 '신교의 자유'론에 대해 인민의 종교의식은 어떠한 상황에 있었던 것일까. 이른바 위로부터의 '신교의 자유'에 대항해서 자신들의 힘으로 '신교의 자유'를 획득할 수 있는 상태에 있었던 것일까.

　이 점에서 반드시 언급해 두지 않으면 안 되는 두 사건이 있다. 하나는 신불분리령(1868년 메이지1년)에 의해 이른바 폐불훼석(廢佛毁釋)이 진행된 것이고 또 하나는 신사합사령(1906년)에 의해 전국의 신사가 정리 통합된 것이다. 이 두개의 종교정책으로 종래의 민중 신앙 시스템이 파괴 내지 큰 손상을 입기에 이르렀다. 더구나 그 파괴 내지 손상은 지금도 여전히 정상적으로 극복되고 있지 않다.

　폐불훼석은 신도를 새롭게 국교로 삼으려고 했던 유신정부가 종래의 신불일체의 상황을 타파하고 신도의 자립과 존엄을 확보하려 했던 운동 인데, 그 때문에 엄청난 규모의 불교사원이나 불상이 파괴되기에 이르렀다. 지금도 예를 들면 나라현(奈良縣)이나 기후현(岐阜縣) 등에서는 마을 어디에서도 불교사원을 찾아볼 수 없고 그 대신 의식이나 묘가 신도식 일색인 곳이 많은데 이는 유신 당시의 불교배격의 잔재인 것이다. 너무나도 극심한 불교파괴에 대해 유신정부는 결국 불교의 쇠퇴가 기독교 확대의 계기가 될 것으로 판단하고 폐불 운동을 단속하기 시작해 메이지 10년대(1880년 전후)가 되자 폐불훼석은 진정국면을 맞게 된다. 그러나 이 움직임은 그때까지 민중에게 친숙했던 신불 양자에 의한 구제론의 파괴를 의미했고 큰 혼란을 초래하게 되었다.

폐불훼석 이전까지는 사람들은 저 세상 일은 부처님에게 이 세상 일은 가미(神)에게 의지하는 이른바 신불의 분업에 의한 구원을 믿어 왔다. 이러한 신불공존에 의한 구원 시스템은 일견 타협적이고 엉성하게 보이지만 실은 일상적인 것, 친근한 것을 통해 초월적인 것으로 다가가는 슬기로운 방식이었다고도 말할 수 있다. 다시말해 신(神) 즉 가미는 불(佛)로 갈 수 있는 통로를 마련해주는 친근한 존재이며 부처도 가미라는 중개자를 경유해 사람들을 접하고 있었던 것이다. 또한 가미도 부처와 결합함으로써 스스로의 신위(神威)를 증대시킬 수 있었던 것이다. 어렵게 표현하자면 일본 고유의 신 관념은 불교라는 세계종교와 결합함으로써 보편으로 이어지는 회로를 지닐 수 있었던 것이며 불교도 신들과 일체가 됨으로써 일본에 토착화할 수 있었던 것이다.

물론 호넨(法然)이나 신란(親鸞)의 정토교(淨土敎)와 같이 신들과의 접점을 갖지 않고 그 보편적인 구원을 주장하는 종교도 중세에 이미 등장하고 있다. 그리고 그 신도들은 그 후의 역사에서도 신불습합의 풍조와는 줄곧 일선을 그어왔다. 그렇지만 그것은 일본인 전체의 종교의식에서 보면 여전히 소수파라고 말하지 않을 수 없었다. 민중 대다수는 신불 공존에 의한 구원을 믿으며 근대에 이르렀던 것이다.

따라서 폐불훼석에 의한 강제적인 신불분리는 신불 각자에게 중대한 과제를 던져 주게 되었다. 하나는 신도 자신이 불교와 같이 보편적인 구원의 원리를 지니는 종교로 비약하는 것이고 또 하나는 불교 자신도 죽음의 해결만이 아니고 현세를 살아가기 위한 버팀목으로서 역할과 윤리를 새롭게 창조하는 것을 말한다. 신불 공존에 의한 구원을 방기한 이상 각자가 독립적인 구원 시스템을 갖추지 않고서는 민중의 구원이 불가능해졌기 때문이다. 그렇지만 신도의 주류는 그러한 보편종교로의 길을 걷지 않고 국가와 유착해 천황지배를 정당화하는 이데올로기로 일관했다. 그리고 신도라는 민족종교가 불교나 기독교 등의 세계종교 위에 군림해 이들을 탄압하는 기묘한 현상을 태연히 연출했던 것이다. 불교 측 또한 신도와 경쟁하듯 국가권력에 다가가 스스로 전쟁협력에 열을 올리는 길을 선택히여 천황제 국가에 맞서는 사회윤리를 창출하는 데 이르지 못했다.

이런 의미에서도 일본인의 종교의식의 주류는 폐불훼석의 쓰라린 상처를 간직한 채 100년을 훨씬 넘게 경과하고 있는 것이다. 일본인의 종교의식은 애매하고 잡거적(雜居的)이라는 지식인들의 비판을 감수하면서도 말이다.

제2차 세계대전의 패배에 즈음해 오리구치 시노부(折口信夫)[26]는 이번 패전은 물질적인 패배라기보다는 신에 대한 신앙심의 패배라고

받아들였다. 일본인의 신에 대한 신앙이 철저하지 않았던 것이 원인이며, 미국인이 일본과의 전쟁에서 예루살렘 탈환 시의 십자군들과 같은 신앙심으로 나섰던 것을 생각한다면 일본의 패배는 당연한 것이었다. 그리고 앞으로의 신사 신도는 선배인 불교나 우교(友敎)인 종파신도(宗派神道)로부터 종교적 정열을 배워 종교로, 더구나 인류를 대상으로 하는 종교로 발전해 가지 않으면 안 된다고 역설하고 있다.(「민족교로부터 인류교로(民族敎より人類敎へ)」, 「신도종교화의 의의(神道宗敎化の意義)」) 폐불훼석을 단행한 신도의 입장에서 그것에 의해 야기된 과제가 무엇이었는지 이 단계에서 겨우 인식되기 시작된 것이다.

신사합사령도 마찬가지로 국가신도의 확립과정에서 파생된 정책이었다. 즉 전국에 존재하는 신사나 그에 준하는 시설이 너무도 팽배해져 그것을 국가관리 하에 두기 위해서 이를 정리할 필요가 있었던 것이다. 그 목표는 일 죠 손(一町村)[27] 일 신사(一神社)였다. 이 명령은 10년 정도의 시행 끝에 중지되었으므로 상황은 지방에 따라 다르지만 가장 피해가 심했던 곳은 미에현(三重縣)이었다. 이로 인해 신사 총 수의 85%에 해당하는 5547사가 없어지게 되었다.

---

26) 1887-1953. 국문학자. 민속학자. 오사카에서 태어나 國學院大學을 졸업. 재학 중에 和歌에 심취해 歌作 활동을 하며 「아라라기」의 同人으로 활약했으며 1924년에는 北原白秋와 「日光」을 창간하기도 하였다. 그러는 동안에 柳田國男의 민속학에 흥미를 갖게 되어 일본문학·일본의 고전예능을 민속학적 관점에서 연구해 많은 업적을 남겼다.

27) 町은 원래 거리나 토지면적의 단위로서, 거리로 치면 1町은 60間으로 약 109미터. 면적으로 치면 1町은 10段으로 3,000步를 말하며 약 99.18아르 정도가 된다. 지방 공공단체의 하나로서의 町은 市와 村의 중간 정도에 위치하며 府縣에 따라 마치라고도 죠라고도 부른다. 村 또한 府縣에 따라 손이라고도 무라라고도 부르고 있으며 공공단체 중에는 가장 작은 단위이다.

이와 같은 신사합병의 진정한 의도는 말할 것도 없이 민중의 종교심을 국가신도 쪽으로 유도하는 데 있었다. 구체적으로는 국가에 의해 인가된 신사만을 숭배하는 것으로서 그 이외의 이름도 없는 호코라(祠)[28] 등의 참배는 배제되었다.

그렇지만 당시의 민중들은 유명 대신사(大社)[29]의 신들을 참배하면서도 동시에 산의 신, 밭의 신, 불과 물의 신 혹은 거목이나 기암 거석의 신들도 숭배하고 있었다. 그런데 그것이 일제히 배제된 것이다. 또한 선조 이래 친숙했던 태어난 고장의 수호신인 우부스나가미(産土神)[30] 마저도 멀리 떨어져 들어보지도 못한 신사에 합병되기도 했다.

이 결과 두 가지 문제가 발생했다. 하나는 이름도 없는 작은 신들에 대한 신앙이 억압과 탄압을 받았다는 것 그리고 또 하나는 누가 어떤 신의 제사를 맡을 것인가 라는 제사권의 혼란이다.

물론 정리 합병의 대상이 된 신사나 호코라 중에는 정체를 알 수 없는 미신과 다를 바 없는 것도 있었을 것이다. 그렇지만 설사 그렇다고

---

28) 호쿠라(神庫)에서 음변화가 일어나 호코라가 되었다. 현재 일본 전역에 위치한 신사의 수는 약 8만 5천 개 이상으로 그 규모는 제 각각이다. 明治神宮이나 伊勢神宮처럼 정월에 수백만의 참배 인파가 모여 참배를 하는 신사가 있는가 하면, 시골의 산자락이나 마을 한 귀퉁이에 조그만 건물하나만 달랑 지어져 있는 신사도 있다. 이런 아주 작은 규모의 신사를 호코라라고 한다.

29) 신사의 格式에 따라 전국의 신사를 大·中·小로 나누어 격을 매기고 관리를 해 왔는데 그 중에서도 第一位의 신사를 大社라 하였다. 일반적으로는 아주 오랜 유서를 갖고 있는 대규모의 신사를 大社라 부른다. 出雲大社, 伏見稻荷大社 등. 그러던 것이 1871년 실시된 신사제도에서 정한 官幣大社·國幣大社를 가리키는 말로 되었으며 이 제도에서는 出雲大社만이 社号로서 大社를 쓰는 것이 허용되었다.

30) 사람이 태어난 토지의 수호신. 출산 시에 토지의 신에게 순산을 기원했던 것에서 유래된 명칭이다.

해도 그것을 극복해 나가는 것은 종교심 그 자체의 심화를 통해 이루어
질 문제이지 일개 법령에 의해 해결될 문제는 아니다. 더구나 이러한
이름도 없는 신들이나 신이라고도 할 수 없는 정령에 대한 숭배가 국가
에 의해 그 정통성을 부정당하고 신으로서 인정을 받지 못해 미신 취급
을 받게 되었다는 것은 큰 문제를 안고 있다.

　왜냐하면 사람들은 이름도 없는 신들을 통로로 해서 유명 대신사의
신들로 다가갈 수 있었으나, 이제는 그 작은 신들을 박탈당함으로써 유
명 대신사의 신들을 만날 수 있는 기회를 잃게 된 것이다. 많은 일본인
들은 이세(伊勢)31)나 하치만(八幡)32)의 신들을 섬기는 한편, 부엌이나
우물 벽난로 변소 등의 신들을 섬기는 생활을 계속해 왔다. 그 외에
불단33)도 있다. 이러한 상황을 지식인들은 잡거적이고 중층적이며 천
박한 신앙심이라고 비웃는 것이 보통이었는데 실은 그 안에는 확연한

---

31) 伊勢神宮은 三重縣 伊勢市에 있는 皇大神宮(內宮)·豊受大神宮(外宮) 및
別宮과 攝·末社 등을 모두 포함한 명칭. 황실의 종묘. 내궁은 일본의 皇祖神
인 天照大神을 제신으로 하고 있고 외궁은 도우케(豊受)의 신을 모신다. 율령
시대에는 최고의 국가제사의 대상으로서 천황이외의 사람들의 사적기원을 금
지했다. 근세 이후에는 농경신으로 신앙되어 민중의 참배가 유행하기도 했다.
메이지시대 이후에는 천황제와 결합한 국가신도의 중심이 되어 국가의 관리
하에 놓여졌다.

32) 八幡神은 일본에서 고래부터 신앙되어 온 신들 중에서도 가장 폭 넓게 신앙되
어온 신의 하나로서 처음에는 농경신의 성격이 강한 신이었다. 그러던 것이 9세
기 중엽부터 제신이 仁德天皇으로 된 이후에는 조정에서 이를 祖神 또는 교토
의 수호신으로 받들기 시작했고 伊勢 다음의 제 2종묘로서의 자격을 획득하였
다. 그러던 것이 중세시대에 鎌倉幕府의 권력자인 淸和源氏 一族의 氏神으로
서 모셔졌기 때문에 이후로는 널리 武人들의 수호신으로서 전국에 勸請되기에
이르렀다. 源賴朝가 막부를 둔 鎌倉에 鶴岡八幡宮을 건립한 것도 武將으로서
武神을 섬기기 위함이었음은 널리 알려진 사실이다.

33) 불상이나 조상의 위패를 안치하고 예를 올리기 위한 단.

질서가 유지되고 있었던 것이다. 그것은 한마디로 말하면 보다 친숙한 것과 쉽게 다가가기 어려운 것을 잘 조화시킴으로써 보편적인 구원에 이르려고 하는 것이며 어렵게 표현하면 특수를 통해 보편으로 다가가는 종교심인 것이다.

이름도 없는 신들의 말살이나 친근한 신들이 억지로 먼 곳의 아무런 관련도 없는 신사로 옮겨진 것은 이러한 종교심의 파괴이며 메우기 어려운 공백을 만들어 내게 되었다. 그리고 남겨진 신들은 국가에 의해 정통으로 정해진 큰 신들이지만 민중에게는 더욱 다가가기 어려운 존재가 되었다. 또한 신으로서 인정받지 못한 신들은 큰 신들로 이어지는 길을 잃고 미신적인 요소가 더욱 짙어진 채 방치되게 되었다.

일본에서는 다채로운 신들이 존재하고 있는 것에 대응해 누가 어떤 신을 어떤 식으로 모실 것인가 하는 제사권도 본래는 명확하게 구분되어 있었다. 알기 쉬운 예를 하나만 들어보면 오키나와에서는 '여자의 향로(香爐)'라는 관습이 있는데 여성은 시집가기에 앞서 친정집에 있는 향로의 재를 나누어 받아 그것을 새 향로에 넣어 시집으로 가지고 온다. 그리고 시집에서는 그 며느리만 향로에 배례를 하고 남편이리고 하더라도 이 향로에 배례를 할 수 없게 되어 있다. 이 관습은 옛날에는 일족 (一族)마다 신앙이 달랐음을 나타내는 것으로서 어떤 신이 누구에 의해 모셔지는 지 명확히 정해져 있었음을 말해 주는 것이다. 물론 이것이 그렇게 단순한 것만은 아니다. 사회조직의 변화에 따라 제사권도 복잡하게 이동하고 변화해 왔다. 그러나 일본인은 잡다한 신들을 제 멋대로 모셔왔다는 중상을 감수할 필요가 없었던 것만은 확실하다.

이와 같이 일본의 민중들이 그들 나름대로의 질서 속에서 간직해 왔던 신앙 시스템을 천황제국가는 완전히 파괴하고 그 대신 국가신도를 강요하려고 했다. 그렇지만 국가신도 자체도 스스로 제정한 '신교의 자유' 앞에서 종교임을 부정했던 것이며 민중은 종래의 신앙 시스템의 공백을 이른바 유사종교(類似宗敎)[34]로서 메울 수밖에 없었던 것이다.

물론 그 사이에서 덴리교(天理敎)[35]나 오모토교(大本敎) 등과 같은 대표적인 민족종교가 생겨나 사람들의 종교적 요구에 답하려는 움직임도 있었다. 그렇지만 이러한 민중종교들도 천황신화를 공유하지 않는다는 이유만으로 가혹한 탄압을 받아 스스로 '신교의 자유'론을 전개하는 단계까지는 이르지 못하였다.

---

34) 新興宗敎 또는 新宗敎라고도 함. 旣成宗敎 또는 傳統宗敎와 대립되는 개념으로 막부 말기와 明治維新 이후에 비성직자에 의해 만들어진 새로운 종교를 지칭한다.
35) 교파신도의 하나. 黑住宗忠이 교조이다. 天照大神을 우주창조, 만물화육(万物化育)의 신으로 보고, 인간은 그 분령(分靈)으로 모든 것을 신에게 맡기고 수행함으로써 신과 일체가 될 수 있다고 했다. 1876년 교파신도로 독립하였으며, 본부는 岡山市 尾上에 있다.

'고토쿠幸德 사건'('대역大逆사건')

　　1911년 1월 18일에 고토쿠 슈스이(幸德秋水) 등 24명에게 사형 판결을 내린 이른 바 대역(大逆)사건은 결코 과거의 사건이 아니고 아니며 지금도 여전히 일본인들에게 중요한 과제로 남아있다. 왜냐하면 이사건에 의해 엄밀한 의미에서 국가를 초월하는 혹은 국가를 상대화하는 사상적 영위가 결국 근대일본에서 자취를 감추었기 때문이다. 물론 예외는 있었다. 그렇지만 그것들도 작은 흐름에 그쳤고 주류를 이루는 일은 없었다. 더구나 1945년에 천황제국가가 붕괴하고 이른바 민주국가가 시작되어 반세기 이상이 경과되고 있는 오늘날에도 국가를 초월하는 사상이나 국가 혹은 정치권력을 철저하게 상대화하는 시점이 충분히 성숙되어 있다고는 말하기 어렵다. 오히려 국가는 내부적으로는 더욱 국민에 대한 간섭을 강화하고 외부적으로는 종래의 틀을 넘어 블록화

나아가 새로운 세계시장의 형성에 나서려고 하고 있다. 그리고 국가 내부에서의 이해대립과 국가 간의 이해충돌은 더욱 현저해 지고 있다. 이와 같은 상황 가운데서 요구되는 것은 국가를 강화하는 사상이 아니고 국가를 상대화할 수 있는 사상일터인데 그러한 사상을 스스로 확립할 수 있는 기회가 근대일본의 경우 이 사건에 의해 박탈되었다고 해도 과언이 아니다.

요컨대 이 사건으로 일본열도에서의 사상과 종교의 위상이 결정적으로 바뀌었다는 것이다. 이 사건을 계기로 사상, 문학, 종교 등 정신활동의 대부분이 국가라는 강고한 벽을 앞에 두고 몸 둘 바를 모르고 망설였을 뿐 결국 그것을 초월하는 길을 모색하지 못한 채 근대를 마쳤던 것이다. 근대일본의 문화적 틀이 어떠한 과제를 안고 있는 지를 추적해 왔던 나에게 이 사건은 중요한 의미를 지니고 있다.

그러면 이 사건이 어떠한 것이었는지에 관해『일본정치재판사록(日本政治裁判史錄)』[36]을 중심으로 간단히 살펴보기로 하자.

1910년 5월 나가노현(長野縣) 마쓰모토(松本)에서 제재소 직공 미야시타 다키치(宮下太吉) 등 4명이 체포되었다. 용의는 처음에는 폭발물단속법 위반이었다. 그런데 그들로부터 천황생일을 기해 천황의 마차에 폭탄을 투척하려는 계획이 있었다는 진술을 얻어내 '대역죄'에 해당한다는 판단을 내렸다. '대역죄'란 구형법 제73조에서 말하는 천황, 태황태후(太皇太后), 황태후, 황후, 황태자, 황태손에 대해 위해를 가하거나 혹은 가하려고 한 자는 사형에 처한다는 죄로서 이 사건에 처음으로

---

36) 我妻榮 編集代表『日本政治裁判史錄』1-5 第一法規出版 1968~1970

적용된 것이다. 그리고 이 사건의 지도자로서 새롭게 고토쿠 슈스이(幸德秋水) 등이 체포되었다.

이 사건을 다룬 도쿄지검은 처음에는 미야시타, 고토쿠 등 7명을 기소하는 선에서 마무리하려고 했다. 그렇지만 대심원(大審院)[37] 검사국은 일본에서 무정부주의자가 한명도 존재하지 않을 때까지 그 박멸을 기한다고 발표하고 수사가 전국적으로 확대되어 와카야마현(和歌山縣), 구마모토현(熊本縣), 오사카부(大阪府) 등에서 19명이 새롭게 기소되었다. 이 19명 중 미야시타와 면식이 있었던 것은 2명뿐이고 나머지는 직접적인 관계가 없었다.

고토쿠 슈스이는 1901년 일본에서 최초의 사회주의정당 '사회민주당' 설립의 발기인이 되었고 1903년에는 '헤이민샤(平民社)[38]'를 만들고 '헤이민신문(平民新聞)[39]'을 발행해 사회주의자로서 이름이 알려지기

---

37) 현행 헌법 시행 전의 재판소로, 오늘날의 최고 재판소에 해당하는 곳. 1875년에 창설되어 1890년 구헌법시행에 의해 정비, 확립되었다. 인사부와 형사부가 있으며 각 부에서는 5명의 합의(合議)를 원칙으로 재판이 진행되었지만, 종래의 판례를 변경할 경우에는 연합부 판결이 내려졌다. 50명 가까운 판사가 배치되어 그 長을 대심원장이라 했다. 최고 재판소와 달리 사법행정권은 가시고 있지 않았다.

38) 明治 말기의 사회주의자 단체. 러시아와의 전쟁이 시작되기 직전, 非戰論을 주창해 온 「万朝報」가 開戰論으로 노선을 전향했기 때문에, 幸德秋水, 堺利彦은 1903년 퇴사하여 平民社를 결성하고 「平民新聞」을 창간하였다. 창간 후 곧바로 石川三四郎, 西川光一郎도 참가하였다. 1904년 1월 이곳으로 본부가 이전해 온 사회주의 협회와 함께 자유, 평등, 박애에 기초를 둔 의회주의, 평민주의, 평화주의를 주창하고 선전활동과 도서출판활동을 하였다. 하지만, 平民社는 크리스트교사회주의자와 유물론적사회주의자의 내부분열로 인해 이듬해 10월 해산하게 된다. 이 두 파가 다시 모여 1906년 11월 平民社를 재결성하지만, 1907년 4월에 다시 해체하게 된다.

39) 주간지로 平民社의 기관지. 1903년 11월 15일 幸德秋水, 堺利彦에 의해 창간되었다. 많은 사회주의자가 집필에 협력, 平民社의 社會主義, 平民主義, 平和

시작했다. 1905년 신문지조례(新聞紙條例) 위반으로 투옥된다. 형기를 마치고 도미(渡美). 아날코 샌디칼리즘40)의 영향을 받아 1906년 직접행동론자가 되어 귀국했다. 이 사이에 일본사회당이 결성되었는데 1907년 재간된 '헤이민신문(平民新聞)'도 탄압을 받게 된다. 그 자신은 지병 치료를 위해 고향인 고치(高知)로 돌아갔다. 1908년의 '아카하타사건(赤旗事件)41)'을 계기로 상경했고 가나가와현 유가와라에서 휴양 겸 편찬 일을 하고 있던 중에 미야시타 등의 검거 사실을 알게 된다.

당국에 의해 작성된 사건의 개요는 '아카하타사건'을 계기로 상경한 고토쿠를 몇 번에 걸쳐 찾아간 4명이 천황암살의 '공동모의'를 꾀했고 그것이 전국의 동지들에게 전달되었다고 하는 것이다.

구 형법 제73조의 심리는 대심원(지금의 최고재판소에 상당)에서만 행한다는 규정이 있었기 때문에 대심원에 특별부가 설치되어 1910년 11월 1일에 예심 종결, 같은 해 12월 10일부터 공판개시, 같은 달 24일

主義의 주장에 따랐다. 발행부수는 4천부정도였다. 창간 1주년 기념 53호에서 「共産党宣言」을 번역, 게재하여 발행금지 처분을 받고 1905년 1월 29일 64호로 폐간된 후, 「直言」에 그 자리를 물려주었다. 1907년 1월 일간지로 다시 재간되지만, 정부의 탄압으로 같은 해 4월 폐간되었다.

40) anarcho-syndicalisme. 모든 정치권력을 배제하고 노동조합의 지도에 바탕을 둔 사회를 상정(想定)하는 주의(主義). 1920년대를 중심으로 스페인, 프랑스, 이탈리아 등에서 융성하였다. 일본에서는 大杉榮 등이 주창하였으며, 다이쇼(大正)시대의 노동운동조직을 둘러싸고 볼쉐비즘(레닌주의)과 아나보루논쟁을 전개하였다.

41) 1908년 6월, 東京 神田의 錦輝館에서 당시의 사회주의운동 활동가가 모여 山口孤劍(義三)의 출옥환영회를 개회한 후, 荒畑寒村 등이 「無政府共産」 「無政府」라는 글을 흰 천으로 만들어 붉은 깃발에 꿰매어 흔들었기 때문에 이를 방지하려 했던 경찰관과 몸싸움이 일어나, 大杉榮, 堺利彦, 山川均, 荒畑 등이 체포된 사건을 말한다. 이후 사회주의운동에 대한 탄압이 강화되었다.

에 증거조사를 마치고 다음날인 25일 일요일임에도 불구하고 공판이
열려 피고인 26명 전원에게 사형이 구형되었다. 이 사이에 피고인 심문
이외에는 증인조사도 없었고 관계자들도 놀랄 정도로 신속한 재판진행
이었다.

그리고 12월 27일부터 3일간 변호사 11명의 변론이 있었고 이듬해인
1911년 1월 18일 판결이 내려졌다. 고토쿠 슈스이 이하 24명에게는 사
형, 2명에게는 폭발물단속법 위반으로 유기징역형의 판결이 내려졌다.

1월 19일 사면에 의해 사형수 24명 중 반에 해당하는 12명이 무기징
역으로 감형. 같은 달 24일 고토쿠 슈스이 이하 11명의 사형이 집행되
었고 25일 유일한 여성이었던 간노 스가(管野スガ)[42]도 사형이 집행
되었다. 무기징역의 12명 중 옥중에서 병사한 사람은 3명, 2명은 자살,
나머지는 1934년에 가출옥했다.

1961년 유일한 생존자가 중심이 되어 도쿄고등재판소에서 재심을 청
구. 1965년 청구기각. 최고재판소에 제출한 특별항고는 1967년 대법정
에서 기각되었다. 동시에 도쿄고등재판소의 담당 재판장은 재판소법에
규정된 담당재판관 합의를 거치지 않고 기각을 결정했다는 이유로 소추
되었다.(人原慧「『대역사건 재심청구의 현상과 문제(大逆事件』再審
請求の現狀と問題)」)

이 사건은 어디까지나 체제 측이 붙인 죄명으로서 현재도 이러한 죄

---

[42] 1881~1911. 여성혁명운동가. 불우한 가정에서 자랐으며 한때는 작가를 지망했
다. 1904년 平民社에 堺利彦을 찾아가서 사회주의에 입문하였다. 1904년 赤
旗事件으로 검거되었으나 무죄를 선고받았다. 남편 荒畑寒村이 같은 사건으
로 투옥되어 있는 동안 幸德秋水와 결혼하였다. 1910년 大逆事件으로 천황암
살계획의 중심인물 중 한 명으로 기소되어 이듬해 1월 25일 사형당했다.

명이 타당한 지 의문이다. 오히려 후에 주모자로서 날조된 고토쿠 슈스이 이름을 따서 '고토쿠 사건'이라고 하는 것이 객관적일 것이다.

이 사건의 배후에 원로 야마가타 아리토모(山縣有朋)의 사회주의에 대한 철저한 기피심이 자리 잡고 있었음은 잘 알려져 있다. 야마가타는 1922년의 죽음을 맞을 때까지 근대천황제국가의 실질적인 지도자였다. 야마가타의 지배기초는 민중에 있었던 것이 아니라 천황제 위에 그 거대한 권력을 구축했다는 평가를 받고 있는데(岡義武, 『山縣有朋』), 근대천황제 하에서 사실상의 독재자는 야마가타였다고 생각될 정도로 천황제를 위협하는 것에 본능적인 경계심을 드러냈다.

1907년의 사회당 대회에서 고토쿠 슈스이의 직접행동론, 즉 노동자가 직접 동맹파업을 해 요구를 쟁취한다는 방법이 상당수의 의회주의자들에게 받아들여졌다는 것, 또한 같은 해 11월 샌프란시스코의 일본 총영사관 현관에 무정부주의자에 의한 천황제비판과 친황암살을 꾀하는 문서가 붙여졌다는 '더 테러리즘 사건'이 발생한 것 등을 계기로 야마가타는 사회주의자, 무정부주의자의 섬멸에 나서게 되었다. '고토쿠 사건'은 그 결과이며 1945년 이후 여러 연구가 밝히고 있는 바와 같이 그 내용은 거의 당국에 의해 날조된 것이었다.

이 사건에 의해 천황제에 반대하는 자는 어떠한 대가를 치룰 것인지가 명백해 짐으로써 근대천황제국가의 이른바 공포정치가 시작되게 되었다. 이시카와 다쿠보쿠(石川啄木)의 말을 빌려 표현하자면 실로 시대는 이를 계기로 '폐색(閉塞)' 상황에 빠진 것이다. 다쿠보쿠는 사건 다음 해에 이 사건의 변호사를 맡았던 히라이데 오사무(平出修) 에게 보낸 편지에서 다음과 같이 적고 있다.

나는 그날 저녁처럼 정신적 피로를 느낀 적은 없었습니다. 그리고 그 다음 날 고쿠민신문(國民新聞)의 사설을 잠자리에서 읽었을 때는 나도 모르게 '일본은 이제 틀렸다'라고 외쳤습니다. 그리고 이상하게도 눈물이 나왔습니다. 나는 결코 미야시타나 스가가 한 행위를 찬성하는 것이 아닙니다. 그러나 '다음 시대' 라는 것에 관해 일체의 사색을 금하려고 하는 총검 정치가의 압제는 아무리 생각해봐도 이 대로 방치되어서는 안 될 것 같다고 생각했습니다. (「메이지 44년의 편지(明治四四年の手紙)」)

'고토쿠 사건' 이후 다쿠보쿠는 사건에 관한 기록의 보존과 그 진상을 후세에 남기기 위해 집필활동에 들어가지만 다음 해인 1912년 26세로 세상을 떴다. 시대를 정확히 간파한 인물을 일본은 잃은 것이다.

'고토쿠 사건'의 자장磁場

이 사건에는 불교도의 관련이 두드러진다. 사형을 선고받은 우치야마 구도(內山愚童)[43]는 소도슈(曹洞宗)의 주지였고 무기징역이었던 다카기 겐메이(高木顯明)는 신슈오타니파(眞宗大谷派)의 주지였다. 또한 같은 무기징역이었던 미네오 세쓰도(峯尾節堂)[44]와 사사키 도겐

---

43) 1874-1911. 승려. 24살에 출가하여 1904년 神奈川縣 足柄溫郡 泉村 林泉寺의 주지가 되어, 이즈음부터 사회주의연구를 비롯하여 선당(禪堂)공동생활을 사회에 적응해 보이려 幸德秋水, 堺利彦, 石川三四郎 등과 교제하기 시작하였다. 이들과 함께 林泉寺에서 비밀출판도 하면서 마을 청년들의 교육에도 앞장섰다. 아니키즘에 대한 관심이 깊어져 1908년 赤旗事件을 계기로 아나키스트가 된다. 1910년 大逆事件에 연좌되어 사형에 처해졌다. 불교와 아나키즘을 결합시키나 사상과 행동은 일본근대불교사에 있어서 특이한 존재로 평가받고 있다. 저서에 「入獄紀念-無政府共産」이 있다.

44) 1885-1919. 승려. 和歌山縣 泉昌寺의 주지였으나, 미해방부락민들에 대한 동정으로부터 사회주의 사상을 소유, 大石誠之助 등과 활동했다. 1910년 大逆事

(佐々木道元)은 미네오가 린자이슈(臨濟宗)의 승려, 사사키가 조도신
슈 혼간지파(淨土眞宗本願寺派)의 말사(末寺) 출신이었다. 그리고 이
사건에 관련되어 가택수사를 받았던 인물 중에도 두 사람의 불교도가
있었다. 한 사람은 모리 세이가(毛利淸雅)45)로 신곤슈(眞言宗)의 주
지 또 한 사람은 이노우에 슈텐(井上秀天)으로 캘커타에서 원시불교를
연구한 경력의 소유자. 사형 구형을 받은 24명 중 어떻게 4명이나 불교
도가 포함되어 있던 것일까? 이는 단순한 우연일까? 나에게는 그 나름
의 필연성이 있었다고 생각된다. 그러면 그 필연성이란 무엇인가.

그 전에 반드시 언급해 둘 것이 있다. 그것은 고토쿠 슈스이의 유저
『기독말살론(基督抹殺論)』에 관해서이다. 그 서문에서 그는 이 글이
불 끼 한 점도 없는 다다미 세장 넓이의 추운 일실에서 철창으로 새어
들어 오는 빛 사이로 병든 몸을 일으켜 얼어붙은 손을 입김으로 녹이면
서 쓴 자신의 최후의 문장이며 생전의 유고라고 적고 있다. 집필 개시는
체포되기 전이었지만 그가 왜 이러한 주제로 결과적으로는 절필(絕筆)
이 되어버린 문장을 쓰게 된 것일까. 여기에는 이 사건에 불교도의 관여
와도 관련되는 하나의 자장(磁場)이 존재하고 있었던 것으로 생각된다.

그 자장이란 무엇인가. 그것은 종교적 권위를 인민에게 강요함으로써
국가통합을 추진하려고 하는 근대천황제국가가 지니는 유사 종교성에
대한 반발이다. 일본 근대국가에 대한 비판이 근원적이면 근원적일수록
그것이 정치적 경제적 레벨에서 그치지 않고 종교의 차원으로 다가가지

件에 연좌되어 사형판결을 받았으나 무기징역에 처해져. 1919년 千葉감옥에서
옥사하였다. 저서에 「我懺悔の一節」이 있다.
45) 高山寺의 주지이면서 『牟婁新報』의 主筆로 재직하였다.

않으면 안 되었던 이유가 여기에 있다. 국가가 지니는 유사 종교성이 필연적으로 불러일으킨 반발력이 이 사건에 작용하고 있는 것이다.

그 반발력은 두개의 방향을 취했다. 하나는 고토쿠 슈스이의 유저에서 제기되고 있는 유사종교에 대한 과학적, 역사적 비판이고 또 하나는 우치야마, 다카기 등에서 나타나는 진실의 종교로서 유사종교를 깨는 길이었다.

『기독말살론』가운데서 고토쿠가 시도하고 있는 기독교 비판은 종교비판으로서 깊이가 있는 것이라고는 볼 수 없다. 그것은 과학적 사회주의자이며 유물론자인 고토쿠 자신의 종교에 대한 공감의 부재에 기인하는 것으로 일반적으로 모든 종교를 태양숭배와 생식기숭배로 환원하는 논법에도 그것은 잘 나타나고 있다.

그의 기독교 비판의 포인트는 기독교가 "학술에 부합하지 않고 도리에 맞지 않으며 비평과 상식의 대상이 되지 못하는" 점에 있다. 구체적으로는 '성서' 내부에 상호 모순되는 기술이 있는 것, 기독교 교의와 전례(典禮) 등이 모두 선행 종교의 연장에 지나지 않고 그리스 사상의 재현이라는 것, 예수 그리스도라는 역사적 인물의 존재가 증명될 수 없다는 것의 세 가지 점으로 요약된다. 따라서 기독교는 '고대의 신화'로는 경의를 표해도 좋지만 '현대종교'로서는 이미 생명을 잃고 있다고 결론짓고 있는 것이다.

그러면 고토쿠가 이러한 기독교 비판을 시도하게 된 동기는 어디에 있는 것일까. 하나는 동시대에 큰 세력을 갖기 시작했던 기독교 사회주의에 대한 비판이며, 또 하나는 새로운 유물론을 구상하기 위해 재차 기독교 비판을 시도한 것이 아닐까라는 점을 들고 있다. 또한 기노시타

나오에(木下尙江)46)는 고토쿠가 기독교 비판을 통해 실은 천황제를 비판하려고 했던 것은 아닐까 하는 지적을 하고 있다. (앞의 책 해설)

필자는 고토쿠가 의식적으로 천황제 비판을 이 책에서 시도하려 했었는지, 혹은 그보다는 당시의 일본사회에 확산되려고 하는 기독교에 대해 유물론자로서 강한 비판을 가하려고 했었는지를 생각하기에 앞서, 우선 이 책에서 고토쿠가 택하고 있는 기독교 비판의 방법론에 주목하고자 한다.

『기독말살론』에는 풍부한 비교종교적 견식이 제시되고 있고 유럽에서의 '성서'를 둘러싼 과학적 문헌고증학의 최신성과가 대폭 다루어지고 있다. 이것들을 토대로 예수 그리스도를 역사적 인물로 인정하기 어렵다고 논증하고 있는 것인데, 필자는 이 논증에서 천황제라는 유사종교를 근저에서부터 비판하는 극히 유효한 방법론이 제공되고 있다고 본다.

즉, 만일 근대천황제의 근거로 되어 있는 일본신화나 역사의 해석에 이러한 문헌비판이나 고증학이 적용된다고 한다면 근대천황제의 미망과 허위는 그 자리에서 명백해지기 때문이다.

고토쿠는 그 '결론'의 앞부분에서 "나는 기독에 관한 전설기록을 분해 해석한 바, 일개의 살아있는 기독을 발견하지 못하고 단지 이미 사멸해버린 고대신화의 잔골(殘骨)이 여기저기 널려져 있는 것을 볼뿐"이

---

46) 1869-1937. 소설가, 사상가, 사회운동가. 1899년 每日신문사에 입사하여 廢娼運動, 足尾鑛毒事件, 천황제비판 등을 주제로 한 논설을 집필, 1901년에는 사회민주당 창립에 참가하기도 하였다. 또 平民新聞을 지원하였으며, 非戰論을 전개하였다. 이 시기의 소설 「불기둥(火の柱)」 「낭인의 자유(浪人の自由)」는 메이지 사회주의 소설의 대표작으로 평가받고 있다. 1905년 平民社 해산 후에는 石川三四郎 등과 『新紀元』을 창간하였다. 창간 후, 사회주의 운동을 이탈하여 자서전 「懺悔」, 소설 「영혼인가 육체인가(靈か肉か)」를 집필하였다.

라고 기술하고 있는 데 그것은 그대로 일본신화나 역사의 날조 위에 성립하고 있는 근대천황제의 해체를 말해주고 있는 것이라고도 볼 수 있을 것이다. 고토쿠 슈스이와도 가까웠던 이노우에 나오에 설이 설득력을 지니는 소이이다.

이『기독말살론』에 관해서는 한마디 더 언급해 둘 것이 있다. 그것은 이 책의 출판을 '신불교' 운동의 중심인물 다카시마 베이호(高島米峰)47)가 맡았다는 것이다.

'신불교' 운동은 1899년 '불교청도동지회(佛敎淸徒同志會)'의 결성과 함께 시작된 불교혁신운동이다. 그 강령에는 교단의 부정(否定)이나 사회의 개선, 정치권력으로부터의 자립 등 단순한 내면의 신앙에 그치지 않고 적극적으로 사회에 참여하려는 자세가 현저했다. 운동의 과정에서 사회주의자와도 교류를 넓혀가 사카이 도시히코(堺利彦)48)는 '고토쿠 사건'의 '피고' 전원에게 그 기관지『신불교(新佛敎)』를 전달했다

---

47) 1875-1949. 불교운동가. 1899년 境野哲, 安藤弘 등과 佛敎淸徒同志會(新佛敎同志會)를 조직하여 금주, 금연 폐창운동을 시작하였다. 1900년에는 잡지「新佛敎」를 발간하여 現成佛敎敎團의 퇴폐·성체를 비판하였으며, 丙午出版社를 세워 불교서, 철학서를 출판하였나. 1943년에는 東洋大學의 학장을 역임하기도 하였다.

48) 1870-1933. 사회주의자. 1899년「万朝報」社에 입사하여 幸德秋水, 內村鑑三 등과 알게 됨. 사회민주당창립에 참가하려 했던 1901년 즈음부터 사회주의자로서의 길을 걷게 되었다. 1903년 內村, 幸德과 함께「万朝報」에 非戰論을 전개하였으며, 퇴사 후에는 平民社를 창설하여, 平民新聞을 발간하였다.「共産党宣言」의 번역,「家庭雜誌」발향, 일본사회당 결성 등, 1908년 赤旗事件으로 투옥될 때까지 사회주의를 위한 운동을 계속하였다. 제 1차 대전이후 사회운동이 급전개함에 따라 일본사회주의동맹을 조직하고, 1922년에는 일본공산당창립에 참가하였다. 제 1차 공산당사건으로 解党하고 1927년에 무산대중당, 일본대중당 등에 참가하였다. 사회주의자의 조직화에 있어서 중요한 역할을 담당하였다고 평가받고 있다.

고 한다.(吉田久一, 『고토쿠사건과 불교(幸德事件と佛敎)』)

고토쿠 슈스이는 유저가 된 『기독말살론』의 출판을 사카이 도시히코를 통해 다카시마 베이호에게 의뢰했다. 다카시마는 헤이고출판사(丙午出版社)의 사주이기도 했다. 다카시마는 주위에서 '역도(逆徒)'의 출판이라는 이유로 반대하는 의견도 있었지만 최종적으로는 단호하게 그 출판을 맡았다.(앞의 책 해설) 뒤에서 언급하겠지만 우치야마나 다카기 등이 소속된 불교교단이 하나 같이 비굴하기 짝이 없는 변명과 사죄를 당국에게 늘어놓았던 것과는 너무도 대조적이었다.

불교도의 입장

'고토쿠사건'에 연좌된 불교도의 인물상, 신심 등 기초적인 사실에 관해서는 이미 요시다 구이치(吉田久一)의 뛰어난 연구(『고토쿠사건과 불교(幸德事件と佛敎)』)가 있다. 이 장의 내용은 이 연구에 의거하는 바가 많은데, 여기서 특히 강조하고 있는 점은 고토쿠가 천황제라는 유시종교에 대해 과학주의, 실증주의로서 대치했었음에 비해 불교도들은 종교의 본질을 밝힘으로써 그 비판을 실행했다는 것이다. 다르게 표현하자면 '고토쿠 사건'이라는 정치적 탄압 이전의 단계에서 종교란 (이 경우 불교로 한정되지만) 과연 어떤 것인지가 그들의 행동을 통해 명백해졌다는 것이다.

우치야마 구도는 1874년 니가타현(新潟縣) 오치야마치(小千谷町)에서 장인(匠人)의 아들로 태어났다. 24세에 소도슈(曹洞宗)의 승려가 되었고 사건이 일어날 무렵에는 가나가와현(神奈川縣) 아시가라시모 군(足柄下郡)에 있는 린센지(林泉寺)의 주지였다. 우치야마가 사회주의자가 된 동기는 '헤이민신문(平民新聞)'이 내걸고 있는 이상이 선당(禪堂) 생활과 같았기 때문이다. 그 자신 오래전부터 선당의 공동생활을 사회에 적용해 보고 싶다는 염원을 지니고 있었는데 이것과 사회주의가 합치되었다는 것이다. 별도의 자리에서 우치야마는 불교의 '평등'이라는 가르침에 따라 사회주의자가 되었다고도 말하고 있다.

선종에서의 승당생활은 어떤 의미에서는 소박한 공산주의적 공동생활이라고도 말할 수 있을 것이다. 깨달음을 지향하는 운수승(雲水僧)[49]들은 삭발의 순간부터 모든 현세적 속박에서 벗어나 현세에서 어떠한 생활을 하고 있었는지는 불문에 부쳐지고 부모, 형제, 친척이나 친지들과의 관계도 단절된다. 최소한의 소지품 외에 사유는 용납되지 않고 일도 평등하게 분담된다. 음식도 탁발과 포시(布施) 혹은 자신의 노동에 의해 얻은 것을 평등하게 분배한다. 일반적으로 특권적 수행자는 존재하지 않는다. 운수승은 수행자로서 완전히 평등하다. 우치야마는 승당생활의 구체적 내용에 관해서는 아무런 언급도 하고 있지 않지만 아마 이러한 평등한 공동생활을 평가하고 있었을 것이다.

또한 우치야마는 고토쿠 슈스이와의 교유를 통해 무정부주의자의 길을 걷게 된다.

모든 권위를 부정하는 선(禪)의 정신에서 본다면 무정부주의는 무엇보다도 공감할 수 있는 정치적 신조였다고 말할 수 있다.

---

49) 장소를 정하지 않고 떠돌아다니며 수행하는 선종의 승려. 행각승이라고도 한다.

우치야마의 생각이 잘 나타나고 있는 것은 중형이 선고된 '아카하타 사건(赤旗事件)'의 부당한 판결에 항의해서 집필, 비밀 출판한 『입옥기념·무정부공산(入獄記念·無政府共産)』이라는 문장일 것이다. '아카하타사건'은 1908년 도쿄 간다(神田)의 긴키칸(錦輝館)에서 열린 사회주의자의 출옥환영회에서 오스기 사카에(大杉榮) 등이 '무정부공산'이라고 쓴 붉은 깃발을 지참했던 것을 이유로 사카이 도시히코 등 14명의 사회주의자들이 일제히 검거된 사건이다.

우치야마 구도는 이 글 가운데서 천황제국가를 통렬히 비판했다. 예를 들면 소작인이 언제까지나 빈곤에 허덕일 수밖에 없는 이유에 관해 "천자(天子), 부자, 대지주. 사람의 피를 빨아먹는 진드기가 있다"고 하면서 그들의 일본지배를 정당하다고 하는 '미신'에 소작인들이 언제까지나 매어 있어서는 안 된다고 강조한다. 또한 과연 정부가 있다고 해서 인민은 얼마만큼 안락해질 수 있을 것인가. 오히려 정부란 압제의 원흉 그 자체가 아닌가라는 의문을 제기하고 천황에 관해서도 "지금의 천자의 선조는 규슈(九州)구석에서 나와 살인과 강도짓을 하고 깊은 도둑 패거리인 나가스네히코[50] 등을 멸망시킨 이른바 구마자카 쥬한[51]이나 오에야마(大江山)의 슈텐 도지(酒呑童子)[52]가 성공한 것이다. 신이 아님은 조금만 생각해보면 바로 알 수 있다"고 하면서 '천자 없는 자유국'을 만드는 것이 '정의의 용사'가 해야 할 일이라고 주장한다. 그리고 정의를 실현하기 위해서 소작료불납, 세금내지 않기, 징병거부의 운동

---

50) 2장 주28) 참조
51) 2장 주29) 참조
52) 2장 주30) 참조

을 벌여나가자고 주장했다.(「우치야마 구도와 다카기 겐메이의 저술(內山愚童と高木顯明の著述)」)

이 비밀출판된 책은 '헤민샤(平民社)'의 독자명부 등을 대상으로 전국에 배포되었는데 그 내용이 너무나 격렬해서 대부분은 당국을 두려워해서 파기되었는데 미야시타 다키치(宮下太吉)만은 천황의 도카이도선(東海道線)[53]통과를 보기 위해 몰려든 군중들에게 "천황폐하 따위, 고마운 자가 아닙니다"라고 공공연히 외치면서 이 팜플렛을 배부하고 다녔다고 한다.(神崎清, 「메이지의 혁명승·우치야마 구도의 궤적(明治の革命僧·內山愚童の軌跡)」)

『입옥기념·무정부공산(入獄記念·無政府共産)』이 우치야마에 의해 만들어졌다는 사실은 오랜 동안 당국도 모르고 있었는데 1909년 5월 결국 체포되었다. 용의는 절에 밀렵용(密獵用) 으로 보관하고 있었던 다이나마이트로 인한 폭발물단속법 위반과 비밀출판에 의한 출판법 위반이었다. 검사국은 그를 황태자 암살의 원흉으로 몰아세우려 했으나 뜻대로 되지 않았고 결국 '고토쿠 사건'에 연좌된 26명 중 최종 기소자가 되었다.

당시 신문에 따르면 사형이 임박한 우치야마 구도의 태도는 특히 당당했다고 한다. 그 절필 문장에서도 "이성에 따라 행동했기 때문에 단두대의 이슬이 된다고 해도 (중략) 태연자약할 수가 있다. 이것이 인생

---

53) 東京에서부터 橫浜, 名古屋, 京都, 大阪, 神戸를 잇는 일본의 중요간선철도(JR선). 1872년 新橋와 橫浜을 잇는 일본최초의 철도로 개통, 1889년에 神戸까지 완전 개통하였다. 1913년에 전 노선이 복선화되었으며, 1914년 東京역이 완성되었다.

의 행복이라는 것이다"(「우치야마 구도와 다카기 겐메이의 저술(內山愚童と高木顯明の著述)」)라고 쓰고 있다. 향년 38세였다.

우치야마가 소속된 소도슈(曹洞宗)는 그를 파문한 뒤 진사문(陳謝文)을 궁내대신(宮內大臣) 앞으로 제출하고 앞으로는 '존황호국'을 입교(立敎)의 본의(本義)로 해서 교단의 이름으로 매진하겠다고 서약하고 있다. 또한 린센지(林泉寺)의 단가(檀家)[54]들은 우치야마가 천도한 장례는 선조들에게 면목이 없다는 이유로 장례의 재고를 협의했다고 한다.

다카기 겐메이는 1864년 5월 아이치현(愛知縣) 니시카스가이군(西春日井郡)의 상인의 자식으로 태어났다. 신슈오타니파(眞宗大谷派)가 경영하는 학교를 졸업하고 1897년 와카야마현(和歌山縣) 신구시(新宮市)의 오타니파(大谷派) 죠센지(淨泉寺)의 주지가 되었다. 죠센지(淨泉寺)의 단가(檀家)에서는 미해방부락(未解放部落)[55] 출신자들이 많았고 절은 빈곤했다. 다카기는 일찍부터 부락차별에 반대하고 계급타파와 전쟁반대를 주장했고 열렬한 폐창론자(廢娼論者)이기도

---

54) 득성 사원에 소속히면서 징례식 등 모든 불사(佛事)를 그 사원에 위탁하고, 사원이 경영과 유지에 관여하는 신도 또는 그런 집.

55) 1871년 8월 태정관포고(太政官布告)에 의거하여 평민에 편입되었음에도 불구하고 그 후에도 천대받고, 직업, 혼인 등과 관련하여 다양한 사회적 차별을 받아온 지역. 피차별부락이고도 한다. 역사적으로는 고대 신분제 해체과정, 중세적인 피차별민의 성립에 피차별부락의 원류가 있다고 하는 설이 유력하다. 현대로까지 이어지고 있는 피차별부락민과 부락은 근세 신분제 안에서 성립하여, 메이지 정부가 태정관포고(해방령)를 내걸 때까지 엄격한 법적, 제도적 신분차별을 받아왔다. 부락차별로부터의 해방을 목표로 한 부락해방운동은 1922년 전국 水平社 창립을 계기로, 차별을 반대하는 근대 일본 최대의 사회운동, 기본적 인권옹호운동으로 발전하여 법적정비와 차별, 인권, 불평등에 대한 일본사회 의식을 변혁하는 데에 큰 역할을 담당하였다. 그러나 차별의 완전철폐는 여전히 해결과제로 남아있다.

했다. 사회주의는 같은 신구시(新宮市)의 오이시 세이노스케(大石誠之助)에게 배웠고 그의 절에서 사회주의 강연회가 열리기도 했다.

다카기에게는 러일전쟁 무렵에 쓴 '나의 사회주의'라는 글이 있다. 이 글에 따르면 아미타불(阿弥陀佛)의 평등의 구원 특히 '평민' '우부우부(愚夫愚婦)'에 위안과 안심을 준다는 가르침이 그 사회주의 운동의 기초에 자리 잡고 있음을 알 수 있다. 그에게 있어 사회주의는 정치운동이라기보다도 종교운동이라는 것이 더 적합했던 것이다. 신란(親鸞)의 동붕주의(同朋主義)가 그 구체적인 이미지이며 자비를 통해 모든 것을 구원하는 극락은 사회주의 실천의 장이라고 여겼다. 아미타불을 향한 신심으로 출발해 사회제도의 근본적인 변혁으로 나아간 것이 다카기의 사회주의에 다름 아니었던 것이다.(『우치야마 구도와 다카기 겐메이의 저술(內山愚童と高木顯明の著述)』)

또한 이 글에서 주목할만한 것은 동시대의 고명한 불교학자 난조 후미오(南條文雄)의 전쟁협력론을 비판한 것과, 신란의 편지 가운데서 '호국사상'의 표현으로서 교단이 이를 적극적으로 선전한 글에 관해 그것은 결코 그런 성격을 지니는 것이 아니며 반대로 신란은 '평화의 복음'을 말하고 있는 것이라고 단언하고 있는 것이다.

난조 후미오는 다카기와 같은 신슈오타니파(眞宗大谷派)의 승려로 옥스퍼드대학에 유학해서 산스크리트학을 전공하고 근대불교학의 기초를 확립한 학자였다. 학문으로서 불교에는 정통했지만 가장 중요한 자비와 평화의 실천에 관해서는 당시 대다수 학자들이나 지식인들과 마찬가지로 국가가 설정한 틀을 넘지 못했다. 오히려 신자들을 적극적으로 전선(戰線)에 내모는 과오를 범했던 것이다. 종교가의 참모습은 난조가 아니라 다카기에서 명료하게 나타난 것이다.

'호국사상'을 표명하고 있는 신란의 편지란 "황실을 위해 국민을 위해 염불을 올릴 수 있다는 것은 경하할 일이다"라는 내용이 담긴 편지로서 교단 측은 신란에게도 이러한 조정숭배와 애국적 정신이 있었다고 하면서 국가권력의 비위를 맞추려고 했다. 이후 군국주의가 강화되고 파시즘이 주도하는 시대를 맞자 이 편지는 더욱 금과옥조가 되었다. 덧붙여 말하자면 교단은 신란의 주저 『교행신증(教行信證)』에서 천황들이 법을 위반해 호넨(法然)의 제자들을 사형시키고 호넨과 신란을 유배시킨 것은 잘못이라고 비난한 부분을 은폐하면서 권력에 아부하는 자세를 보였던 것이다.

이 편지의 평가를 둘러싸고 패전 후 역사가 핫토리 시소(服部之總)가 상세한 연구를 발표하고 신란의 진의는 결코 '조정을 위한 염불'을 말하고 있는 것이 아님을 밝혔다.(「이른바 호국사상에 관해(いわゆる 護國思想について)」) 이에 대해 역사가 아카마쓰 도시히데(赤松俊秀)는 핫토리의 주장은 맑시즘에 입각한 이데올로기 위주의 오독(誤讀)이라고 반론했다.(『가마쿠라불교의 연구(鎌倉佛敎の研究)』)

다카기 겐메이는 이 편지가 '개전론의 주장'이 아니고 '평화의 복음'인 이유를 상세한 분석을 통해 주장하고 있는 것은 아니다. 그렇지만 신란의 동붕주의를 몸소 실천해 온 다카기가 그 직관에 의해 '평화의 복음'이라고 읽어 낸 것이다. 이에 관해 상세한 분석은 생략하지만 필자로서는 핫토리의 결론에 찬성한다. 그렇기에 러일전쟁이라는 시기에 이미 이 편지의 내용을 정확하게 이해하고 '개전론의 주장'으로 해석해서 국가에 영합하려고 했던 교단의 주류를 비판한 다카기의 깊은 신심에 감동하는 것이다.

다카기 겐메이는 수감되어서도 무죄를 확신했다. 무기징역선고를 받고 아키타(秋田)감옥으로 송치되어 1914년 감옥 안에서 스스로 목매어 자살했다.

다카기가 소속된 신슈오타니파(眞宗大谷派)는 다카기가 사형판결을 받은 다음 날로 승려의 신분을 박탈하고 교단으로부터 영구추방의 처분을 내렸다. 그리고 교단은 신슈(眞宗)가 세속생활에서는 국법을 준수할 것을 가르치는 종교임을 거듭 사회에 호소하고 천황과 국가의 은혜를 최우선으로 설법해 갈 것을 맹세했다. 오타니파는 다카기 겐메이의 무죄가 논증된 지금에도 그를 이른바 파문시킨 채로 있다.(『眞宗』1993年 5月号)

미네오 세쓰도(峯尾節堂)와 사사키 도겐(佐々木道元)에 관해서는 지금 단계에서는 우치야마와 다카기 만큼 언급할 내용은 없다. 그렇지만 역시 린자이슈 묘신지파(臨濟宗妙心寺派)는 미네오 세쓰도를 파문하고, 린자이슈(臨濟宗)의 입교정신은 '흥선호국(興禪護國)'이며 일반 사원의 본존(本尊) 앞에서는 천황의 장수를 기원하는 팻말을 안치하고 있을 정도이다. 그런데, 대역죄를 저지른 인간이 우리 종파 안에서 나왔음은 실로 유감이며 그들의 주장은 '악평등(惡平等)의 사견(邪見)'이라고 매도하면서 진사에 노력했다. 사사키는 사원(寺院) 출신자이기는 했지만 승려는 아니었기 때문에 조도신슈 혼간지파(淨土眞宗本願寺派 西本願寺)는 "국가의 안녕을 증진하고 사회의 질서를 유지함으로써 종문의 광휘(光輝)를 발양(發揚)"하도록 하는 훈시를 내리는데 그쳤다.

이노우에 슈텐(井上秀天)에 관해서는 한마디 언급해 두고자 한다. 이노우에는 1880년 돗토리현(鳥取縣)에서 태어나 승려가 되어 소도슈

대학(曹洞宗大學)56)에 입학해 인도철학을 연구했고 1896년 인도로
건너가 캘커타의 대학에서 원시불교를 연구했다. 러일전쟁 후에는 인도
의 신문 특파원이 되었다. 그는 원시불교에 의거한 무저항주의적 평화
론을 주장하고 철저하게 비전론(非戰論)으로 일관했다. 가택수색 당시
고토쿠 슈스이 등이 보낸 그림엽서를 지니고 있었지만 사회주의자가
아니라고 해명함으로써 기소를 면했다.

　그는 줄곧 『신붓쿄(新佛教)』57)에 기고하면서 활동했다. 고토쿠의
유저(遺著)를 출판한 다카시마 베이호(高島米峰)의 용기를 칭송한 것
도 그였다. 제1차 세계대전 때에도 일본은 참전해서는 안 되고 모든
군비를 없애야 한다고 주장하고 있다. 또한 국제적인 시야에서 편협한
'교육칙어(敎育勅語)'적 충군애국주의를 배격하고 있다.(모두 앞의 책
吉田久一 『고토쿠사건과 불교(幸德事件と佛教)』에서 인용)

　이 사건에 의해 뜻밖에 메이지의 국가주의에 구애받지 않고 자유롭
고 국제적인 시야에 서 있는 불교도가 존재하고 있었음이 밝혀진 것은
수확이라고 할 수 있을 것이다. 그렇지만 그들의 활동이 근대불교사 가

---

56) 현재의 駒澤大學. 1592년 曹洞宗이 禪의 실천과 불교의 연구, 한학진흥을 목
　　적으로 吉祥寺 경내에 세운 學林이 駒澤大學의 前身이다. 다른 학교와의 합
　　병, 몇 번의 개명을 거쳐 1905년 曹洞宗大學으로 교명을 개명하였다. 曹洞宗
　　大學은 1925년 大學令에 의해 대학으로 인가를 받아, 지금의 駒澤大學으로
　　개명하였다.
57) 신불교운동의 기관지. 1900년 7월부터 1915년 8월까지 매월 1일에 佛教淸徒
　　同志會에서 발행하였다. 구불교교단을 부정하고 1900년대의 산업자본확립기
　　의 부르조아 정신, 제국주의 형성기의 제 문제에 불교를 어떻게 대치시킬지를
　　탐구하고, 자본주의의 교정적(矯正的) 역할을 담당하며 사회주의에 경사(傾斜)
　　를 보였다. 결과적으로는 사회개량적인 틀을 넘을 수 없었지만, 구불교와 국가
　　권력으로부터 박해와 단속을 받아, 경영부진을 야기하여 폐간하였다.

운데서 강력한 전통을 형성하는 데까지 이르지 못했던 최대의 원인으로
서 역시 '고토쿠사건'이 있었음을 들 수 있을 것이다.

그런데 우치야마(內山), 다카기(高木), 미네오(峯尾), 사사키(佐々
木)는 정도의 차이는 있어도 불교적 신념에 의거한 사회적 실천으로
인해 기소되어 극형을 받았다. 그 사회적 실천은 사회주의나 무정부주
의라는 명확한 형태를 취한 경우도 있었고 또는 불교적 자비의 실천이
라는 종교적 운동의 측면이 강한 경우도 있었다. 그렇지만 종교란 개인
의 마음의 내면에 머무른다는 이해는 어디에서도 찾아볼 수 없다. 종교
적 안심 혹은 신심은 사회적 전개를 필연적으로 수반하는 것임을 그들
은 명확히 나타내고 있다.

우치야마 구도(內山愚童)는 옥중의 절필 문장 가운데서 사람은 "일
시적인 감정이나 생리적인 욕구에 의거한 물질욕에 의해서가 아니라 이
성(理性)의 욕구에 따라 행동해야 한다"고 말하고 있다. 우치야마가 말
하는 '이성'이란 어떠한 것인지 명확한 설명은 없지만 인간이라면 누구
나 지니고 있는 휴머니즘에 가까운 타인에 대한 배려라고도 할 수 있을
것이다. 석가가 왕위를 버리고 거지가 된 것도 예수가 십자가 위에서
죽은 것도 우치야마의 표현을 빌리자면 자기의 '이성'에 따랐기 때문이
다. 그리고 지금은 "공평하게 일하고 공평하게 의식주의 공급을 받기"
위해서 각자가 "이성에 따라" 행동하지 않으면 안 되는 시대라고 말한
다. 그 "이성에 따랐기" 때문에 단두대의 이슬로 사라져도 나는 행복하
다고 말하는 것이다. 여기에는 석가의 전생담(前生譚)인 '자타키58)'에

---

58) 석가모니의 전생담을 모은 경전. 석가모니가 몇 번이나 다시 태어나는 동안,
  보살로서 선행을 쌓는다는 이야기가 547편 실려 있다. 전체적으로 어려운 교리

쓰여진 굶주린 암호랑이와 일곱 마리의 새끼 호랑이를 구하기 위해 자신의 몸을 바친 마카사타 태자[59]와도 상통하는 깊은 자비심이 있다.

이러한 사회적 실천에 관한 강한 관심이 불교도에게 싹튼 배경에는 메이지유신의 폐불훼석이 있다. 불교가 앞으로의 일본사회 가운데서 그래도 역시 계속 살아남기 위해서 무엇이 필요한 것인가, 불교의 무엇이 앞으로의 사회에 공헌 가능할 것인가라는 심각한 자기비판이 형성되었던 것이다. 존망이 걸린 위기에 직면해서 불교는 그 본질을 명확히 자각하게 되었다고 말할 수 있다. 폐불 후의 불교 재생의 방향으로서 계율의 부흥이 평가받기도 했지만 이러한 사회적 실천에 관한 강한 관심이야말로 무엇보다도 중요한 불교부흥의 모멘트였던 것이다.

근대 이전의 사회라면 사회의 여러 제도는 민중에게 이미 주어진 것이며 운명이었다. 그것들에 대한 저항이나 개량은 생각할 수도 없는 것이었다. 그렇지만 유신 이후 일본은 그럭저럭 근대국가가 되었고 국가의 제도도 또한 인간의 힘으로 움직이는 것임을 인민들도 배우기 시작했다. 불교의 자비심두 이 단계에 이르러 단순히 개인적인 연민과 깊은 차원에서가 아니라 사회제도의 변혁을 포함하는 프로그램이 되어야 할 필연성이 제기되기 시작된 것이다. 우치야마의 시도는 그러한 자비의 근대적 표현을 지향하는 운동이었다고 말할 수 있다.

다카기 겐메이도 아미타불의 자비를 받은 사람은 그 자비의 실천에

보다도 누구나 알기 쉬운 우화적인 이야기를 통해 수행의 중요성을 강조하는 내용으로 구성되어 있다.
59) 뛰어난 사람. 부처의 깨우침을 구하는 마음을 가진 사람이라는 뜻으로, 보살의 존칭.

나서지 않으면 안 된다고 주장한다. 그것은 인간의 '향상진보' '공동생활'을 위해서이다. "제군들이 원하옵건대 우리들과 함께 이 나무아비타불(南無阿弥陀佛)을 외치고 생존경쟁의 마음을 떠나 공동생활을 위해 분발하자"는 것이다. 다카기에 있어 염불은 '평등의 구원'이고 '평등의 행복'이며 '평화와 위안'에 다름 아니었다.

우치야마나 다카기 두 사람은 평등이라는 가치에 어떻게 역점을 두고 불교를 설법하려고 했던 것인가. 불교의 실천은 자비 없이는 생각할 수 없다. 그중에서도 부처의 자비는 어떠한 경우나 조건에서도 그것들에 방해받지 않고 모든 존재에 도달한다. 일체의 모든 것을 구원한다는 것이 불교의 자비이다. 그것이 자비의 평등성이라는 것이다. 평등없이 자비의 실천은 없다. 그 자비의 평등성이 사람들의 마음과 함께 하는 것이다. 자비는 바로 현실의 사회적 정치적 경제적 차별을 돌파하기 어려울지 모른다. 그렇지만 현실의 사회적 불평등에 눈을 감아버리고 일시적인 자비를 말해도 그것은 근대사회에서 아무런 공감을 얻을 수 없을 것이다. '고토쿠사건'에 연좌된 불교도들은 모두 불교가 말하는 자비심이 필연적으로 사회제도의 변혁을 포함하는 것임을 알고 있었던 것이고 그 실천에 나서는 도중에 쓰러졌던 것이다.

그리고 이 사건 이후 불교의 경우에도 그 자비의 실천을 위해 사회변혁을 지향하는 운동은 완전히 자취를 감추고 만다. 불교도가 그 자비사상의 전개를 위해 사회과학적 연찬을 쌓는 것도 '빨갱이' 취급을 당하는 것이 두려워 거의 이루어지지 않았다. 가와카미 하지메(川上肇)[60]

---

60) 1879-1946. 경제학자, 사회운동가. 東京大學 졸업 후, 東京大學, 學習院大學 등의 강사를 역임하였다. 자본주의 사회의 이기(利己)와 이타(利他)의 모순을

와 같이 맑시즘과 불교가 행복한 결합을 한 예는 거의 기적에 가깝다고
할 수 있다.

원래 종교는 불교에서만이 아니고 다른 종교에서도 사회주의를 포함
하는 정치운동 그 자체는 아니다. 종교는 이 세상이 평화롭든 전쟁 중이
든 간에 그에 좌우되지 않는 초월적 세계이다. 이 세상을 초월하고 있기
에 종교는 가치가 있다. 종교가 정치운동이나 사회주의로 해소되어 버
린다면 그것은 더 이상 종교가 아니다. 그렇지만 종교는 현실의 비참함,
불평등, 부자유에 무관심할 수는 없다. 신앙이나 평안은 자신만으로 끝
나는 것이 아니다. 어떠한 형태이던 간에 보다 많은 사람들의 행복에
관여하려는 것이 종교이다. 이러한 종교관이 이 사건에 의해 모습을 감
추게 된 것이다.

깊이 고민하여 1905년 교직을 사직한 후 伊藤証信의 無我苑에 들어갔으나,
얼마 지나지 않아 伊藤의 태도에 실망하여 無我苑을 떠났다. 1908년부터 약
20년간 교토대학에서 경제학을 강의하고 마르크스 경제학을 연구하였다. 대학
을 떠난 후에는 大山郁夫 등과 新勞農党을 결성하였다. 1932년에는 공산당에
입당하여「赤旗」편집에 참여하였으나, 체포되어 복역, 1937년 출소 후, 은거하
면서「自敍傳」을 집필하였다. 주요한 저서에「經濟學大網」「資本論入門」
「貧乏物語」가 있다.

종교와 국가

　연못 안의 물고기는 물이 없으면 살아갈 수 없지만 물 때문에 살고 있는 것은 아닐 것이다. 물고기는 자신의 생명을 살고 있는 것이다. 마찬가지로 국가의 관리가 없다면 현재의 상황에서 사회생활이 원활하게 움직이지 않는 부분이 있으므로 어쩔 수 없이 그 기능은 인정하지 않을 수 없다. 그렇지만 국가를 위해 우리들의 인생이 있는 것이 아님은 명백하다. 우리들은 각자의 인생을 살아가고 있는 것이며 국가를 위해 살아가고 있는 것은 아니다. 그렇지만 현실의 국가는 자주 그 자명한 진리를 무시한다. 마치 연못 속의 물고기는 그 물 때문에 살아가고 있는 것이라는 듯이.

　우리들은 일상생활의 모든 국면에서 늘 국가를 의식하고 있는 것은 아니다. 샐러리맨이라면 월급의 명세서를 받았을 때 어쩌면 이렇게 많이 세금을 떼어갈 수 있지 하면서 분개하는 것이 고작일 것이다. 그렇지만 실제로는 우리들 생활의 모든 영역이 법률의 그물 망 안에 있다. 일상에서 우리들의 활동이 그다지 활발하지 않기에 이를 실감하지 못할 뿐이며 조금 의욕적으로 살아가고자 하면 바로 법률의 망에 직면하지 않을 수 없게 된다.

법률에는 국민의 이해 대립을 조정하는 기능이 있으며 또한 '정의'가 담겨져 있다고도 말할 수 있다. 국가는 국민의 생활을 보호, 원활화하는 조직, 기관이라고 하는 견해도 물론 성립될 수 있다. 실제로 국가에 의해 그 생존이 보장되는 사람들도 적지 않다. 조금씩 역사가 진보하고 있다.

그렇지만 국가의 기능에 관한 일반론을 여기서 전개할 생각은 없다. 지금은 근대 일본국가의 구체적인 궤적을 검증하고 나아가 현대일본의 국가의 존재방식을 묻고 있는 것이다. 상세한 내용은 생략하지만 일본국가가 일본열도에 사는 사람들의 인권이나 자유를 지키기 위해 더 나아가 '정의'를 실현하기 위해 얼마만큼의 힘을 기울여 왔는지 그리고 지금도 힘을 기울이고 있다고 말할 수 있는지 많은 사람들은 암담한 심정이다. 국가성선설을 받아들이기에는 너무도 괴리가 크다고 아니 할 수 없다.

이에 그치지 않고 국가는 더욱 더 강대해져 가고 있다. 필자 개인적으로는 생활의 모든 영역에 걸친 문제를 국가에게 맡기는 것에 반대이므로 국가가 강대해지는 것에 위기감을 느낀다.

물론 국가라고 하더라도 그 주체는 국민이므로 국민만 제대로 하고 있으면 국가의 폭주 등은 있을 수 없을 것이다. 그렇지만 국민의 합의가 국가권력의 행사와 일치하는 적은 거의 없었다. 게다가 한줌 밖에 안

되는 사람들이 국가를 빙자해 막대한 이익을 챙기는 방식 같은 것은 지금도 유효하다.

무엇보다도 국가의 전체상이 그 구성원인 국민에게는 보이지 않는 것이다. 일본의 플루토늄 처리가 지금은 유럽의 여러 나라들과도 관련되어 그곳 주민들의 건강을 해쳐가면서 추진되고 있다든지, 어떤 나라의 고급 부티크로부터의 수입이 그 나라에서 사용된 맹독성분을 포함하고 있는 산업폐기물의 동시 수입을 조건으로 하고 있었다든지 하는 중대한 정보를 국가가 스스로 국민들에게 밝히는 예는 전혀 찾아볼 수 없다.

현대일본의 국가조직이 얼마만큼 거대하고 얼마만큼 부정적인 부분을 지니고 있는 지를 따지는 것이 이 책의 목적이 아니므로 이 이상은 언급하지 않겠다. 다만 말하고자 하는 것은 국가가 필연적으로 지니게 되는 거악성(巨惡性)이다. 근대의 국가는 자유, 평등, 우애라는 프랑스 혁명의 이상을 실현하는 수단이라고 단순하게 단언할 수는 없다.

자연히 국가를 끊임없이 감시할 필요가 생기게 된다. 국가가 거대화하는 것을 가능한 한 감시하는 방책이 국민 측에 만들어지지 않으면 안 된다. 내가 말하는 국가를 상대화하는 시도이다. 여기에는 여러 가지 방법이 있을 것이고 실제로 다양한 활동이 이루어지고 있다.

나는 그러한 국가의 절대화를 저지하는 유력한 시점(視点)의 하나가 종교라고 생각한다. 종교는 원래 어느 종교이건 간에 현세를 전면적으로 부정하는 계기를 지니고 있다. 만일 현세에서 긍정할 수 있는 부분이 있다면 사람들은 그에 의지해 살아갈 수 있으므로 일부러 종교를 찾을 필요도 없을 것이다. 그러한 긍정적 요소를 전혀 인정할 수 없기에 종교가 요구되고 있는 것이다. 종교가 현세를 초월하고 있다는 것은 그것을 의미하는 것이다.

예를 들면 불교에서 현세는 '고(苦)'이며 '무상'이며 '허가(虛假)'라고 말한다. 현세의 어떤 장소에서도 그 예외는 없다. 그렇기에 한번 이런 인식에 도달하면 사람은 '고'가 아닌 '무상'이 아닌 '진실'의 세계를 끊임없이 추구하게 된다. 여기에 현세를 초월한 구원이 성립하는 계기가 생겨나게 된다.

이러한 '진실'을 추구하는 정신에서는 국가라고 하더라도 '고'이며 '무상'인 '허가'의 세계 중의 하나에 불과하게 된다. '진실'된 세계에서 보면 국가는 티끌에 다를 바 없다. 국가의 절대성 같은 것은 문제가 되지 않는다. 이 국가를 냉담하게 객관시하는 힘이 내가 말하고자 하는 국가를 상대화하는 힘인 것이다.

물론 그렇다고 해서 현실이 없어지는 것은 아니다. 종교는 결코 백일몽에 취할 것을 가르치는 것이 아니다. 오히려 반대로 '고'이며 '무상'인 '허가'의 현실세계를 '진실'에 힘입어 살아가는 것이 종교인이다. 종교를 받아들인 사람들에게는 현세는 일단 부정된 다음에 다시 살아가는 장으로서 되살아난다. 거기서 어떠한 삶의 방식을 택할 것인지는 종교에 따라 다르지만 적어도 동붕(同朋)에 대한 깊은 공감을 기본으로 하는 삶의 방식이 선택되는 것은 다 같다고 할 수 있다.

종교적 신념이 바로 사회주의나 무정부주의로 이어지는 것은 아니다. 모든 종교인들이 인격 원만하고 늘 타인의 행복을 바라고 있다는 것도 아니다. 그것은 종교의 본질을 모르는 사람의 종교에 대한 잘못된 기대라고 밖에 할 수 없다. 그러나 종교를 믿는 사람에게는 현실을 일단 부정한 체험이 존재하기 때문에 현실에 대한 더욱 객관적인 견해가 생긴 것이다. 거듭 말하지만 그 객관적인 눈이 국가의 절대화를 여러 층위에서 저지하는 계기가 된다.

종교의 역할을 공리적인 견지에서만 논하는 것은 종교의 본질을 착각하는 셈이 된다. 종교는 국가가 거대화되든 그렇지 않든 평화적이든 그렇지 않든 현세를 초월해 우뚝 솟아있는 세계이다. 그렇기 때문에 사람들의 최종적인 삶의 보람도 되고 궁극적인 의미부여를 가능하게도 하는 것이다. 그러나 전혀 현세에 무관심한 종교심은 있을 수 없는 것이 아닌가. 불교가 완성시킨 '보살(菩薩)'이라는 인간상을 볼 때마다 필자는 종교가 현세를 보듬고 있는 힘이 있음을 믿는다. '보살'이란 이타(利他)를 제일의(第一義)로 하는 인간인 것이다.

이러한 종교에 대한 기대도 종교란 개인의 사적인 영위라고 하는 사고방식에서는 나올 수 없다. 사회로 나아가려 했으나 '고토쿠사건'으로 좌절한 종교심을 회복하는 것이 일본은 우선 필요하다. 그런 의미에서 근대는 아직 끝나지 않고 있는 것이다.

마지막으로 한마디 덧붙이고자 한다. 필자는 무엇이 어떻게 되건 간에 종교가 가장 중요하다고 강변하는 것은 아니다. 인생의 최종적인 근거로서 종교를 선택할 지의 여부는 각 개인의 문제이다. 종교 이외에도 다양한 의미체계가 존재하고 있음은 물론이다. 이 책에서 문제시 해 온 것은 어디까지나 문화의 다원성에 뿌리 내린 관용적인 사회의 실현을 위해 무엇이 중요한 것인가에 대한 확인이다. 그것을 근대일본의 역사에 의거해서 검증해 본 것이다. 필자의 종교에 대한 기대도 그러한 다원적 사회로 가는 길 안에 있다.

저자 후기

　종교의 존재방식에 오랜 동안 관심을 기울여 온 필자는, 국가에 대해 당당하게 독자적인 스탠스를 확립하지 못 한 종교는 보편적인 종교라고 보기 어렵다는 생각을 절감하게 되었다. 그 직접적인 계기는 필자가 젊었을 시절, 과거 일본의 15년간에 걸친 침략전쟁에 대해 불교교단이 너무나도 미력했을 뿐만이 아니라 오히려 그 수행에 적극적으로 협력했다는 사실을 알았다는 데 있다. 그 상황은 극히 소수의 예외를 제외하면 대부분의 다른 종교집단에서도 마찬가지였다. 불살생(不殺生)을 생명으로 하는 불교가 왜 적극적으로 전쟁에 가담했었는가. 신앙 그 자체가 이미 쇠약해졌기 때문에 어쩔 수 없었다고 얼버무릴 수 있는 일이 아니다.

　죽음과 인생의 부조리가 존재하는 한 종교적 세계에 대한 희구(希求)는 존속되고 있으며 아무리 과학만능의 풍조가 범람한다고 해도 종교에 의해 최종적으로 인생을 납득하고자 하는 사람들도 적지 않다. 필자 자신도 그 중의 한 사람이다. 종교적 희구는 사멸하지 않은 것이다.

　그렇다고 한다면 다시금 근대일본에 있어서의 종교의 운명을 명확히 살펴볼 필요가 있다. 특히 국가에 대해 어떠한 자세를 지녀왔는지를. 근대국가의 실상을 종교의 시점에서 파헤치고자 하는 본서는 이러한 필자의 문제의식에 의해 이루어진 것이라고 할 수 있다. 그 점이 본서에서 충분히 다루어졌는지는 독자들의 판단을 기다리는 수밖에 없다. 비판은 기꺼이 받아들이고 싶다.

본서는 필자가 근무하는 대학교의 기요(紀要)에 발표한 졸론 「일본의 유사전통」(日本の疑似傳統)(『國際學研究』第八号, 1991年) 이 고단샤(講談社)의 호리고에 마사하루(堀越雅晴)씨의 눈에 띈 것이 계기가 되어 간행되게 되었다. 이 책을 집필하면서 그 후 발표한 「근세일본의 ≪현세주의≫의 성립」(近世日本における≪現世主義の成立≫)(國際日本文化研究センター紀要『日本研究』第九集, 1993年)의 논지도 포함시켰다.

또한 가토 노리히로(加藤典洋)씨 등과 시작한 3년간에 걸친 학부의 공동연구 「근대천황제연구」가 집필에 자극이 되었다. 연구회 일원으로서 본서 성립의 기연(機緣)을 만들어주신 니시타니 오사무(西谷修)씨를 비롯해 연구회에 참가해 주신 여러분들, 이 연구회를 적극적으로 지원해 주신 대학과 관계자분들에게 감사드린다. 그리고 오랜만에 열기 넘치는 편집자를 만날 수 있었던 것도 집필에 큰 도움이 되었다. 호리고에씨에게 거듭 감사의 뜻을 표한다. 마지막으로 원고를 처음 읽어주고 유익한 의견을 제시해 준 처 다에코(妙子)에게도 감사의 마음을 전하고 싶다.

1994년 5월 7일
아마 도시마로(阿滿利麿)

옮긴이 후기

　저자 아마 도시마로 교수는 일본종교사상사 분야에서 주로 불교와 신도를 둘러싼 일본인의 정신세계를 고찰해 온 학자로서 이 책은 그의 대표적 저술을 번역한 것이다. 이 책『천황제국가 비판－일본국가주의와 유사종교의 함정』(일본어판 원제『國家主義を超える-近代日本の檢証-』)은 근대 전후기부터 일본의 패전에 이르기까지 유사종교의 형태로 왜곡되고 변질되어버린 국가신도에 관해 그 궤적에 초점을 맞춰 주로 종교사상사의 영역에서 근세기 이후의 일본의 유교 및 불교의 예와 함께 다루면서 분석하고 있으며, 이를 통해 일본 천황제 국가주의의 본질을 비판하고 근대일본의 정신사를 검증하고 있는 저술이다. 한국어판 서문에서 저자가 밝히고 있듯이 옮긴이는 무종교적으로 비추어지는 일본인의 종교적 심성의 연원을 밝힌 그의 저서『일본인은 왜 종교가 없다고 말하는가』(예문서원, 2000년)를 번역 출간한 바 있고 이 책의 출간으로 옮긴이로서는 아마 교수의 저술을 두 권째 번역하는 기연을 갖게 된 셈이다. 그리고 이 기연은 앞의 책에 담긴 저자의 문제의식의 기저가 일본 국가주의의 형성과정을 분석하는 과정에서 명쾌하고 상세하게 제시되고 있는 점을 소개하고자 했던 옮긴이의 의도에서 촉발되었음은 물론이다.

즉, 앞의 책에서는 일본인에게 종교는 어떤 의미를 지녀 왔는가라는 문제제기가 주로 종교영역 안에서 이루어졌다고 한다면, 이 책에서는 이러한 일본인의 종교적 심성에 강력한 영향을 미쳤던 근대 일본의 국가주의 다시 말해 국가신도로 상징되는 천황제국가의 유사종교적 구조의 형성 및 전개과정에 관한 심층적 분석이 이루어지고 있으며, 이런 의미에서 두 책은 일본인의 무종교적 심성의 형성과 일본 국가주의와의 관련성을 밝히는데 있어 상호 보완적인 내용을 담고 있다고 할 수 있을 것이다.

저자의 근본적인 문제의식은 서문과 후기에 잘 제시되어 있으므로 더이상 언급하지 않겠지만, 이 책의 내용을 통해 우리들은 옮긴이가 제시하는 다음과 같은 몇 가지 흥미로운 문제들에 관해 저자의 의견을 비판적으로 수용하면서 다양한 각도에서 더욱 심도 있는 새로운 문제제기를 제기할 수 있는 기회가 만들어질 수 있을 것이라는 기대를 해 본다.

첫째, 한일 양국 간에 역사적이고 정치적인 측면에서 많은 논란을 불러 왔던 야스쿠니 신사참배 문제의 이면에 일반적으로 잘 알려지지 않았던 일본인의 무종교적 심성의 굴절된 역사가 존재하고 있고, 야스쿠니 문제는 이러한 역사의 침전물이라는 점. 이것은 아시아 침략으로 이어졌던 근대일본의 천황제 국가주의와 일본인의 종교적 정신세계와의 관련성을 밝히는 문제이기도 할 것이라는 점.

둘째, 소박한 자연종교였던 일본의 신도가 근대기를 맞으면서 국가신도로 변형되고 무조건적으로 수용되었던 반면, 일본의 보편적 사상이 형성되지 않았던 점. 저자는 이 점을 밝혀내기 위해 종교의 시점에서 근대

일본의 정신의 역사를 검증하고 일본이라는 국가를 상대화하는 길을 모색하지 않으면 안 된다는 점을 강조하고 있는데 이 문제는 동시에 일본 문화의 본질과 특질을 논하는데 있어 중요한 단서가 될 것이라는 점.

셋째, 근대기 이후 보편종교교라고 할 수 있는 기독교의 수용양상과 신자 수 등의 면에서 한일 양국 간에 큰 차이를 보이고 있는데 이 점에 관해 이 책은 일본인의 현세주의에 관한 고찰을 통해 많은 시사점을 제공해 주고 있다는 점.

넷째, 우리에게 알려진 일본의 정체성 중 주요 부분은 근대기 전후에 조작된 내셔널 아이덴티티이고 대부분의 일본인들은 이 조작의 시스템 안에서 무의식적으로 동화되어 왔다는 점 등.

그리고 이 책 내용의 상세 부분을 둘러싸고 상기 사항 외에 더 많은 문제들이 제기될 수 있을 것인바, 이 부분은 저자가 한국어판 서문에서 고대하고 있는 바와 같이 "본서가 한국의 근대사 연구자들과 많은 독자분들의 관심을 모으게 되어, 일본사회에 기탄없는 직언을 듣는 기회가 늘어나고 함께 국가주의를 극복해 가는 길을 모색하기 위해 머리를 맞낼 수 있는 기회"로 이어지기를 바라는 마음이다.

이 자리를 빌려 소중한 두 번째 기연을 맺게 해주신 아마 교수님께 감사의 마음을 전하면서 선생님의 더 큰 활약과 건승을 기원하고자 한다.

끝으로 이 책이 나오기까지 여러분들의 도움이 있었다. 한국 독자분들의 이해를 돕기 위해 원저에 없는 많은 역주들을 붙이는 번거로운 작업을 도와준 단국대 일본연구소 연구원 조 혜숙 박사, 원고 전체 내용을 읽어주고 섬세한 교정 작업을 맡아준 단국대 일본연구소 에도도쿄표상연구팀의 손지연 박사와 이권희 박사의 노고가 없었다면 이 책의 출간은 더 늦어졌을 것이다. 감사할 따름이다. 그리고 이 책의 출간을 흔쾌히 맡아주었던 제이앤씨 여러분들에게도 깊은 감사의 마음을 전하고자 한다.

2007년 10월
옮긴이 정 형

인용문헌

■ 서문

藤本強 『もう二つの日本文化』(UP考古學選書二) 東京大學出版會、1988년.

■ 제1장

山田孝雄 『櫻史』講談社、1990년.

本居宣長 『枕の山』(本居宣長全集第十八卷) 筑摩書房、1973년.

柳田國男 『豆の葉と太陽』(定本柳田國男集第二卷) 筑摩書房、1962년.

山田宗陸 『花の文化史』讀賣新聞社、1977년.

宮田登 『女の靈力と家の神』人文書院、1983년.

瀬川淸子 『女の民俗誌』東京書籍、1980년.

櫻井德太郎 「民俗學の変貌」(『現代思想』1983년10월호) 靑土社.

『延喜式』(國史大系編修會編『新訂增補國史大系』交替式・弘仁式・延喜式前篇)
　　　　吉川弘文館、1975년.

『文保記』(『群書類從』卷第五二三[新校群書類從第二二卷]) 名著普及會、1978년.

岡田重精 『古代の齋忌・日本人の基層信仰』國書刊行會、1982년.

櫻井德太郎 「ハレとケガレの相關」(『民間信仰の研究』上[櫻井德太郎著作集三])
　　　　吉川弘文館、1988년.

高取正男 『神道の成立』平凡社、1979년.

高取正男・橋本峰雄 『宗敎以前』日本放送出版協會、1968년.

「太政官日誌」第一四二号(岩井良助編『太政官日誌』第二卷) 東京堂出版、1980년.

矢野玄道 『獻芹詹語』(芳賀登・松本三之介校注『國學運動の思想』[日本思想大系
　　　　五一]) 岩波書店、1971년.

大塚承一 『神社祭式行事作法要義』帝國神祇學會出版部、1929년.

山本信良・今野敏彦 『大正・昭和敎育の天皇制イデオロギー』(一) 新泉社、1986
　　　　년 (初版1976년).

村上重良『天皇の祭祀』岩波書店、1977년.

柳田國男「大嘗祭ニ關スル所感」(定本柳田國男集第三一卷) 筑摩書房、1964년.

開國百年記念文化事業會編『明治文化史』第一三卷「風俗」、原書房、1979년.

和田秀松「御卽位禮・大嘗祭の沿革」(『別冊歷史讀本』1990년6월호) 新人物從來社.

宮內省編『明治天皇紀』第一卷、吉川弘文館、1968년.

太田博太郎『社寺建築の研究』岩波書店、1968년.

福永光司・上田正昭・上山春平『道敎と古代の天皇制』德間書店、1978년.

福永光司『道敎と古代日本』人文書院、1987년.

福永光司『道敎思想史研究』岩波書店、1987년.

『臣民の道』敎學局、1941년.

『國體の本義』文部省、1937년.

本居宣長『古事記傳』(本居宣長全集第九卷) 筑摩書房、1981년 (初版1968년).

■ 제2장

坂本太郎他校注『日本書紀』上 (日本古典文學大系六七) 岩波書店、1974년 (初版
            1967년).

本居宣長『玉くしげ』(本居宣長全集第八卷) 筑摩書房、1972년.

竹尾正胤『大帝國論』、伴林光平『園能池水』、和泉眞國『明道書』(芳賀登・松本三
            之介校注『國學運動の思想』[日本思想大系五一]) 岩波書店、1971년.

會澤正志齋 『新論』(今井宇三郎他校注『水戶學』[日本思想大系五三]) 岩波書店、
            1973년.

江村榮一校注『憲法構想』(日本近代思想大系九) 岩波書店、1989년.

岩倉具視「國體照明政體確立意見書」(『岩倉具視關係文書』第一) 東京大學出版
            會、1968년.

淸水伸『帝國憲法制定會議』岩波書店、1941년.

淸水伸『獨墺に於ける伊藤博文の憲法取調と日本憲法』岩波書店、1941년.

『須多因氏講義筆記』(明治文化全集第四卷「憲政篇」) 日本評論社、1928년.

春畝公追頌會編『伊藤博文傳』(中) 原書房、1970년.

福澤諭吉『帝室論』(福澤諭吉選集第六卷) 岩波書店、1981년.

鈴木正幸『皇室制度-明治から戰後まで』岩波書店、1993년.

井上毅「言靈」(井上毅傳記編纂委員會篇『井上毅傳』史料篇第三) 國學院大學図書
            館、1969년.

倉野憲司・武田祐吉校注『古事記 祝詞』(日本古典文學大系一) 岩波書店、1974년
(初版1958년).

本居宣長『古事記傳』(本居宣長全集第九、十卷) 筑摩書房、1968년.

藤田省三『天皇制國家の支配原理』未來社、1966년.

遠山茂樹校注『天皇と華族』(日本近代思想大系二) 岩波書店、1988년.

『譚海』(日本庶民生活史料集成第八卷) 三一書房、1969년.

安丸良夫『近代天皇像の形成』岩波書店、1992년.

「內山愚童と高木顯明の著述」(『日本歷史』一三一号) 吉川弘文館、1959년.

井上毅「山縣有朋宛井上毅書簡」(山住正己校注『教育の體系』[日本近代思想大系
六]) 岩波書店、1990년.

狩野直喜『中國哲學史』岩波書店、1960년.

「大國隆正神祇宮本義」(安丸良夫・宮地正人校注『宗敎と國家』[日本近代思想大系
五]) 岩波書店、1988년.

新宗連調査室編『戰後宗敎回想錄』新宗敎新聞社、1968년.

井上順孝・阪本是丸『日本型政敎關係の誕生』第一書房、1987년.

井上毅「山縣參議宗敎處分意見案」(井上毅傳記編纂委員會篇『井上毅傳』史料篇第
六) 國學院大學図書館、1977년.

宮澤俊義校注・伊藤博文『憲法義解』岩波書店、1940년.

Max Kunze; The Pergamon Alter, Staatliche Museen Zu Berlin, 1991.

Dieter Ohly; Glyptothek, C. H. Beck'sche Verlagsbuchhandlung, 1972.

齋藤孝『歷史學へのいざない』新曜社、1993년.

井上光貞「『日本書紀』の成立と解釋の歷史」(井上光貞監譯『日本書紀』上) 中央公
論社、1987년.

柳田國男『鄕土生活の研究法』(定本柳田國男集第二五卷) 筑摩書房、1964년.

『柳田國男對談集』筑摩書房、1968년 (初版1964년).

高取正男「日本史研究と民俗學」(岩波講座 日本歷史別冊二) 岩波書店、1976년.

柳田國男監修『民俗學辭典』東京堂出版、1985년 (初版1951년).

北原敦他編『ヨーロッパ近代史再考』ミネルヴァ書房、1983년.

福田歡一『國家・民族・權力』岩波書店、1988년.

David Freidel, Linda Schele, Joy Parker; Maya Cosmos, William Morrow and
Company, Inc., New York, 1993

ラス・カサス(石原保德譯)『インディアス破壞を彈劾する簡略なる陳述』現代企
畫室、1987년.

貝澤正『アイヌわが人生』岩波書店、1993년.

大林太良「日本の文化領域」(『日本民俗文化大系一』「風土と文化」) 小學館、1986년.

坪井洋文「餅なし正月の背景」(『イモと日本人』) 未來社、1986년 (初版1979년).

H・プレスナー(土屋洋二譯)『遅れてきた國民』名古屋大學出版會、1991년.

■ 제3장

稻村賢敷『宮中島庶民史』三一書房、1972년.

柳田國男『木思石語』(定本柳田國男集第五卷) 筑摩書房、1962년.

柳田國男『史料としての傳傳說』(定本柳田國男集第四卷) 筑摩書房、1963년.

神島二郎『近代日本の精神構造』岩波書店、1961년.

高取正男「佛教以前」(『歷史公論』第七号) 中央公論社、1976년.

松永尺五『彝倫抄』(石田一良・金谷治校注『藤原惺窩 林羅山』[日本思想大系二
        八]) 岩波書店、1975년.

山崎闇齋「敬齋箴講義」(西順藏他校注『山崎闇齋學派』[日本思想大系三一]) 岩波
        書店、1980년.

伊藤仁齋『語孟字義』(吉川幸次郎・淸水茂校注『伊藤仁齋 伊藤東涯』[日本思想大
        系三三]) 岩波書店、1971년.

石田一良『伊藤仁齋』吉川弘文館、1989년 (初版1960년).

伊藤仁齋『童子問』(家永三郎他校注『近世思想家文集』[日本古典文學大系九七])
        岩波書店、1966년.

柳田國男『先祖の話』(定本柳田國男集第十卷) 筑摩書房、1962년.

島井宗室「生中心得身持可致分別事」(中村幸彦校注『近世町人思想』[日本思想大
        系五九]) 岩波書店、1975년.

高尾一彦『近世の庶民文化』岩波書店、1968년.

村田穆校注『日本永代藏』(新潮日本古典集成) 新潮社、1977년.

田中喜作『浮世繪概說』岩波書店、1971년 (初版1929년).

平田篤胤『靈の眞柱』(田原嗣郎校注『平田篤胤 伴信友 大國隆正』[日本思想大系五
        十]) 岩波書店、1973년.

吉川幸次郎『論語』上、朝日新聞社、1965년.

貝塚茂樹『中國の神話』筑摩書房、1971년.

伊藤仁齋『論語古義』(貝塚茂樹責任編集『伊藤仁齋』[日本の名著一三]) 中央公論
        社、1983년 (初版1972년).

中井竹山 『草茅危言』(日本經濟叢書卷一六) 日本經濟叢書刊行會、1918년.

『本佐録』(石田一良・金谷治校注『藤原惺窩　林羅山』[日本思想大系二八]) 岩波書店、1975년.

土井忠生他編譯 『日葡辭書』岩波書店、1980년.

柴田實 「近世の世俗主義と佛教」(『佛教史學』一四卷一号) 平樂寺書店、1968년.

五來重 『宗教歲時記』角川書店、1982년.

廣瀬淡窓 『迂言』(奈良本辰也校注『近世政道論』[日本思想大系三八]) 岩波書店、1976년.

鈴木正三 『万民德用』(宮坂宥勝校注『假名法語集』[日本古典文學大系八三]) 岩波書店、1964년.

石田一良 「前期幕藩體制のイデオロギーと朱子學派の思想」(石田一良・金谷治校注 『藤原惺窩　林羅山』[日本思想大系二八]) 岩波書店、1975년.

荻生徂徠 『答問書』、尾藤正英「國家主義の祖型としての徂徠」(尾藤正英責任編集 『荻生徂徠』[日本の名著一六]) 中央公論社、1974년.

荻生徂徠 『弁名』『學則』『弁道』『太平策』「舊事本紀解序」(吉川幸次郎・丸山眞男他校注『荻生徂徠』[日本思想大系三六]) 岩波書店、1973년.

阿滿利麿 『宗教の深層・聖なるものへの衝動』人文書院、1985년.

丸山眞男 『日本政治思想史研究』東京大學出版會、1952년.

高埜利彦 『近世日本の國家權力と宗教』東京大學出版會、1989년.

■ 제4장

益田勝實編集・解說 『民俗の思想』(現代日本思想大系三十) 筑摩書房、1964년.

中島三千男 『天皇の代替りと國民』青木書店、1990년.

片岡弥吉 「浦上異宗徒一件解題」(日本庶民生活史料集成第一八卷) 、三一書房、1972년.

「浦上キリシタン彈壓に關する對話書」「聖公會の信教自由の要求」(安丸良夫・宮地正人校注『宗教と國家』[日本近代思想大系五]) 岩波書店、1988년.

島地黙雷 「三條教則批判建白書」「大教院分離建白書」「三條弁疑」(二葉憲香・福嶋寬隆編『島地黙雷全集』第一卷) 本願寺出版協會、1978년.

島地黙雷 「大洲、木下、妙覺宛書簡」「歐州政教見聞」(二葉憲香・福嶋寬隆編『島地黙雷全集』第五卷) 本願寺出版協會、1978년.

森有禮 Religious freedom in Japan (大久保利謙『森有禮全集』第一卷) 近代日本

教育資料叢書人物篇一、宣文堂書店、1972년.

「宗敎關係法令一覽」(安丸良夫・宮地正人校注『宗敎と國家』[日本近代思想大系五]) 岩波書店、1992년 (初版1988년).

井上毅 「外敎制限意見書」「敎導職廢止意見案」(井上毅傳記編纂委員會編『井上毅傳』史料篇第一) 國學院大學図書館、1966년.

折口信夫 「民族敎より人類敎へ」「神道宗敎化の意義」(折口信夫全集第二十卷) 中央公論社、1976년 (初版1973년).

我妻榮他編 『日本政治裁判史錄』明治・後、第一法規出版、1982년.

大原慧 「『大逆事件』再審請求の現狀と問題」(『歷史評論』1966년9월호) 校倉書房

岡義武 『山縣有朋』岩波書店、1975년 (初版1958년).

『石川啄木』(ちくま日本文學全集三十) 筑摩書房、1992년.

幸德秋水 『基督抹殺論』岩波書店、1977년 (初版1954년). 文庫版.

吉田久一 「幸德事件と佛敎」(『日本近代佛敎史硏究』[吉田久一著作集四]) 川島書店、1992년.

神崎淸 「明治の革命僧・内山愚童の軌跡ー『天子なきの國』への殉敎者」(『現代の眼』一七卷六号)

服部之總 「いわゆる護國思想について」(『親鸞ノート』) 福村出版、1967년.

赤松俊秀 『鎌倉佛敎の硏究』平樂寺書店、1968년.

찾아보기

ㄱ

ㄴ

저자 아마 도시마로(阿滿利麿)

1939년생. 교토대학(京都大學) 교육학부 졸업. NHK 책임디렉터를 거쳐 메이지학원대학(明治學院大學) 국제학부 교수. 현재 동 대학 명예교수. 일본사상사 전공.

주요 저서로『日本人はなぜ無宗教なのか』(한국어판『일본인은 왜 종교가 없다고 말하는가』정 형 옮김, 예문서원)『人はなぜ宗教を必要とするのか』『無宗教からの「歎異抄」讀解』ちくま新書,『宗教は國家を超えられるか』『法然の衝擊』ちくま學芸文庫,『信に生きる親鸞』中央公論社,『社會をつくる佛敎』人文書院 등이 있다.

옮김 정 형(鄭 澄)

단국대 문과대학 교수. 동 대학 일본연구소장. 한국일본사사상학회 부회장. 일본문화론 전공.

주요 저서로『일본, 일본인, 일본문화』(다락원),『日本語で讀む日本文化』(다락원),『일본사회문화의 이해』공저(보고사),『동아시아문화의 이해』공저(단국대학교출판부),『西鶴浮世草子硏究』(보고사) 등이 있고

역서로는『일본인의 논리구조』(소화),『일본인의 사랑과 성』(소화),『일본인은 왜 종교가 없다고 말하는가』(예문서원),『논쟁을 통해 본 일본사상』(성균관대학교출판부) 등이 있다.

• 옮긴이 e-mail : chung824@dankook.ac.kr

천황제국가 비판

일본국가주의와 유사종교의 함정

초판인쇄   2007년 11월 14일
초판발행   2007년 11월 23일

서사   아마 노시마도
옮김   정 형
발행   제이앤씨

주소   132-040 서울 도봉구 창동 624-1 현대홈시티 102-1206
전화   (02)992-3253
팩스   (02)991-1285
등록   7-220호
       e-mail, jncbook@hanmail.net | http://www.jncbook.co.kr

ISBN 978-89-5668-554-0-92200   정가 12,000원